FILHO DA GUERRA

Emmanuel Jal
e
Megan Lloyd Davies

# FILHO DA GUERRA
A história de um menino soldado

Tradução
Felipe Antunes de Oliveira

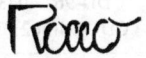

Título original
WARCHILD
A boy soldier's story

Primeira publicação na Grã-Bretanha pela Abacus
*Copyright* © Emmanuel Jal e Megan Lloyd Davies, 2009
O direito moral dos autores foi assegurado.
Letras de músicas que aparecem, cortesia
de Emmanuel Jal e C. Outten

Todos os direitos reservados. Nenhuma parte desta obra pode ser reproduzida, ou transmitida por qualquer forma ou meio eletrônico ou mecânico, inclusive fotocópia, gravação ou sistema de armazenagem e recuperação de informação, sem a permissão escrita do editor.

Direitos para a língua portuguesa reservados
com exclusividade para o Brasil à
EDITORA ROCCO LTDA.
Av. Presidente Wilson, 231 – 8º andar
20030-021 – Rio de Janeiro – RJ
Tel.: (21) 3525-2000 – Fax: (21) 3525-2001
rocco@rocco.com.br/www.rocco.com.br

*Printed in Brazil*/Impresso no Brasil

preparação de originais
CRISTINA PARGA

CIP-Brasil. Catalogação na fonte.
Sindicato Nacional dos Editores de Livros, RJ.

J27f

Jal, Emmanuel
   Filho da guerra: a história de um menino soldado / Emmanuel Jal; tradução de Felipe Antunes de Oliveira. – Rio de Janeiro: Rocco, 2010.

Tradução de: Warchild: a boy soldier's story

ISBN 978-85-325-2547-5

1. Jal, Emmanuel – Infância e juventude. 2. Crianças-soldado – Sudão – Biografia. 3. Sudão – História – Guerra civil, 1983-2005 – Narrativas pessoais. 4. Sudão – História – Guerra civil, 1983-2005 – Crianças refugiadas – Biografia. I. Título.

10-0908                                     CDD-962.4043
                                            CDU-94(662)"1983/2005"

Este livro é dedicado ao povo
do Sudão e aos Garotos
e Garotas Perdidos.

# PREFÁCIO

Fui um filho da guerra, nascido em uma terra sem livros e sem escrita, uma terra onde a história é transportada na língua da sua mãe e nas canções da sua aldeia, uma terra que já tinha sido tragada pela guerra no momento em que chorei pela primeira vez. Portanto, até a data do meu nascimento se perdeu quando perdi o meu mundo, assim como os nomes de algumas pessoas cujas vidas estavam entrelaçadas à minha. Por isso, dei novos nomes a elas.

Do mesmo modo que outros Garotos Perdidos do Sudão, tomei como data de nascimento o dia 1° de janeiro de 1980, já quando adulto, e a usei como base para as idades que aparecem neste livro. Não posso ter a exata certeza de quantos anos tinha, nem de quanto tempo fiquei em certos lugares, ou a data precisa. Mas consigo me lembrar de algumas referências: eu era bem pequeno, minha arma era maior que eu; vi as estações chuvosa e seca muitas vezes enquanto vivia em um campo de refugiados. As datas exatas que aparecem neste livro são as dos eventos que vi descritos nos livros de História, mas a maior parte da violência diária da guerra nunca chega aos livros, e esta não se propõe a ser a história de um país escrita para acadêmicos. É a história de um menino, suas memórias, e tudo o que ele testemunhou.

# PRÓLOGO

O barulho da multidão enche meus ouvidos, como o rugido de um leão ou a correnteza de um rio no qual você sabe que pode cair e nunca mais escapar, o estouro de um revólver quando ele lança balas zunindo no ar. O sangue dispara nas minhas veias enquanto espero nos bastidores e olho para o público. Lá longe, rostos estão virados para o palco, e, atrás deles, vejo as colinas da Cornualha.

"E agora, estamos orgulhosos de receber a estrela do rap sudanês Emmanuel Jal, no palco principal do Live 8, Eden Project", uma voz exclama.

Piso no palco e as minhas pernas começam a tremer à medida que o nervosismo me invade. Vejo rostos sorrindo e mãos acenando, na expectativa. A multidão espera. O medo explode dentro de mim e sinto o corpo endurecer, como sempre acontece quando meus sentimentos ficam fortes demais. Tenho certeza de que não vou conseguir cantar uma nota sequer. Minha respiração morre dentro de mim quando olho para frente.

De repente, o tempo para. As luzes, o barulho, as cores se esvaziam até que não sobra nada e as faces se desfazem. Sou uma criança outra vez.

"Deus vai olhar por nós", minha mãe sussurra, enquanto deitamos embaixo de uma cama.

Ela aperta nos braços meus dois irmãos, minhas duas irmãs e eu, enquanto nos escondemos de uma guerra travada do lado de fora da nossa cabana. Na aldeia pacífica que conhecíamos, mísseis destroem casas com famílias dentro, mulheres são estupradas e crianças assassinadas. É um genocídio, e o meu povo é a vítima.

Eu me agarro à minha mãe enquanto o barulho das balas e dos gritos explode nos meus ouvidos.

"Calma, meu pequeno makuath", ela diz suavemente, e eu sinto o cheiro de leite impregnado em sua pele. "Calma, meu querido." Chego mais perto dela e fico atento ao que ela vai dizer. Ao meu lado, meus irmãos Miri e Marna, e minhas irmãs, Nyakouth e Nyaruach, chegam mais perto também.

"Um dia estaremos em um lugar melhor", minha mãe diz, e nós acreditamos nela.

Mas logo descobrirei que nem mesmo o amor feroz da minha mãe poderá me proteger. A guerra a levará embora, convencerá meu pai a abrir mão de seu filho de sete anos, e me jogará para dentro do seu coração sangrento, jogando nos meus braços uma arma maior que eu e me obrigando a lutar. Não estarei sozinho. Serei um dos milhares que ficarão conhecidos como Garotos Perdidos do Sudão.

Contudo, também terei sorte. Escaparei do inferno, sobreviverei, e aprenderei como transformar a guerra que ainda é travada dentro de mim, muito depois de os campos de batalha caírem no silêncio.

Olhando para cima, as luzes do palco explodem ofuscando os meus olhos enquanto caminho até o microfone. É hora de contar a minha história usando músicas e letras, minhas armas, agora que deixei fuzis e facas para sempre. A multidão se acalma enquanto fico ali, parado. Penso na minha mãe e nas músicas que um dia cantamos em uma aldeia distante. Por um momento, eu falo com ela.

"Agora estamos em um lugar melhor", digo silenciosamente.

Começo a cantar.

# CAPÍTULO 1

Sentia o meu estômago vazio enquanto o caminhão se arrastava. Estávamos viajando desde o nascer do sol por uma estrada poeirenta, e eu queria um pouquinho da *tahnia* escondida em uma caixa ao meu lado. Aquela pasta doce de gergelim era a minha preferida para comer com pão *kisra*. Olhei para baixo.

– Jal – disse a minha mãe com um sorriso. – Você precisa esperar até pararmos, aí vamos comer.

– Tá bom, mamãe – respondi.

Olhei para o céu. Queria que fosse noite outra vez e a escuridão se enchesse com as grandes estrelas prateadas e a lua brilhante. Toda noite, quando deitávamos no chão ao lado do caminhão para dormir, minha irmã mais velha, Nyakouth, e eu ficávamos procurando desenhos lá no céu ou ouvindo as histórias que mamãe contava enquanto alimentava nossa irmã mais nova, Nyaruach, e nossos dois irmãos bebês, Marna e Miri.

– Esta noite sabemos que é a vez da raposa no céu, porque está cheio de estrelas – mamãe dizia. – Isto porque as estrelas são como vacas, as grandonas e gordas são como os touros, e as menores são as suas crias. Elas estão seguras quando a raposa toma conta delas, porque ela não as come. Mas nas noites em que há menos estrelas no céu, sabemos que é a vez da hiena, e que ela já comem quase todas as vacas.

Olhei para o céu outra vez e fiquei feliz por ser a vez da raposa.

Mas agora não havia nada para ver, exceto o sol lá em cima e a grama da savana correndo para trás. Tínhamos deixado nossa casa uns poucos dias antes, nos juntando a uma caravana de caminhões, para ficarmos com a nossa avó, no sul. Minha tia Nyagai, que morava com a gente, também estava no caminhão, e a minha avó tinha mandado nosso tio John para nos acompanhar até ela. Nunca o tinha visto antes, mas fiquei feliz quando ele nos disse que logo veríamos o nosso pai. Fazia muito tempo que eu não via o Baba.

– Você vai crescer e ficar forte na casa da sua avó – disse o tio John. – Talvez até consiga enfrentar leões e virar guerreiro um dia.

Eu tremi quando ele me falou isso. Queria ficar tão grande quanto meu pai.

Olhei para a caixa ao meu lado mais uma vez. Será que ia demorar muito para a gente parar e comer? Olhando para cima, vejo um dos quatro homens que também estavam no caminhão olhando fixamente para mim. Senti-me estranho. Ele e os seus amigos eram árabes. Sabia disso porque tinham uma aparência diferente da nossa – as peles mais claras e os turbantes brancos nas cabeças – e eram muçulmanos, enquanto nós frequentávamos uma igreja cristã. Também sabia que eles não gostavam de estar no caminhão com a gente. O homem me encarava cheio de raiva sempre que os nossos olhos se encontravam, e seus amigos cochichavam uns com os outros sem tirar os olhos de nós, enquanto o caminhão se arrastava pelas estradas em direção ao sul. Tínhamos que ir devagar para o caso de sermos atacados pelo Exército de Libertação do Povo do Sudão (ELPS) – rebeldes que comiam pessoas e raptavam crianças. Eles tinham matado vários árabes e tropas do governo.

Os olhos do homem desviaram-se do meu rosto para a minha família, enquanto ele falava com seus amigos sobre a guerra.

– O ELPS e os seus seguidores cristãos vão perder a guerra – ele disse, elevando a voz. – Continuarão inferiores a nós, escravos como devem ser.

Sentia a minha mãe tensa ao meu lado.

– A resistência deles não vale nada – continuou o homem. – Vamos conquistá-los. É a vontade de Alá que eles sejam nossos escravos.

– A melhor maneira de lutar é permanecer quieto – ela disse baixinho.

O tio John nada disse, os homens continuaram conversando, e eu já não ouvia mais nada. A única coisa que conseguia ouvir era o meu estômago.

Olhei para a caixa com a nossa comida mais uma vez. Ela havia sumido. Virei a cabeça e vi os árabes comendo *tahnia*.

– Aquilo é nosso, mamãe? – eu sussurrei.

Tio John olhou para os homens rapidamente, enquanto mamãe baixava seus olhos para onde a caixa estivera, ao meu lado, antes de levantá-los na direção dos homens. Ela parecia triste.

– Temos que pegar de volta – disse tio John. – É tudo o que temos.

Mamãe se virou para ele.

– Não. Não vale a pena brigar por comida.

Os homens a encaravam enquanto ela falava.

– Fique calada, mulher – um deles chiou.

A raiva enchia o ar de tensão. Ninguém falou.

– Devolva a nossa comida – pediu tio John, suavemente. – Temos crianças para alimentar. Vocês têm mais do que suficiente.

Os homens pareceram ainda mais furiosos.

– E quem é você para falar comigo? – um deles gritou.

De repente ele se levantou, e, sem dizer uma palavra, seus amigos ficaram de pé ao seu lado. Movendo-se como se fossem um só, eles foram para cima do tio John e começaram a bater nele. Eu me encolhi no meu banco. Podia ouvir Nyaruach chorando enquanto se agarrava a Nyakouth.

– Parem! – minha mãe gritou, levantando-se. – Não precisamos da *tahnia*. Fiquem com ela. Deixem-no em paz.

Mas os homens não deram ouvidos e o sangue começou a correr do nariz do tio John à medida que o espancavam. Os punhos acertavam em cheio a sua cara e o seu corpo várias vezes, enquanto mamãe tentava puxá-lo dali. Mas ela não era forte o suficiente, e logo vi uma mão se erguendo no ar e num soco, que atingiu sua boca. Meu estômago se contorceu quando ela caiu ao meu lado. Fiquei enjoado.

Joguei-me de encontro a uma perna. Ia mordê-la até o osso, faria qualquer coisa para que esses homens parassem de machucar a mamãe. Mas enquanto cravava meus dentes na carne mole, senti uma mão agarrar com força a minha nuca. Fui erguido. A mão era tão forte, tão poderosa. Não conseguia me mover, não ouvia nada. Parecia que um gigante estava me balançando no ar com seus dedos. Queria respirar, mas minha garganta estava muito apertada. Não consegui puxar nenhum ar. Olhei para baixo e vi uma mancha úmida se espalhar pela parte da frente do meu short, enquanto a escuridão explodia nos meus olhos. Tudo ficou negro.

Olhando para trás, vejo que a semente do ódio foi plantada em mim naquele dia. Até então, eu não entendia o que estava acontecendo à minha volta – por que as pessoas chamadas de árabes odiavam gente como a minha família, por que eram mais ricos que nós, por que a polícia batia em homens e mulheres nas ruas, ou por que a mamãe estava tão silenciosa e triste a maior parte do tempo. O dia em que um árabe levantou a mão para a minha mãe marcou o meu início no caminho do ódio. Eu era novo demais para dar um nome a esse sentimento, mas sempre que eu pensava no que aquele homem e os seus fizeram, sentia meu estômago revirar e o meu coração acelerar.

Nos meus três primeiros anos de vida, o Sudão estava em paz, mas não consigo me lembrar dessa época. Tudo que eu conhecia era uma guerra que crescia paralela ao meu próprio crescimento. Nasci numa aldeia chamada Tonj, no sul do Sudão, mas os meus pais mandaram-se para o norte por causa do trabalho do meu pai, que era policial. A área em que vivíamos era leal ao governo árabe vigente e lar de árabes africanos descendentes dos invasores de séculos antes, com a pele mais clara do que a dos meus pais, que, como a maioria das pessoas do sul do Sudão, eram africanos puros. Meu pai era da orgulhosa tribo nuer, e minha mãe era meio dinka, meio nuer. A guerra entre o norte e o sul, entre o islamismo e o cristianismo, vinha sendo travada havia muito tempo, e existiam conflitos entre as centenas de tribos que viviam no Sudão. Mas quando uma nova guerra civil estourou, em 1983, os dinka e os nuer, tradicionais inimigos, juntaram suas forças com outras tribos como os shilluk, os murle, os nubian e o povo da Equatoria. O movimento rebelde que eles criaram foi chamado de Exército de Libertação do Povo do Sudão – o ELPS. A guerra, que sangraria o coração do meu país por décadas, não era meramente tribal ou religiosa. No seu âmago estava o dinheiro – mais concretamente do petróleo escondido debaixo das terras do sul, com o qual o governo do norte pretendia lucrar. Os dólares eram o verdadeiro prêmio, e a melhor maneira de consegui-lo era remover os que reivindicavam aquelas terras de suas casas. Foi criada a lei Sharia, e o governo armou uma tribo contra a outra. Queimando aldeias e atirando bombas, nada os impediria de conseguir o que queriam, e a remoção das pessoas representava a sua destruição.

Mas eu não sabia de nada disso quando era criança, e minhas primeiras memórias são de um período feliz. Meu pai, Simon, era policial, e nós vivíamos em uma casa de tijolos, com guarda-costas para protegê-la e uma Land Rover parada na porta. Lembro-me de admirar o meu pai em seu uniforme verde com uma águia prateada nos ombros e listras vermelhas, enquanto caminhávamos para visitar seus amigos. Eu vestia um uniforme do exército que ele me dera e me sentia muito orgulhoso. Ele não era apenas um homem poderoso, as seis cicatrizes que cruzavam a sua testa me diziam que ele era um guerreiro que, assim como todos os meninos nuer, tornara-se um homem quando as marcas foram cravadas na sua pele. A partir de então, ele não poderia mais fugir se a guerra ou um leão aparecesse em sua aldeia – quem ataca os nuer tem que matar todos os homens antes de conseguir chegar até suas mulheres e filhos.

Minha mãe, Angelina, era linda, com a pele da cor de grãos de café, dentes brancos e covinhas nas bochechas. Treinada para ser uma enfermeira, ela era cristã e me ensinou a reconhecer o bem e o mal assim que eu me tornei crescido o suficiente para entender. Eu e minha irmã mais velha, Nyakouth, nunca esquece-

mos o dia em que pegamos um pouco de açúcar com leite em pó da pequena caixa de metal de mamãe.
– Vocês comeram um pouco? – ela perguntou.
Olhamos para ela e lembramos do momento em que afundamos os dedos naquela brancura mágica e sentimos sua doçura cobrir nossos dentes.
– Não – disse Nyakouth.
– Não – eu repeti.
Mas minha mãe olhou para o chão, para os meus pés e eu reparei no açúcar caindo aos pouquinhos de um buraco no meu bolso.
– Vocês nunca devem mentir – ela disse duramente. Mais tarde, nesse mesmo dia, Baba fez a gente correr em volta da casa várias vezes como punição.

Mamãe trabalhava fora algumas horas por dia, mas, durante o resto do tempo, ficava em casa ensinando a mim e a Nyakouth um pouco de inglês, o nosso ABC e árabe. Logo nasceu nossa irmã, Nyaruach, e depois vieram nossos irmãos, Marna e Miri. Embora mamãe sorrisse e nos abraçasse, sempre sentia que ela estava triste. Também percebia que o único dia em que ela ficava realmente contente era o domingo, porque nesse dia podia ir à igreja.

Todo domingo, ela acordava cedo e fazia para nós um mingau de sorgo, antes de nos vestir com nossas melhores roupas. Deixávamos o Baba dormindo e íamos para a igreja protestante da mamãe, onde ela nos deixava sentados nos bancos antes de subir e ocupar seu lugar no coro. Eu gostava de ir à igreja – gostava das pessoas, dos ritmos e das preces –, mas, acima de tudo, gostava de ver minha mãe feliz enquanto cantava. Seu rosto se iluminava enquanto a música a preenchia, e eu sabia que, por um instante, ela esquecia tudo o que a deixava triste. Aprendi a amar a música porque fazia minha mãe feliz e, logo, me fazia feliz também.

Mas quanto mais eu crescia, mais tristes os dias da semana foram se tornando. Ouvia meus pais falando cada vez mais do ELPS e da guerra.
– O que é o ELPS? – perguntei a meu pai.

– Eles lutam pela liberdade – ele respondeu.
Mamãe só dizia que Deus amava a todos igualmente – os dinka, os nuer e os árabes –, e que havia mandado o seu filho para morrer por eles todos.

– Um dia, todos nós viveremos em paz, no céu – dizia a Nyakouth e a mim.

Nós dois sabíamos que ninguém chorava no céu porque os anjos protegiam as pessoas. Eu os imaginava na minha mente – alguns eram morenos claros, outros bem negros, todos eles com asas, brancas ou marrons.

À medida que o tempo foi passando, meus pais foram ficando mais tristes, e meu pai passou a beber mais. Se antes ele tomava uma bebida tradicional com seus amigos, na varanda, agora ele bebia sozinho, pois todos eles foram presos um por um. As pessoas do Sul eram odiadas pela polícia, e a única coisa que salvava meu pai da prisão era o seu emprego. Baba parecia cada vez mais furioso, e às vezes eu podia ouvir a mamãe chorando. Eu me sentia estranho com isso, mas logo esquecia tudo quando ela ria e sorria como em qualquer outro dia, cantando hinos enquanto andava pela casa.

*Jesus me ama, isso eu sei*
*Porque a Bíblia assim me diz*
*Os pequenos pertencem a Ele*
*Eles são fracos, mas Ele é forte*

Quando os refugiados começaram a chegar na aldeia e a nossa casa se encheu de tios e tias que eu nunca tinha visto, minha mãe não conseguiu mais esconder as lágrimas. Eu vivia cada vez mais assustado. Tia Nyagai foi presa e surrada pela polícia, e parecia que mamãe ia a um funeral quase todos os dias. Quando acordamos um dia e vimos que o Baba tinha desaparecido, tive certeza de que ele estava morto.

– Ele teve que ir trabalhar em outro lugar – mamãe disse.

Eu não acreditei nela, e quando um policial apareceu, poucos dias depois, dizendo que tínhamos que deixar nossa casa, tive certeza de que estava certo.

Saímos da nossa casa naquela noite com sacos plásticos cheios de roupas e cobertas, e ficamos no *tukul* de amigos. Era tão diferente da nossa casa – sem eletricidade, iluminada apenas por lampiões; sem cimento no chão, só terra com lama e grama –, tive medo, sem o Baba para cuidar da gente. Ali todos os adultos falavam aos cochichos e a nossa vida era regulada pelo toque de recolher. Minha mãe tinha que usar um pano para cobrir a cabeça, às vezes batiam nela quando tentava chegar à igreja, e, à noite, quando deitávamos no chão enquanto a polícia invadia *tukuls* próximos, ela abafava o nosso choro nos abraçando. Mesmo a cantoria que eu gostava tanto e que acompanhava todos os tipos de celebração foi silenciada. No Sudão, tem música para tudo – para o cultivo, para a colheita, para quando há lua cheia, para o luto, para casamentos e para nascimentos. Mas em breve o único som permitido era a chamada para as orações muçulmanas. Eu ficava pensando por que a gente não podia mais cantar. Algumas pessoas continuavam cantando, mas arrumavam sérios problemas se fossem pegas; os adultos até falavam de um casamento no qual a polícia abrira fogo, matando o noivo e a noiva.

Foi quando meu tio John chegou e nos disse que iríamos para o Sul – um lugar seguro, onde ele prometeu que eu ficaria grande e forte, veria elefantes e beberia quanto leite quisesse. Ficaríamos com a minha avó na cidade de Bantiu, e depois nos mudaríamos para uma aldeia próxima.

– Lá tudo vai ser bonito e verde – ele disse a Nyakouth e a mim. – As árvores são cheias de frutas, o rio é cheio de peixes, e vocês vão poder cantar e dançar sempre que quiserem. O pai de vocês está lá também, e vocês vão poder vê-lo.

Fiquei muito animado. Queria ver leões e a grama verde e alta, mas, acima de tudo, queria ver o Baba.

## CAPÍTULO 2

Minha avó era famosa em Bantiu. Baixinha, com sorrisos nos olhos, ela fazia a melhor bebida alcoólica ilegal da aldeia, e produzia três tipos – um para os pobres, um para a classe média e um para os ricos. Também era esperta, e dava a bebida de graça para os músicos, que, em agradecimento, faziam canções sobre ela. O povo ouvia e vinha procurar Nyapan Deng e o seu famoso *kong*. De fato, ela era tão conhecida por isso que minha mãe era chamada de Nyakong – o que quer dizer "filha do álcool" – antes de se tornar cristã e mudar de nome.

Minha avó vivia com o tio John, duas das minhas tias, seus maridos e filhos, em um terreno cheio de *tukuls*. Estava ainda mais lotado quando nós chegamos, pois minha avó, como muitas outras, acolhera crianças órfãs de guerra. Então toda noite a gente comia diretamente de uma enorme panela de metal, e às vezes dava briga se um de nós pegasse demais. Depois disso, a gente se arrumava para dormir no chão de terra. À nossa volta, as janelas estavam cobertas com telas para permitir que a fumaça do fogo que usávamos para cozinhar escapasse. Do lado de fora, havia uma mangueira, bodes, ovelhas, galinhas e um burro, para carregar as coisas.

O local em Bantiu onde o álcool era produzido fora fechado, porque a bebida era estritamente proibida pela lei Sharia. Mas minha avó continuou produzindo em segredo no seu *tukul*, pois isso lhe rendia uma quantia preciosa, que dava para comprar comida e para manter tio John na escola. Então, três vezes por semana, ela mandava minhas tias procurarem madeira, fazia um grande fogo, fervia sorgo ou gergelim macerado em um tanque enorme e, cuidadosamente, coletava o vapor com um tubo que passava por dentro de uma cabaça cercada de água fria. A *waragi* era a bebida alcoólica da mais alta qualidade, e a vó Nyapan Deng fazia a melhor de Bantiu, o que nos mantinha bem alimentados, por causa do seu alto preço. Até os mais altos comandantes do governo queriam só o seu *waragi*, e fechavam os olhos para o que ela fazia desde que o bebericassem.

Bantiu era controlada por tropas empregadas pelo governo muçulmano de Cartum. Mas o ELPS tomava conta dos vilarejos fora da cidade, e o governo usava uma outra força além do seu exército para lutar ali – milícias árabes armadas, conhecidas como *murahaleen*. Quando nós chegamos, no entanto, tudo isso estava distante, e Bantiu estava pacífica, tal como tio John prometera. Quando a lua saía, a gente sentava e via as crianças mais velhas tocando *nurei* – cantando e dançando na frente umas das outras, tentando provar quem era melhor. Também nadávamos no enorme rio que margeava a cidade, pescávamos com anzóis em suas águas claras, procurávamos mangas nas árvores e enchíamos a barriga com sua polpa suculenta.

Mas logo a guerra começou a se aproximar.

– Trtátátátá – faziam as armas, a distância.

– Booooom – faziam as grandes bombas.

– Grrrrrr – faziam os tanques, enquanto cercavam o horizonte.

O que mais me assustava eram os rumores sobre a guerra. As pessoas falavam dela o tempo todo – o ELPS estava chegando para nos pegar, eles capturaram um vilarejo próximo, eles nos matariam a todos. Sempre que ligávamos o rádio, era a mesma coisa, o mesmo acontecia nas reuniões para as quais éramos convocados, nas quais as tropas do governo nos alertavam de que o ELPS era nosso inimigo.

– Eles comem gente, ensinam crianças a lutar e vão destruir as suas casas – nos diziam. – Mas nós os venceremos e a paz voltará novamente para o nosso país.

Eu não entendia nada. Baba havia me dito que o ELPS era bom, e tio John dissera que eles lutavam para nos proteger dos

árabes. Mas tanta gente dizia que eles eram maus, e fiquei assustado quando finalmente descobri que o Baba havia se juntado a eles.
– Ele está treinando para se tornar comandante – mamãe me disse.
– Mas os rebeldes são maus – sussurrei.
– Não são não, *makuath*. Eles estão lutando pela nossa liberdade de religião, para que possamos ter nossa própria cultura. Mas de modo algum você pode contar aos outros o que eu lhe disse, porque se fizer isso teremos problemas. É segredo que o seu pai está lutando.

Em breve sentiria mais medo do que nunca. Cada dia a guerra parecia mais perto, e não demorou muito para que, por fim, estourasse no nosso mundo. Certa manhã, eu estava do lado de fora do *tukul* quando uma explosão enorme tomou todo o meu corpo, a ponto de eu achar que meus ouvidos iriam arrebentar. De repente o ar se encheu de gritos enquanto as galinhas começaram a cacarejar, os cachorros a latir e o burro rompeu sua corda e saiu correndo. Levantei os olhos e vi gente correndo do lugar atingido pela grande bomba. Mulheres e crianças, vindos de todos os lados, arrebentaram a cerca viva em volta do nosso terreno. Eu via as labaredas subirem ao céu enquanto os *tukuls* queimavam, e o estalido agudo do fogo tomou conta dos meus ouvidos. Tudo estava zunindo. O mundo estava acabando. Finalmente eu estava indo para o céu. Meu estômago pareceu derreter dentro de mim.

– Jal – gritou minha mãe, correndo para fora.

Ela agarrou meu braço e me arrastou para dentro do *tukul*. Nyakouth e Nyaruach estavam aos prantos quando nos jogamos no chão ao lado delas, mas ninguém disse nada enquanto a batalha estourava lá fora. Tudo o que podíamos fazer era torcer para que ela não nos engolisse com suas famintas presas.

Por três dias ficamos deitados no chão, só saindo depois que a noite caía, quando apressadamente engolíamos *kisra* salpicado com açúcar, e depois deitávamos novamente para dormir. Lá fora, as balas deixavam rastros vermelhos de fogo enquanto cruzavam o ar, e o brilho alaranjado das labaredas iluminava longas distâncias. Finalmente a guerra chegara a Bantiu, e demoraria mais tempo do que esperávamos para que pudéssemos escapar dela.

Era uma manhã quente, e eu andava por uma estrada poeirenta com minha tia Sarah e uma das meninas órfãs que viviam com a gente. Fomos enviados para comprar açúcar e estávamos felizes por ter uma tarefa a cumprir. Eu não deixava o terreno havia muito tempo, porque me machuquei durante a guerra. Aconteceu quando eu estava brincando com uma bicicleta e o som dos tiros e das bombas de repente encheu Bantiu novamente. A cidade estava sendo atacada pelo ELPS, e o meu coração subiu até a garganta, como sempre fazia quando o dia se despedaçava.

Mais uma vez as pessoas gritavam enquanto corriam para escapar das explosões, e eu também comecei a correr. Mas fui de encontro à bicicleta, e ela caiu em cima de mim, prensando-me contra o chão, enquanto pés em corrida passavam pela minha cabeça. Meu coração martelava no peito. Todos haviam esquecido de mim. Eu seria deixado para trás e uma bomba explodiria em mim. Tentei empurrar a bicicleta de cima de mim, mas esqueci que uma panela de *kong* estava fervendo ali ao lado. Meu pé entrou no fogo e as chamas lamberam a parte de baixo da minha perna. Balancei meu pé para lá e para cá tentando escapar, mas sentia o fogo me consumindo cada vez mais.

A mão de um estranho finalmente me levou para casa, onde fui jogado na água. Minha mãe chorava enquanto tentava aliviar minha dor, mas eu, embora gritasse, não derramei uma única lágrima. Foi a primeira vez que experimentei uma dor tão intensa que nem as lágrimas conseguiam cair. Depois, após a mamãe e a minha avó colocarem açúcar na queimadura, fui tratado como um rei, minha perna ficando rosa e branca enquanto mamãe massageava as enormes bolhas que surgiram onde o fogo havia atingido. Não pude andar por muito tempo e tremia sempre que falavam de fogo, mas lentamente fui melhorando.

– Você acha que a vovó vai nos dar um pouquinho do açúcar quando a gente chegar em casa? – Perguntei para tia Sarah, animado.

Mesmo ela sendo uma mulher, agora que se tornara adolescente, eu tinha certeza de que adorava açúcar tanto quanto eu.

– Não sei não, Jal – disse tia Sarah, com um sorriso.

Virei minha cabeça e vi um soldado do governo parado a nossa frente. Não sabia de onde tinha vindo. Um minuto atrás a estrada poeirenta estava vazia, a não ser por um *tukul* logo adiante, e, no instante seguinte, ele estava ali parado. O medo fez minhas costas tremerem. O soldado carregava um fuzil G3 e usava calças compridas de combate. Ele era muçulmano. Odiava gente como nós.

– Vocês, vão para casa – disse ele, olhando para mim e para a menina órfã.

Ele deu um passo à frente e agarrou o braço da tia Sarah. Eu podia ver que ela estava assustada também.

– Não podemos ir para casa – eu disse. – Sozinhos, não vamos acertar o caminho.

O homem começou a berrar enquanto a puxava com ele para a porta cinzenta de metal do *tukul*.

– Vão embora – ele gritou. – Façam o que eu disse. Saiam daqui.

Tia Sarah não fazia nenhum barulho, mas eu pude ver lágrimas no seu rosto enquanto o homem a arrastava.

– Deixe-a em paz! – gritei, correndo para frente.

O soldado bateu a porta. Meu coração começou a se acelerar. Ele iria matá-la. Eu tinha certeza. Ele tinha uma arma enorme.

Corri para o lado do *tukul* e apertei meu rosto contra a janela, coberta por uma tela. Ao meu lado, a menina órfã também olhou para dentro. Eu precisava ajudar tia Sarah, salvá-la, mas como? Não havia mais ninguém nessa estrada deserta, e o soldado tinha uma arma. Mamãe sempre me dissera para ficar quieto perto de qualquer pessoa armada.

– Você parece até um passarinho barulhento – ela me dizia. – Precisa aprender a segurar sua língua e se esconder, em silêncio.

Agora eu olhava sem fazer qualquer barulho enquanto o soldado jogava Sarah no chão e batia nela, antes de tirar seu cinto e uma de suas botas. Sem dizer uma única palavra, ele arriou as calças do exército e ficou de pé, acima dela.

– Abra! – ele gritou, enquanto ela tentava se proteger com as mãos. Tia Sarah não se moveu, e o soldado ergueu o cinto. Ouvi o estalido agudo do couro batendo na pele macia quando o cinto se dobrou no ar para chicoteá-la. Era como ver uma hiena atacando um filhote de antílope. Ela parecia muito assustada. Mas ficou quieta quando o soldado se ajoelhou e puxou para cima o vestido que ela usava, e, com o longo pano, cobriu o rosto dela.

Eu assistia e não conseguia respirar. Ele iria matá-la. Atiraria nela com sua arma.

Eu me virei e saí correndo. Tinha que sair dali, voltar ao terreno e encontrar alguém que pudesse ajudar. Mas, no instante seguinte, virei-me outra vez. Alguma coisa havia me trazido de volta, e apertei meu rosto novamente contra a tela para olhar para dentro da escuridão. Ao meu lado, a órfã estava quieta, também observando.

Não entendi nada.

O soldado não a tinha matado. Ele a estava abraçando, deitado sobre ela.

A órfã deu uma risada.

– Eles estão fazendo coisa de gente grande. Meus pais brincavam disso.

Não entendi o que ela queria dizer. Por que o soldado batera na tia Sarah, mas não atirara nela?

– Deixe-a em paz! – gritei.

Mas o homem não me ouviu, e, enquanto ele continuava agarrado à tia Sarah, senti meu rosto esquentar. Não queria ver mais nada. Não parecia certo. Virei-me mais uma vez e corri para uns arbustos ali perto. Só queria me esconder até o que quer que estivesse acontecendo naquela cabana escura acabasse. Enquanto me agachava para esperar, de algum modo sabia que tia Sarah não ia querer que eu assistisse àquilo.

Alguns minutos depois, a porta do *tukul* finalmente se abriu, e o soldado saiu. Começou a andar pela estrada, se afastando de nós. Esperei até que desaparecesse antes de ir até o *tukul* e abrir a porta. Lá dentro, tia Sarah continuava jogada no chão. Andei até ela e agachei ao seu lado. Ela não disse nada quando me olhou. Mas os seus olhos estavam estranhos. Estavam vazios e cheios ao mesmo tempo.

– Tia Sarah?

Ela permaneceu em silêncio enquanto lentamente se levantava, andava para fora da cabana, e tomava a direção de casa. Ninguém falou durante o caminho, e, quando chegamos ao terreno, ela não disse a ninguém que havíamos encontrado o soldado. Eu também nunca mais falei sobre esse dia. De algum modo, eu sabia que aquilo era um segredo nosso, e que algo muito ruim acontecera. Mas me sentia confuso. Não era bom que o soldado tivesse abraçado tia Sarah em vez de ter atirado nela? E por que eu me sentia tão mal por dentro enquanto a minha tia nem tinha chorado com o que aconteceu?

Aos poucos, comecei a entender melhor o que tinha visto naquele dia, à medida que as pessoas falavam de soldados que roubavam meninas ou de famílias que entregavam suas filhas para a milícia em troca de proteção. Várias vezes eu ouvia uma expressão que nunca tinha escutado antes – *kun ke bom*, ou "sexo à força". Queria saber o que significava, mas ninguém me explicava nada além do que eu ouvia por aí, isto é, que muitas meninas eram levadas e nunca mais vistas. Meninos eram levados também, roubados e capturados para serem enviados para o Norte, onde trabalhavam como escravos.

Mas isso não significava muita coisa quando eu era criança, porque o mundo continuava se despedaçando a cada dia, de centenas de modos diferentes. Homens continuavam desaparecendo quando eram acusados de espionar para o ELPS, e logo Bantiu ficou sob ataque constante. Soldados que sabiam que meu pai havia desaparecido das forças da polícia vinham ao nosso terreno e batiam na minha mãe. Até a minha avó foi presa e surrada por soldados iniciantes, que não sabiam o quão importante ela era até os oficiais mandarem libertá-la. Mamãe nos dizia para sermos muito cuidadosos, e até o matagal onde havia mangueiras estava proibido, porque o ELPS se escondia nele. Outras áreas foram minadas, mas tudo o que sabíamos era que alguma coisa tinha sido plantada no chão e fazia com que vacas, bodes e, às vezes, as pessoas que andavam ali explodissem. Também ouvimos histórias de que rios e córregos tinham sido envenenados pelo exército, fazendo com que as pessoas que tomavam a água passassem mal. Duas das minhas tias que moravam fora de Bantiu morreram assim.

Eu era como a água – desviava-me de qualquer coisa que aparecesse no meu caminho, porque as crianças se adaptam com facilidade às mudanças, sejam elas boas ou más. Mas havia duas coisas às quais eu não conseguia me acostumar. A primeira era esperar pela guerra. Quando ela chega, pelo menos você tem do que correr enquanto o coração martela no seu peito, mas esperar é como sentir o ar ser lentamente sugado para fora de você. A outra coisa era a morte. Ela estava por toda parte – esqueletos que ninguém enterrava, pessoas com marcas de tiros e corpos queimados ao lado das ruínas dos *tukuls*. Eu sabia o quanto doía ser queimado, e desviava o olhar sempre que via uma casa em ruínas. Mas não conseguia fazer as imagens pararem na minha cabeça. Sabia o que estava lá dentro daqueles *tukuls* – pessoas com a pele enegrecida e brilhantes ossos brancos. A morte se aproximava da minha família a cada dia, e eu tinha certeza de que logo ela nos tocaria.

Tiros eram disparados ao longe, mas o único som na Estrada da Morte era o do bater das asas dos pássaros. Estávamos em um grupo de pessoas tentando fugir de Bantiu e, enquanto andávamos pela estrada saindo da cidade, abutres voavam pelo ar quando nos aproximávamos. O barulho das asas encheu meus ouvidos e segurei firmemente na mão de Nyakouth à medida que seguíamos em frente.

Mamãe me dissera que iríamos embora alguns dias antes.

– O Baba vai poder nos visitar nos vilarejos – ela disse. – Será mais seguro para nós lá, porque o ELPS controla o lugar. A guerra estará distante e você vai poder aprender a cuidar das vacas, Jal.

Fiquei animado quando ela disse isso. As vacas eram as coisas mais valiosas para os nuer. Você pode oferecer a um nuer dinheiro ou um carro em troca de uma vaca, e ele vai sempre preferir a vaca. Uma vaca sustenta uma família com leite, couro e carne, e um homem é avaliado pelo número de animais que possui. Os nuer acreditam que todas as vacas do mundo pertencem a eles, e pegam todas as que as outras tribos têm. Aprender a cuidar de vacas me tornaria um homem.

Mas eu também sabia que a principal estrada que saía de Bantiu era chamada de Estrada da Morte, porque era muito perigosa. A estrada levava ao rio e era o caminho mais direto para chegar às aldeias da outra margem. Muita gente havia sido atingida no fogo cruzado dos combates entre as tropas do governo e o ELPS. Não importava quem você era quando uma bala te achava – os corpos de mulheres e crianças, velhos e jovens estavam ali estirados.

Agora eu olhava para a estrada à minha frente. Logo adiante podia ver um tanque queimado e os ossos esbranquiçados das vacas espalhados pelo chão. O que mais me assustava era o cheiro, tão intenso que o sentia descendo denso pela minha garganta, até os pulmões. Tentei não respirar. Não queria sentir aquilo. Mas não havia como evitar. Sentia o odor tomando meu nariz e minha boca, se prendendo à minha pele e me sufocando. Era diferente de todos os cheiros que já sentira antes – carne humana ficando cinzenta enquanto se transformava em cadáveres putrefatos.

O som violento das asas encheu novamente o ar à medida que mais abutres alçaram voo, agora que havíamos interrompido a refeição deles. Ao subirem, revelaram o corpo nu de uma mulher jogado no chão ao lado de um bebê. Havia buracos no lugar dos olhos.

– Não olhem – mamãe disse secamente para mim e Nyakouth.
– Virem as caras.

Mas era tarde demais. Minha irmã e eu tínhamos visto a mulher e nunca mais esqueceríamos. Essa lembrança ficou gravada em nós. O fedor do lugar já estava no nosso interior. A morte era parte de nós agora.

## CAPÍTULO 3

As vozes dos moradores do vilarejo aumentavam cada vez mais enquanto cantavam. Tambores soaram para nos saudar: a família de Simon Jok, o comandante do ELPS que protegia aquela aldeia e as que ficavam próximas. Todo mundo parecia muito feliz, inclusive eu, enquanto permanecia de pé ao lado do Baba, mais alto do que eu lembrava e com uma barriga maior. Ele vinha sendo tratado como um rei desde o momento em que chegara, mais cedo nesse mesmo dia, e nos mostrara o *tukul* que seria a nossa casa. Tínhamos até vacas, exatamente como mamãe tinha dito. Elas eram pretas e brancas, com chifres grandes e curvos. Um ancião nu, exceto por algumas contas em volta da cintura e um colar de ovos de avestruz no pescoço, parou em frente à nossa família. Próximo a ele havia um *riek* – um altar para fazer sacrifícios, encontrado em todas as casas. Como muita gente no Sul, o povo desse vilarejo era animista, acreditava em muitos deuses, e procurava garantir que o sangue de uma vaca sempre tocasse o *riek* quando o animal era sacrificado para agradá-los. A cantoria ficou mais alta e uma velha senhora tentou salpicar água em nós.

– Não, por favor, somos cristãos – disse mamãe.

– Jeeeeeesus – a mulher murmurou, enquanto continuava a jogar água.

Um touro preso com uma corda de couro estava na frente do *riek*. Seus olhos reviraram quando o velho pegou uma lança e ficou diante dele. Ele sabia o que aconteceria tão bem quanto eu, e se mexia sem parar. O ancião ergueu a sua lança e, com um movimento veloz, a enfiou no coração do touro. Vi o animal caindo para o lado esquerdo e o sangue se espalhando lentamente pela terra. Era uma bênção. Depois, o ancião cortaria a cabeça do touro, tiraria sua pele e me daria um dos seus testículos. Ele seria queimado no fogo e eu teria que comê-lo. Embora os garotos do vilarejo adorassem o sabor, eu não gostei.

– Vem cá, Jal – disse meu pai, depois que tudo tinha acabado. Deixamos para trás a mamãe, minhas irmãs e meus irmãos e começamos a andar pelo vilarejo com alguns soldados. Eles também eram grandes e fortes, mas eu sabia que o meu pai era o mais importante. Ele tinha acabado de chegar da Etiópia, onde treinara para ser tenente-comandante.

– Estou muito feliz que vocês estejam aqui, onde posso visitá-los – disse Baba, enquanto andávamos.

Eu também estava. Demoramos muito tempo para fugir de Bantiu. Tivemos que voltar aquele dia na Estrada da Morte, porque um vilarejo estava sendo queimado a distância, e depois foi sempre a mesma coisa até que mamãe bolou um novo plano. As únicas pessoas que as tropas às vezes permitiam que saíssem e entrassem na cidade eram moradores dos vilarejos próximos a Bantiu, que vinham vender leite para os soldados. Era perigoso, mas mamãe nos disse que fingiríamos estar com eles. Pensei naquelas crianças e mulheres nuas que usavam apenas um pedaço de couro na cintura. Não queria ficar pelado. Mas, claro, não tínhamos escolha, e logo mamãe, tia Nyagai, Nyakouth, Nyaruach, Miri, Marna e eu nos juntamos ao grupo.

Meus irmãos, minhas irmãs e eu odiávamos ficar sem roupas e sapatos, e mamãe também parecia desconfortável. O sol estava tão quente enquanto caminhávamos que a terra nos queimava, e a gente tinha que se revezar, subindo sobre os pés dela. Quando a nossa vez acabava, pisávamos novamente no chão, e espinhos furavam a nossa pele macia enquanto as crianças das aldeias riam. Eu dava as costas para elas. Tudo o que me importava é que estava deixando Bantiu – e a guerra – para trás.

Agora eu erguia o olhar para o meu pai, que falava comigo.

– Esta é a nossa terra – ele disse, balançando os braços no ar ao seu redor. – É isto que estamos lutando para proteger, porque é isto que os árabes estão tentando tirar de nós. Eles querem nos mudar, transformar nossa maneira de viver, nos tornar como eles. Mas jamais deixaremos que o façam.

Inclinando-se, Baba colocou os braços em volta dos meus e me ergueu no ar. Fui subindo cada vez mais, até finalmente encaixar minhas pernas sobre seus ombros. Senti suas mãos segurando firmemente minhas pernas, enquanto ele parava para falar com um homem.

— Este é o meu filho — disse Baba, e eu fiquei ali sentado, em silêncio. Sabia que ele nunca me deixaria cair.

Logo depois, Baba voltou à guerra, e eu chorei quando ele disse que estava indo embora. Ele viu minhas lágrimas e me disse que agora eu era um homem, um soldado, um guerreiro.

A aldeia era bonita, como haviam me dito muito tempo antes. Os *tukuls* ficavam perto do nosso, em longas linhas, e também havia *luaks* maiores, onde os homens dormiam com as vacas depois que o sol vermelho como fogo caía com a noite. As pessoas do vilarejo também tinham muitas ovelhas e cabritos, e o que eu mais gostava era poder andar por onde quisesse, porque era seguro.

Logo aprendi a não usar roupas, à medida que fiz amizade com algumas crianças da aldeia, que eu divertia com histórias da cidade. Gostava de fazê-las rir quando falava da televisão preto e branco que tínhamos — elas não entendiam como uma caixa podia exibir imagens em movimento. Mas eu também tinha muitas coisas para aprender. A vida em aldeias do Sudão é bem tradicional, e meninos e meninas têm tarefas diferentes. Enquanto ensinavam a Nyakouth como ajudar na cozinha e ordenhar as vacas, eu aprendia a secar esterco, que era depois queimado nas fogueiras para espantar mosquitos. Nyaruach tentava nos ajudar, mas, na maior parte do tempo, criava mais problemas do que resolvia. O nome dela significava "falante", e ela gostava da sua voz mais ainda do que eu gostava da minha. De alguma maneira, mamãe sempre descobria quando eu fazia alguma coisa errada, e eu tinha certeza que era por causa de Nyaruach e sua boca enorme. Ficava contente por Nyakouth ser mais calada.

Miri e Marna continuavam pequenos demais para trabalhar, e nós, as crianças mais velhas, ajudávamos a tomar conta deles. Sobrava algum tempo para brincar, é claro, e o que eu mais gostava era de brincar com um filhote de carneiro que tinha ficado meu amigo. Olhando sério para ele, eu ficava de joelhos e me jogava para frente, enquanto ele batia a cabeça na minha.

– Você vai quebrar os ossos um dia desses – Nyakouth costumava dizer em tom de zombaria, quando ouvia o barulho das nossas cabeças colidindo.

Eu não lhe dava ouvidos, porque o carneiro me fazia rir demais para parar com aquela brincadeira.

Mamãe também andava ocupada. Além de dar leite para Miri e Marna, cuidava de muita gente que vinha vê-la. Soldados machucados precisavam ter seus ferimentos cobertos com velhos pedaços de lençol, e mamãe também tinha algumas agulhas para dar pontos, que fervia várias vezes para cuidar deles. O povo da aldeia também vinha ao nosso *tukul* – alguns querendo frutas de amargosa, que ela fervia para tratar da malária, enquanto outros pediam a bebida feita com sal e açúcar que produzia para os que ficavam enfraquecidos com a diarreia.

Embora a guerra estivesse distante de nós agora, ainda era preciso aprender a respeitar as regras. Logo após chegarmos, soldados do ELPS enfurecidos bateram nela com um porrete. O povo das aldeias tinha que deixar leite e comida para os rebeldes, e ela não sabia. O que eles não percebiam é que, quando os soldados do governo vinham vigiar o matagal com binóculos, os moradores dos vilarejos também davam leite para eles. Mas mamãe logo aprendeu o que tinha que fazer, e Baba mandou um soldado chamado Gatluak cuidar da gente, para que ficássemos novamente seguros.

Eu adorava a vida na aldeia. Via os avestruzes e búfalos no mato, aprendia a usar as cinzas de esterco de vaca e pedacinhos de madeira para escovar os dentes, pintava o meu cabelo de vermelho usando a casca da árvore *luor*. Também achava bom que Gatluak estivesse com a gente, porque ele brincava bastante comigo. Mas, acima de tudo, estava feliz por deixar a guerra para trás.

Certa manhã, estávamos todos fora de casa. Nyakouth ordenhava uma vaca e eu levava as outras para fora do *luak*, para varrer o esterco. Na verdade, minha vontade era continuar rindo do que tinha visto anteriormente. No Sudão, há um animal chamado *jeer*, que é mais ou menos do tamanho de um gato grande. Um pouco antes, um deles tinha vindo do mato e caído no sono sobre a grama, perto da nossa casa – pelo menos foi o que pensamos. O *jeer* ficou ali deitado quieto, os minutos foram passando e moscas começaram a se juntar no seu enorme lombo. Mas uma galinha que estava passando por ali não pôde resistir a uma oportunidade tão boa e foi bicando a linha de moscas até atingir as costas do *jeer*. Ao tomar uma bicada, o *jeer* acordou, engoliu a cabeça da galinha e saiu correndo. Nyakouth e eu rimos sem parar quando vimos a cena. Agora eu ria sozinho outra vez, enquanto levava uma vaca para a luz do dia, fora do *luak*. Torcia para que víssemos outro *jeer* em breve.

Fiquei paralisado quando vi um árabe parado na minha frente. Ele vestia uma *jellabiya* longa e negra, e empunhava uma arma. Todos pararam de se mover. A manhã ficou silenciosa. Ele não disse nada enquanto entrava em um *tukul* e saía junto com Gatluak.

– Mãos para cima! – o árabe gritou, enquanto pressionava sua arma contra as costas de Gatluak. – Vire-se, ande para lá.

Gatluak deu um passo à frente e baixou as mãos enquanto se virava. Os dois homens se encararam por um segundo antes de o som seco do disparo das balas romper o silêncio. Gatluak caiu no chão e o árabe foi embora correndo. Meus olhos não o seguiram. Só conseguia olhar para Gatluak caído no chão. Conhecia bem o barulho de uma arma, e sabia como as pessoas ficavam ao serem atingidas, mas nunca tinha visto o momento em que a bala se encontrava com a carne.

Não podia respirar. O estômago de Gatluak havia sido destroçado e o seu intestino saía pelo ferimento. O cheiro de merda tomou conta do ar. A força foi deixando o seu corpo enquanto ele ficava ali deitado no chão, seus membros tremendo e seus olhos vazios. Vi mamãe cair de joelhos ao seu lado. Lágrimas rolaram por seu rosto e as suas mãos se fecharam em torno do estômago de Gatluak. Elas brilhavam de sangue enquanto ela tentava manter a pele dele junta.

– Tragam tecido! – ela gritou.

Não conseguia me mover, era incapaz de tirar os meus olhos das tripas de Gatluak – cinza como as de um cabrito – em meio a um mar de sangue vermelho. Vi o homem se contorcendo na poeira, arfando e sufocando, sem ar. Então um gemido escapou de seus lábios, e ele ficou em silêncio. Minha mãe deixou sua cabeça cair sobre ele e chorou. Eu continuava sem me mover.

Alguns dias depois, um feiticeiro veio à nossa casa vestindo uma pele de leopardo e trazendo uma grande lança. Ele era alto e usava colares de contas e braceletes, que tilintaram quando disse à mamãe que queria que sacrificássemos um cabrito preto ao seu deus, para que revelasse o nosso futuro.

– É um demônio tentando nos enganar – disse mamãe, enquanto olhávamos para ele. – Não vamos lhe fazer um sacrifício.

Mas o homem já não ouvia, porque começara a batucar em um tambor, na frente do nosso *tukul*.

– Vocês serão punidos! – ele disse com uma voz surpreendentemente profunda. – É o nosso deus que protege vocês, e vocês precisam ouvi-lo. Ele me diz que sua aldeia será queimada. Precisam ouvir. Em breve vocês todos morrerão.

– Vá embora, em nome de Jesus! – mamãe gritou para ele.

Ele logo partiu, mas o medo que se agarrara ao meu estômago no dia em que Gatluak morreu agora apertava ainda mais. Sabia que não devia dar ouvidos a um homem que adorava outros deuses, mas não consegui esquecer as suas palavras. Fiquei pensando no que aquilo significaria para a gente.

* * *

Uma tarde, deixei a aldeia com meu amigo Biel para pescar. Caminhávamos de volta para casa quando ouvimos a enorme explosão de uma bomba. Era perto. Olhamos brevemente um para o outro antes de corrermos para o alto de uma colina. Lá embaixo estava a nossa aldeia. Havia fumaça e fogo, pessoas correndo para todos os lados, como galinhas assustadas. Os soldados do governo estavam atacando.

A grama da savana era esmagada sob nossos pés enquanto corríamos para baixo. Quando nos aproximamos do caminho para a aldeia, vimos dois soldados do ELPS deitados no chão e paramos. Escondidos na grama alta, esticamos nossas cabeças o suficiente para vermos cerca de vinte aldeões reunidos em uma das margens do caminho, cercados por soldados, que apontavam armas para eles. Outra parte da tropa surrava uma família.

– Vocês estão mantendo os rebeldes aqui, não é? – eles gritavam. – Estão dando comida para eles.

As crianças choravam, enquanto o resto do grupo – homens, mulheres com bebês pendurados nas costas, velhos – assistia com os olhos cheios de medo.

– Achamos esses rebeldes por aqui – um soldado gritou, apontando para o guerrilheiro do ELPS morto. – Cadê os outros? Onde está o resto dos seus homens?

De repente, os soldados foram para cima das pessoas e as empurraram com as suas armas para um *luak* ali perto. Os aldeões choravam enquanto eram empurrados para trás, e um homem correu para cima de um soldado. Um tiro foi disparado, e ele desabou no chão.

– Entrem – o soldado disse com um chiado, atirando em dois outros homens da multidão.

Ao meu lado, Biel respirava com dificuldade. Olhei para ele. Havia lágrimas em seu rosto. Virei minha cabeça de novo e vi os soldados surrando mulheres com suas armas enquanto impeliam os aldeões para dentro do *luak*. Tiros estalaram ao longe e o som dos gritos ecoou sobre nós quando os soldados fecharam a porta de madeira. Ouvia as pessoas chorando, e pensava em todos aqueles que estavam ali, presos na escuridão, quando vi um soldado jogar a gasolina de um galão no telhado de palha do *luak*.

Primeiro vi a luz, depois ouvi o barulho. Uma grande claridade surgiu bem na frente dos meus olhos, e um enorme "boom" ressoou no meu corpo quando o *luak* explodiu em chamas. Biel se levantou com um pulo e começou a correr na direção do fogo. Eu sabia que não devia segui-lo. A morte tentava me agarrar em suas presas mais uma vez, e eu precisava ser mais rápido. Virei as costas e comecei a correr de volta para a savana. Entrei cada vez mais fundo na grama alta enquanto meu coração batia na boca. Meu estômago parecia líquido. Queria me esvaziar. De repente, uma mão agarrou a minha nuca e soltei um grito quando ela me puxou para o chão. Vi o rosto de um homem. Eu estava morto.

– Não se mova – disse uma voz. – Você precisa ficar com a gente, continue escondido.

Olhando em volta, vi um pequeno grupo de pessoas da aldeia. Também estavam tentando escapar da morte. Voltei a sentir meu estômago quando uma fumaça amarga encheu meus pulmões e o barulho de tátáratátá das armas e dos gritos ecoou sobre mim. Onde estava mamãe? Onde estavam Nyagai, meus irmãos e minhas irmãs? Quando Baba chegaria para salvar a aldeia?

Não sei quanto tempo se passou antes que a mão do homem me agarrasse novamente e me levantasse. Começamos a andar em meio à grama e logo chegamos ao rio, que atravessamos para chegarmos à outra aldeia, onde mamãe me achou.

– A gente devia ter escutado o feiticeiro – eu disse a ela.

Não conseguia parar de pensar nas pessoas dentro do *luak*. Eu podia ver o rosto delas, o ódio nos olhos dos soldados enquanto os encaravam.

– Eles morreram, mamãe? Foram para o céu?

– Calma, *makuath* – ela respondeu. – Eles estão dormindo, e se estiverem no céu agora, estão seguros. Toda a dor que sofreram terá acabado, e o corpo deles será recomposto. Deus está olhando por todos nós e vai tomar conta deles.

– Mas quando a gente vai para o céu?
– Não posso dizer, Jal. Só Deus sabe quando cada um de nós se juntará a Ele.
Olhei para minha mãe. Não sabia que aquelas pessoas estavam apenas dormindo. Eu me sentia melhor agora.

O sofrimento voltou para as nossas vidas mais uma vez. Nossa aldeia fora incendiada e não podíamos retornar. Vários outros retornaram, no entanto, e logo aprendi que as pessoas voltam ao lugar onde nasceram, como pássaros voltam para os seus ninhos. Mesmo que nada tenha sido deixado, elas insistem em retornar e reconstruir o lugar que os seus antepassados conheceram. Mamãe, tia Nyagai, meus irmãos, minhas irmãs e eu não tínhamos um lugar assim, e corríamos sem parar de uma aldeia para outra à medida que eram atacadas. As pessoas eram generosas com o pouco que tinham, e nos cediam um lugar para descansar e comida para comer enquanto nos movíamos pelo sul com outros refugiados.

– Deus vai nos proteger – mamãe nos dizia todas as noites, e nós a abraçávamos.

Mas até ela estava diferente agora – o cheiro dela tinha mudado. Na cidade, o odor de perfume e incenso estava sempre grudado à sua pele, enquanto agora, apenas o cheiro de leite misturado com a aspereza do medo permanecia nela.

Eu sabia por quê. Os soldados vinham em jipes e caminhões para atacar. Às vezes, a gente podia ouvir tanques a distância, e fugíamos daquele ruído grave. Outras vezes, eles chegavam quando a luz começava a surgir e nos pegavam de surpresa. Na época seca era pior, porque eles se movimentavam com mais facilidade. Queimando e saqueando as plantações, destruíam qualquer coisa que pudesse alimentar a nós ou ao ELPS. Queriam que morrêssemos de fome e queimavam uma aldeia atrás da outra. As pessoas com mais sorte conseguiam escapar para os rios ou para a floresta, enquanto seus amigos e familiares morriam. Os *murahaleen* também chegaram; eles eram quem eu mais temia, pois gritavam *"Allahu Akbar"* e atiravam. Os homens das aldeias tentavam enfrentá-los com lanças, mas não podiam fazer nada contra as armas, e os *murahaleen* matavam todos que conseguiam. Lembro-me de entrar em um vilarejo onde os ossos cobriam o chão. Alguns eram pequenos, outros grandes, e mamãe não pôde cobrir nossos olhos naquele dia – havia muita coisa para ser vista. As lágrimas corriam pelos rostos das pessoas enquanto choravam em silêncio, e eu tive muitos sonhos ruins depois disso. Às vezes, mamãe cantava uma canção para eu voltar a dormir, mas eu só me sentia realmente protegido quando deitava ao lado dela ou de Nyagai. Como eu sempre tinha que dar espaço para as crianças menores, nunca me sentia realmente seguro.

Algumas vezes víamos helicópteros ao longe – aeronaves de guerra que flutuavam no ar antes de atirarem –, e aprendi que pessoas correndo para salvar a própria vida nunca vão em uma direção determinada. Em vez disso, elas se espalham, como formigas e moscas, para onde o instinto as levar. Sentindo o cheiro de carne queimada no ar e com a memória de corpos caindo inertes no chão, eu corria como se o demônio estivesse me perseguindo. Tornei-me bom em lidar com a guerra. Logo já conhecia os sons dos diferentes tipos de explosão – o "boom" das grandes bombas, o impacto menor das granadas jogadas pela mão dos soldados, o chiado de um míssil disparado por um RPG. Havia também diferentes armas – os AK-47, dos homens do ELPS, o Mack 4, usado pelos *murahaleen*, e o G3, dos soldados do governo. Aprendi a correr tanto que sentia que meus pés poderiam tocar na parte de trás da minha cabeça, mesmo quando meu estômago se revirava dentro de mim. Várias vezes eu caía, e sempre rezava para desaparecer dentro do chão. Mas evidentemente eu tinha que levantar e começar a correr de novo. Ficava pensando se aquilo iria acabar um dia.

Histórias tecidas com linhas intrincadas se tornam simples nas mentes das crianças, e a guerra no Sudão era, para mim, parecida com uma luta entre negros e árabes, cristãos e muçulmanos. Séculos de casamentos haviam misturado as nossas tribos, rivalidades de outras épocas eram usadas pelo governo do Norte para jogar umas contra as outras, e os muçulmanos negros de Darfur lutaram lado a lado com as tropas árabes muçulmanas, acreditando participar de uma guerra santa contra os infiéis do Sul. Até mesmo cristãos africanos negros se juntaram às forças do governo por dinheiro.

Mas eu esquecia os rostos africanos que via entre o inimigo quando pensava nos árabes que nos atacavam, e a raiva crescia dentro de mim. Os árabes e os *murahaleen* se tornaram uma coisa só na minha cabeça – os *jallabas* –, que eu odiava cada vez mais. No norte, eu me perguntava por que eles tinham roupas melhores que as nossas, por que podiam ir às mesquitas enquanto mamãe fora proibida de ir à igreja. Mas agora via com meus próprios olhos o que eram capazes de fazer. A resposta era sempre a mesma quando se perguntava quem tinha feito alguma coisa: "*Jallabas*, os árabes". Eram os culpados de tudo o que eu via; eram o motivo pelo qual minha família foi espalhada ao vento quando nosso mundo desapareceu.

– Não gosto deles – disse à minha mãe. – Eles devem ir para o inferno. São gente má.

– Não – ela respondeu. – O céu é de todos e Deus é para todas as pessoas.

Às vezes eu ficava imaginando como Deus podia deixá-los entrar no céu, sabendo que eles matavam todo mundo, e, em segredo, disse a mim mesmo que atacaria os árabes junto com o meu pai quando crescesse. Tudo o que queria era fazer com que parassem de nos machucar.

Mas em alguns momentos eu conseguia esquecer o ódio que sentia pelos *jallabas*. Quando deixávamos a batalha para trás, começávamos a brincar de novo e ríamos, lembrando como as pessoas ficavam engraçadas enquanto corriam. Durante a noite não dava para esquecer, mas durante o dia sempre encontrávamos um jogo para jogar no chão poeirento ou uma brincadeira para fazer.

Minha família e eu fomos separados muitas vezes enquanto a guerra serpenteava à nossa volta. Às vezes eu estava sozinho, outras vezes com tia Nyagai ou Nyakouth, mas logo percebi que, onde quer que estivesse, bastava mencionar o nome do meu pai que mamãe me encontraria. Odiava ficar longe dela, e nesses dias ficava inquieto e chorava enquanto esperava. Mesmo quando mamãe voltava, eu tinha que ficar preparado para fugir outra vez, e, se finalmente parássemos em um lugar, sentia meu estômago tremer enquanto esperava a próxima batalha.

– Estamos seguros agora – mamãe nos dizia.

Mas a guerra nunca estava muito longe, e, mesmo quando parávamos, as pessoas eram obrigadas a ajudar o ELPS na linha de frente, carregando comida e munição para lá. Uma vez, tia Nyagai teve que ir e voltou silenciosa. Vira muita gente morta e ouvira as famílias chorando por causa de meninos que haviam sido levados como escravos para plantações de cana e meninas que seriam usadas pelos homens da milícia para *kun ke bom*. Ela se recusou a comer quando voltou e não conseguia sequer provar a carne. Sabia do que ela estava se lembrando – do cheiro de gente queimada.

– Foi tão horrível – eu a ouvi dizendo uma vez para mamãe.

Tinha acordado com o barulho da tia Nyagai vomitando, e agora ela conversava com minha mãe em voz baixa.

– Angelina, lá havia crianças e bebês, uma mulher grávida foi queimada no chão com o filho no ventre.

– Calma, Nyagai – disse mamãe. – Você está segura agora.

O que eu ouvi me assustou. Imagens apareceram na minha mente – podia sentir o cheiro no ar e ouvir os gritos. Repetia para mim mesmo o que mamãe me dissera – aquela gente estava dormindo e acordaria depois, e, se não acordassem, Deus faria com que ficassem inteiros de novo no céu.

Eu tinha a impressão de que correríamos para sempre até que, finalmente, achamos uma aldeia que não era atacada havia muitas semanas.

– O ELPS está nos protegendo agora – mamãe nos disse certa noite. – A guerra está longe. Podemos ficar aqui e descansar.

Quase ousei acreditar nela. Baba nos trouxe algumas vacas, os seus soldados construíram um *tukul* para nós, e a barriga da mamãe cresceu com mais um irmão ou irmã para mim.

– Conte uma história para a gente – disse Nyaruach.

– Você nunca vai conseguir ficar contente ouvindo apenas o silêncio? – Mamãe disse rindo, enquanto sentava ao nosso lado. – Vou contar uma história e aí vocês vão dormir.

Olhamos para ela enquanto se sentava.

– Vocês sabiam que a raposa e o cachorro eram primos que brincavam felizes um com o outro? – ela perguntou. – Mas um dia o cachorro foi visitar a raposa e lhe disse, "é difícil viver no mato, mas na aldeia tudo o que você precisa fazer é avisar as pessoas quando as hienas estão chegando. Você devia vir para cá e viver comigo."

"Então a raposa decidiu ir para a aldeia, mas, quando chegou lá, viu que naquela noite o cachorro não tinha ganhado nada para comer. Em silêncio, viu quando o cachorro foi à casa do seu dono pedir comida. Mas chutaram-no para fora e deram-lhe apenas ossos para mastigar.

"A raposa disse para ele, 'aqui na aldeia, você é humilhado. Tudo o que ganha são ossos. No mato, eu caço minha própria comida e como o que quero.'

"'Pode esperar para ver', o cachorro disse para a raposa. 'O meu dono toma conta de mim.'

"A raposa decidiu ficar, mas, no dia seguinte, ela e o cachorro mataram um animal, levaram para o dono, e ganharam novamente apenas ossos para comer.

"'Tenho que voltar para o mato', a raposa disse ao cachorro. 'Nunca serei feliz aqui.'

"Então a raposa voltou para o mato, o cachorro continuou leal ao seu dono, os dois viraram inimigos, e é por isso que eles lutam até hoje."

Mamãe beijou as crianças mais novas, e eu virei para o meu lado, para dormir. Tinha sete anos e já estava velho demais para beijos. Senti sua mão tocar o meu ombro enquanto fechava os olhos.

O frio na minha barriga dizia que a guerra tinha chegado de novo. Abri os olhos. Podia ouvir armas disparando balas e o som grave de *tuk-tuk-tuk* dos helicópteros pulsando sobre nossas cabeças. Pulei de pé. Todo mundo estava levantado. Miri estava chorando, assustado com os barulhos altos. Correndo até a porta do *tukul*, nós escapamos para a luz do dia. Meu coração batia rápido e minhas pernas estavam fracas. Será que eu seria capaz de correr rápido o suficiente dessa vez?

A mão da tia Nyagai agarrou a minha, enquanto mamãe carregava os bebês, e todos nós começamos a correr. Por toda a nossa volta, pessoas gritavam. Fumaça e poeira enchiam o ar; podia sentir o cheiro de fogo.

– Esperem! – gritou mamãe, virando-se.

Eu sabia o que ela queria – a sua caixa médica. Era a única coisa que sempre levava quando corria durante a guerra.

– Não vá! – gritou Nyagai. – Não dá tempo.

Mamãe parou por um momento, incerta sobre o que fazer. Virou-se para nós outra vez.

– Corram até o rio – ela gritou.

Eu podia ver soldados do governo ao longe e disse às minhas próprias pernas que elas precisavam ser fortes enquanto agarrava a mão de Nyagai. Não olhei para trás, para mamãe e os outros. Sabia que estavam lá.

De repente, o pequeno "boom" da explosão de uma granada disparou perto de nós, e ouvi gritos.

– Rápido – berrou Nyagai, e fomos na direção da floresta que ficava nas proximidades da aldeia. Estaríamos seguros entre aquelas árvores.

Meus pés voavam pelo ar enquanto eu forçava a mim mesmo a ir mais rápido. O barulho da batalha invadia meus ouvidos, e tudo o que conseguia sentir era a mão de Nyagai na minha. Espinhos entraram fundo nas minhas pernas, mas eu não os sentia.

O medo sempre ganha da dor; tudo o que eu precisava fazer era correr. Correr sem parar, continuar seguindo, nunca parar até ter deixado as armas para trás. Queria silenciar as explosões, os ruídos, os zunidos e os gritos da guerra para sempre.

Quando o mundo finalmente voltou ao silêncio, percebi que havia perdido Nyagai. Estava sozinho, mas sabia o que fazer. Juntei-me a uma multidão de refugiados para começar a caminhar. Não sabia para onde eles estavam indo, só sabia que, quando finalmente parassem, mamãe me acharia. Ela, meus irmãos e irmãs tinham que estar em algum lugar próximo, e, até encontrá-los novamente, alguém cuidaria de mim, como sempre.

– A mamãe vai me achar – eu dizia a mim mesmo sem parar.
– Deus vai protegê-la.

# CAPÍTULO 4

— Tragam-me um pote com água até a metade — o feiticeiro disse, parado do lado de fora do nosso *tukul*.

Olhei para o homem. Sabia o que ele queria — usar seus deuses para nos dizer coisas que ainda não sabíamos.

— Vamos ouvir o que ele tem a dizer — disse tia Nyagai, ao meu lado.

Olhei para ela. Mamãe não ia querer que nós ajudássemos esse homem. Ao meu lado, Nyakouth, Nyaruach, Miri e Marna estavam em silêncio, esperando. Pessoas como esse feiticeiro vinham frequentemente a Luaal, a aldeia onde meu pai nascera e onde estávamos agora, esperando por mamãe. Ficava a quatro horas a pé de Leer, uma cidade ao sul de Bantiu, para onde eu havia ido com outros refugiados antes de ser levado ao comando do ELPS.

— Sou o filho do Simon Jok — disse aos homens, que me colocaram na frente de um rádio para falar com meu pai.

Nunca usara um rádio antes, e o soldado empregava uma linguagem especial quando falava nele.

— Whiskey, tango — ele disse, apertando os botões para eu falar.

Podia ouvir o "boom" de explosões ao fundo enquanto falava com Baba.

— Vamos achar todos os outros, é só esperar — disse.

Mandaram-me para a companhia de uma tia em um vilarejo próximo a Leer, mas logo a guerra explodiu novamente e tivemos que fugir — dessa vez para Luaal, onde Nyagai, Nyakouth, Nya-

ruach, Miri e Marna se juntaram a mim. Mas mamãe não estava com eles.
– Cadê ela? – perguntei, ansioso.
– Está com o seu pai – Nyagai me contou. – Ela logo vai se juntar a nós. Por enquanto devemos ficar aqui, onde é seguro.
– Mas mamãe pode não conseguir encontrar a gente.
– Ela vai conseguir.

Eu precisava fazer o que Nyagai dizia, e Baba estava certo – Luaal era um lugar seguro. Cercada por pântanos e rios, a cidade não havia sido atacada durante a guerra. Mas cada dia que eu passava sem a minha mãe, meu estômago se apertava mais e mais dentro de mim. Nyagai tomava conta da gente, e minha avó Nyaduaf, mãe do meu pai, vinha frequentemente visitar o *tukul* e o *luak* que papai nos dera. Mas não era a mesma coisa. Eu só queria minha mãe de volta.

Nyagai voltou para dentro da cabana e saiu para a luz do dia novamente, carregando o pote d'água que o feiticeiro pedira. Ele mexeu na água e colocou três pedaços de madeira lá dentro, começando a falar em uma língua que não compreendíamos.
– Vejo que alguém próximo à sua família morreu – ele finalmente disse, em nuer.

Nyagai perdeu o ar enquanto olhava para o homem, e Nyakouth e Nyaruach começaram a chorar. Eu já não ouvia mais nada. Impedia os meus ouvidos de absorverem uma única palavra do que ele dizia.

O homem olhou para a água mais uma vez.
– É a sua mãe.

A raiva se incendiou com força dentro de mim. Ele era um mentiroso.
– Parem de chorar! – gritei para minhas irmãs. – Por que estão dando ouvidos a ele? Nós somos cristãos. Não podemos acreditar nele.

Mamãe estava certa. Aquele homem era um demônio enviado para nos machucar. Contudo, alguns dias depois chegou um dos meus tios, bastante conhecido na aldeia por fazer mágicas. Ele também vestia uma pele de leopardo e segurava um longo cachimbo enquanto falava, soltando fumaça pelo nariz – e nos disse mais uma vez que a nossa mãe não voltaria.

Eu sabia, no fundo do meu coração, que não era verdade, mas ninguém me ouvia, e em poucos dias o nosso *tukul* estava cheio de parentes. As mulheres punham a mão na barriga enquanto choravam, Nyagai esperneava, minhas irmãs derramavam lágrimas e lágrimas. Elas chegaram até a sacrificar uma vaca em honra à vida de mamãe, mas eu dizia a mim mesmo que ela sempre nos achara antes e o faria novamente. Sabia que logo sentiria o cheiro dela mais uma vez e ouviria sua voz suave dizendo entre risadas: "Calma, *makuath*, você precisa aprender a ficar quieto quando eu conto uma história." Mamãe jamais nos deixaria. Se estivesse dormindo, então acordaria. Deus não ia querer levá-la para o céu enquanto esperávamos por ela.

Demorou várias semanas para que algo mudasse dentro de mim.

"Já passou tanto tempo", minha mente sussurrava. "Mamãe já teria voltado, se pudesse."

De repente, eu me senti frio e vacilante. Deixei de comer. Durante a noite, quando me deitava, imagens de todas aquelas pessoas machucadas reapareciam na minha cabeça, e, às vezes, sonhava com o rosto da minha mãe entre elas. Mas não chorei. Meninos não choravam.

Dizem que existe a época de tudo, e, na África, há a época da fome. Todo ano, durante quatro meses, quando os estoques de comida se esvaziam e as novas lavouras ainda não podem ser colhidas, as aldeias lutam para encontrar comida. Logo o vazio no meu coração espelhou-se em meu corpo, à medida que a época da fome tomou conta de Luaal. A guerra fazia esse período ser pior do que nunca, porque refugiados e parentes enchiam Luaal e dividiam a nossa comida. Nyagai fazia o melhor que podia para cuidar de nós. Eu olhava todo dia para os três *guey* que tínhamos no nosso *tukul* – grandes potes onde guardávamos sorgo. Sabia que a comida tinha que durar até a estação das chuvas, mas logo um dos recipientes chegou à metade, enquanto os outros estavam vazios. Mesmo assim, minha família tinha sorte, porque pelo menos podíamos comer uma vez por dia. Sentávamos juntos durante a noite para que não dormíssemos com fome, mas os dias eram longos e eu ansiava por comida. Sentia cansaço, meu estômago queimava, e, às vezes, ficava tonto. Tentava dormir para passar o tempo, esperando o entardecer e procurando esquecer o choro de fome de Miri e Marna. Outros na aldeia não tinham tanta sorte, e logo ouvimos dizer que as pessoas mais velhas e as muito novas estavam morrendo.

Eu tinha sorte, porque podia procurar comida no mato. Havia *wur*, as folhas de uma bela planta, ou *shia*, um tipo de palmeira anã. Mas a competição entre crianças famintas era acirrada, e eu tinha que procurar muito e por longo tempo para achar a preciosa comida. Em breve eu veria os aldeões serem forçados a tirar sangue de suas vacas: os homens as amarravam, cortavam uma veia do pescoço com uma lança, e enchiam um pote de sangue, que Nyagai cozinhava em uma sopa para nós.

– Isso vai deixá-los fortes outra vez – ela dizia enquanto comíamos.

Os aldeões eram cuidadosos para não matarem suas vacas. Embora pudesse ser aceitável como parte de um sacrifício ritual, em qualquer outra ocasião este seria um ato desesperado que mataria a esperança em todos, exceto nos mais fortes.

Quanto mais fome eu tinha, mais sentia falta da minha mãe. Tinha certeza de que, se ela estivesse conosco, não estaríamos sofrendo tanto, e desejava sentir seu toque, seu cheiro, ouvir sua voz. Acima de tudo, sentia falta de sua presença – firme e segura em meio a todo o caos. Sem ela, temia que a guerra me tragasse em seu coração negro a qualquer segundo, e meu corpo parecia vazio de saudade.

– Sinto falta dela – Nyakouth me disse um dia. – Às vezes ela vem me ver de noite, e diz que ficaremos seguros.

Não entendia o que Nyakouth queria dizer e ficava com medo. Mas o nome dela significava "Filha de Deus", então talvez ela soubesse de coisas que eu não sabia. Também queria poder ver a mamãe, mas, por mais que tentasse, seu rosto só me aparecia em sonhos de guerra, e a única coisa que eu sentia era medo. Nas poucas vezes que chorei por ela, escondi-me no alto de uma árvore antes de permitir que as lágrimas corressem quentes pelas minhas bochechas.

Finalmente a época da fome acabou e o coração da aldeia começou a bater de novo, com as pessoas voltando a cantar. Quando a lua e as estrelas estavam brilhantes, em um casamento ou uma colheita, eles encontravam motivos para celebrar, e as vozes que se levantavam em conjunto me diziam que o pior já tinha passado. Sempre que um tambor era colocado do lado de fora de um *tukul* coberto de óleo, a notícia se espalhava e as pessoas vinham ouvir suas batidas até tarde da noite. Nessa ocasião, elas se juntavam em torno do fogo para dançar, cantar e recitar versos. A música me deixava feliz e triste ao mesmo tempo. Em alguns instantes, eu podia fechar os olhos e me imaginar outra vez na igreja vendo minha mãe, e me sentia perto dela. Mas aí a música chegava ao fim, e ela morria junto com o som mais uma vez.

A vida na aldeia era muito diferente daquela na qual cresci, e, como um "menino da cidade", era importante para mim me colocar à prova. A melhor maneira de fazer isso era nos vários jogos que as crianças praticavam umas contra as outras. Mas, ao contrário dos outros, eu não tinha aprendido as habilidades que precisava desde quando comecei a andar, e era bastante fraco na maioria deles. Ou os outros conseguiam facilmente lutar com pedaços de madeira e as mãos amarradas, o que eu achava muito difícil, ou então se enfrentavam e eu não entendia as regras.

Outra brincadeira favorita era a competição de xingamentos, na qual as crianças se insultavam entre si para fazer as outras rirem.

– Sua avó é tão gorda que Deus não vai deixar ela entrar no céu – um garoto gritava para o outro, enquanto a pequena multidão ria.

– E os peitos da sua irmã são tão grandes que quando ela está tirando leite da vaca precisa amarrá-los nas costas – o outro respondia.

No começo, ficava em silêncio quando chegava a minha vez. Tinham me ensinado a não ser mal-educado com a família dos outros, e as crianças me olhavam com desdém quando a minha falação habitual sumia.

– Jal, você fala muito o dia inteiro, e depois não diz nada quando realmente precisa – Nyakouth me dizia.

Mas comecei a me sair melhor quando Nyagai se ofereceu para me ajudar a escrever letras. Além dos insultos, a gente tinha também que fazer raps para os meninos mais velhos – contar histórias cantando com ritmo para diverti-los – e descobri que gostava de divertir as pessoas. Mas, embora eu me tornasse um pouquinho mais aceitável à medida que melhorava, sabia que nunca seria realmente um dos garotos da aldeia.

Talvez, por isso, o ponto alto da vida na aldeia para mim fosse a *gaar* – a cerimônia em que linhas eram cortadas na pele dos meninos para torná-los homens. Ao assistir à cerimônia pela primeira vez, descobri como Baba havia conseguido suas cicatrizes, e desejei tê-las também. Então eu seria aceito. O EPLS tentara acabar com a *gaar*, para não encorajar divisões tribais – enquanto um homem nuer tinha seis cortes na testa, um dinka tinha uma sequência de pequenas marcas, que juntas pareciam o desenho de um pé de galinha. Embora o ELPS tenha começado a confiscar vacas das pessoas que deixavam seus filhos serem marcados, os aldeões não ligavam, e a *gaar* continuava a ser praticada com garotos de catorze anos.

Era um dia importante – com danças, cantos e comida –, e o ponto culminante chegava quando um ancião andava até cada menino com um *ngope*. Segurando uma faca pequena e afiada nas mãos, ele cortava seis linhas fundas até o osso nas testas dos garotos, e o sangue corria até cair em buracos cavados no chão, de ambos os lados. Nunca vi um menino chorar ou se mover enquanto os cortes eram feitos. Se ele fizesse isso, as linhas sairiam tortas e as pessoas saberiam para sempre que ele era um covarde; e se chorasse, todo mundo que assistia saberia que estava sentindo dor e não era um homem de verdade. De todo modo, ele envergonharia a si mesmo e a sua família. Os meninos permaneciam em silêncio e eram levados para um *tukul* depois da cerimônia para serem cuidados por mulheres, enquanto o resto da aldeia celebrava. Vários dias depois, eles desciam até o rio, onde os homens de sua família os recebiam como um igual.

A *gaar* significava muitas coisas – que você estava pronto para a guerra, era capaz de dizer aos meninos mais novos como e o que fazer, e estava proibido de entrar em uma cozinha ou chorar. Mas a mudança mais importante que ela trazia era o começo do romance. Eu ria ao ver garotos mais velhos sentados na frente da casa de uma menina, cantando e esperando que ela saísse e lhes oferecesse um copo de água ou de leite para demonstrar que apreciava a atenção. Se ela não fizesse isso, seu pai ou seus irmãos viriam e diriam ao garoto para ir embora. Meus amigos e eu nunca parávamos de rir dessa cena tão estranha.

Tinha vontade de perguntar ao Baba sobre isso, mas sabia que ele simplesmente diria que, para mim, a *gaar* ainda estava muitos anos distante. Ele vinha à aldeia sempre que podia, e eu sempre ficava feliz quando isso acontecia. Desde que viera para Luaal, eu soube que ele tinha quatro outras esposas, e quando meus vários tios disseram com orgulho quantas mulheres tinham, percebi que isso era parte do jeito nuer de ser. Nunca perguntei ao Baba sobre esse assunto; ele, em vez disso, falava sobre o futuro, sobre o dia em que o ELPS venceria a guerra e traria paz às nossas terras mais uma vez.

– Você precisa ser forte – ele me dizia, enquanto andávamos pela aldeia. – Sei que a vida que está levando agora não é como na cidade, com doces, açúcar e biscoitos. Mas precisa entender que estamos em uma luta, e você é um garoto grande agora. Não deve reclamar nem chorar. Você é meu soldado, e deve mostrar aos seus irmãos e irmãs como é ser um homem.

Podia sentir minha cabeça crescer enquanto ele falava, e disse a mim mesmo que, por mais que não fosse o melhor menino da aldeia, um dia eu mostraria ao Baba que era corajoso.

\* \* \*

– Viemos te buscar – o soldado do ELPS disse, olhando para mim.
Eu estava parado na porta do nosso *tukul*, dias depois de voltar do mato. Estive lá com outros meninos da aldeia para alimentar as nossas vacas com a grama boa e pescar. Também assisti aos garotos maiores caçarem búfalo e vi hienas, elefantes, girafas, rinocerontes e águias. Agora estava de volta à aldeia, gordo e orgulhoso do que fizera.
– Como assim?
Os dois soldados estavam parados na minha frente.
– O seu pai nos mandou – um deles respondeu. – Ele quer que você venha com a gente. Você vai para a escola.
Eu o encarei, atônito. Escola? Já fazia muito tempo desde a época em que tínhamos uma casa e mamãe nos ensinava nossas lições. Mas ela sempre prometera que um dia eu iria a uma escola de verdade.
"Vocês precisam aprender o ABC", mamãe dizia a Nyakouth e a mim, enquanto recitávamos o alfabeto em inglês. "É por meio da educação que vocês ganharão respeito e um lugar no mundo."
Senti a mão de tia Nyagai pegar a minha com firmeza quando ela apareceu e ficou ao meu lado.
– Ele não vai com vocês – ela disse suavemente.
– Mas ele tem que vir – respondeu o soldado. – Você não quer aprender, Jal?
Ergui os olhos para o homem. Eu estava, em parte, animado, mas não queria deixar minhas irmãs e irmãos. Tinha que tomar conta deles.
– Para onde vocês vão me levar? – perguntei.
– Para a escola, na Etiópia.
Ao meu lado, Nyagai prendeu a respiração.
– Etiópia? – Nyakouth gritou com uma voz aguda. – Posso ir também? Posso ir aprender com o Jal?
Os homens olharam para ela.
– Não, não dessa vez – um deles disse. – Agora só os meninos vão para a escola.

– Você conhece a *nyanking*, Jal? – o outro soldado perguntou, baixando-se sobre um dos joelhos, na minha frente.

Claro que eu conhecia. Amava aqueles aviões brancos que deixavam fumaça no céu quando voavam sobre nós. O nome deles significava "filha do rei", e diziam que ela estava voando acima de nós quando os víamos. Às vezes, eu continuava olhando depois que desapareciam, observando a fumaça ficar mais fina e se desfazer no azul infinito.

– Sim – respondi, com um sussurro.

– Bem, a *nyanking* é feita por pessoas que foram à escola – o soldado disse.

– E está vendo essa arma? – o outro continuou, tocando na AK-47 ao seu lado. – Ela também foi feita por pessoas que foram à escola. Assim como os carros, os biscoitos e todas as coisas de que mais precisamos. Todas foram feitas por gente que foi à escola.

A animação começou a borbulhar dentro de mim enquanto eles falavam. Eu queria pilotar um avião e saber como é se sentir um pássaro. Queria subir bem alto no céu azul e olhar para o mundo abaixo de mim. Também queria ajudar o Baba a lutar contra os árabes e puni-los por terem tirado minha mãe de mim.

– Vou com vocês – eu disse, finalmente.

– Bom menino – os soldados responderam, enquanto se viravam para partir. – Viremos buscar você amanhã de manhã.

Nyagai parecia triste quando se voltou para mim, depois que eles se foram.

– Você não pode ir, Jal. Eu já ouvi falar desses lugares. Você não vai para a escola. Em vez disso, o ELPS vai te vender em troca de armas.

Prendi a respiração enquanto olhava para ela. Não daria ouvido às suas lamúrias. Estava indo para a escola para aprender como pilotar *nyanking*, e a mamãe ficaria orgulhosa de mim.

– Mas eu tenho que ir – disse.

Lágrimas correram pela face de Nyagai enquanto ela olhava para mim.

– Não há nada a temer – eu disse a ela. – Baba jamais deixaria que algo ruim acontecesse comigo.

## CAPÍTULO 5

*Vamos para a escola*
*Vamos para a escola*
*Sudão é o nosso país*
*Sudão é o nosso país*
*Vamos para a escola*
*Aprender a ler e escrever.*

As vozes dos meninos da aldeia se levantaram à minha volta. Os soldados haviam nos ensinado esta canção mais cedo, naquela mesma manhã, depois de termos deixado Luaal. Outros pais fizeram como Baba e mandaram seus filhos para a escola. Sabiam que, na Etiópia, estaríamos livres da guerra e protegidos dos *jallabas*, que poderiam nos levar como escravos. Mães choravam e pais acenavam quando partimos, mas sabiam que nos deixar ir era a coisa certa a ser feita. Algumas batalhas não podem ser vencidas apenas com armas.

Agora estávamos nos aproximando do centro de Leer. Havia muita gente, muitas crianças, todas elas querendo ir para a escola. Alguns adultos gritavam, outros cantavam, tambores e chifres de touros eram tocados, e certas pessoas seguravam enormes cruzes para nos abençoar no nosso caminho rumo a uma nova vida. A animação dançava no ar e flutuava sobre nós, como uma abelha sobre uma flor.

– Tive que vir desejar sucesso a vocês – uma voz de repente se levantou acima dos barulhos.

Um arrepio percorreu meu corpo. Baba.

"Sou o comandante Simon Jok, e estou feliz por vocês terem decidido aproveitar essa grande oportunidade que o ELPS está dando aos seus filhos.

"Todos nós ouvimos histórias de crianças sendo vendidas em troca de armas ou transformadas em soldados, mas elas não são verdadeiras. O meu próprio filho está junto com os seus. Eu o mandaria à escola se houvesse algum perigo?

"A Etiópia é um lugar bom. Lá tem comida, não tem guerra, e seus filhos terão sapatos e educação. Retornarão para vocês educados e fortes, prontos para reconstruírem o país quando o tivermos conquistado novamente e para sempre."

A multidão gritava, e meu peito se estufou quando olhei para o Baba. Ele era um homem muito importante, e eu precisava honrá-lo indo bem na escola. Todas as crianças no sul do Sudão sonhavam em ser educadas.

Mais tarde, fui levado para ver o Baba no seu quartel, onde ele me apresentou a um menino que parecia um pouco mais velho que eu.

– Esse é o Madit, ele será seu irmão a partir de agora – disse Baba. – Vocês precisam tomar conta um do outro.

Madit sorria enquanto Baba me dava algumas roupas e sapatos feitos de borracha para a nossa viagem. Meus pés eram pequenos demais para eles. Teria que ir descalço.

– Você precisa ser forte agora – Baba me disse com os seus olhos penetrando fundo nos meus. – Você é o primogênito. Tenho orgulho de você e sei que você vai me deixar ainda mais orgulhoso.

Minha garganta ficou apertada. De repente, senti medo de ir – deixar a minha aldeia, Nyagai, meus irmãos e irmãs, tudo o que eu conhecia, por um lugar tão distante.

– Trabalhe duro – ouvi Baba dizer. – É para você que toda a família está olhando agora, você precisa ser corajoso.

– Sim – eu disse, fitando o chão.

A mão do Baba se dividia em mil partes brilhantes quando ele a colocou na minha frente. Eu a agarrei e apertei bem os olhos.

– *Wakemale* – Baba me disse. – Vá em paz.
Sabia que não devia envergonhar meu pai revelando minhas lágrimas, e mantive minha cabeça erguida quando Madit e eu o deixamos para nos juntarmos novamente à multidão. Aos poucos, meu medo desapareceu enquanto deixávamos Leer entre exclamações e gritos de boa sorte. Soldados do ELPS nos acompanhavam na jornada para a Etiópia para nos proteger da guerra, e eu aprenderia a pilotar *nyanking*.

Poucas horas depois, chegamos à cidade de Adok, onde embarcamos em um bote que nos levaria ao sul, descendo o Nilo. O capitão discutiu com os soldados dizendo que havia gente demais na embarcação, mas ele não podia fazer nada para impedir o ELPS, então, quando zarpamos, estávamos espremidos uns contra os outros. Fiquei contente por encontrar uma mulher que conhecera minha avó Nyapan Deng e mamãe. O nome dela era Fathna, e, como seu marido era um soldado importante, estava sentada atrás de uma corda com seus filhos – uma menina que devia ter uns três anos e dois bebês. Quando percebeu quem eu era, convidou-me para sentar com ela e me deu um biscoito. Ao dar metade para Madit, ele olhou para mim e pude ver que estava assustado.

– Preciso lhe dizer uma coisa – ele disse. – Quando subimos no barco, vi uma cobra no Nilo olhando para a gente. Chamam essa cobra de *lou*, e se você a vê antes que ela te veja, é sinal de boa sorte. Mas se ela vê você antes, então é sinal de má sorte, e foi isso o que aconteceu hoje.

– Como assim? – eu disse rindo. – Não acredito nessas histórias.

– Mas devia acreditar – Madit insistiu. – Temos que estar preparados.

Fathna inclinou-se na nossa direção.

– Pare com isso, menino – ela disse rispidamente. – Não assuste as pessoas.

Madit virou-se para o outro lado e eu coloquei a última parte do meu biscoito na boca. Logo iria dormir, e naquela noite sonharia com a escola, não com a guerra.

* * *

Um ruído grave me acordou. Abri os olhos e senti a ponta do convés. Ouvi o som da água correndo e as pessoas berrando.
– Rápido – Fathna gritou.
A água inundava o convés e, por todo lado, as pessoas tentavam escapar. Fathna movia-se com elas, agarrando-se aos seus filhos.
– Fiquem calmos! – uma voz gritou. Espalhem-se.
Mas ninguém dava ouvidos, e o barco superlotado inclinou-se para o outro lado. Mais uma vez as pessoas correram na direção oposta.
– A água está chegando perto! – uma voz gritou.
Eu sabia que devia entrar no meio da aglomeração, mas pernas me chutavam e mãos batiam na minha cabeça quando eu me apertava contra elas. Não conseguia mais ver nem Fathna nem Madit. Mais uma vez o convés virou, e as pessoas gritaram ainda mais alto, tentando escapar da água que se espalhava à nossa volta. Eu precisava chegar ao outro lado. Pular como os soldados faziam para escapar da água e nadar como eu costumava fazer no rio de Bantiu.
Mas, de repente, o mundo virou de cabeça para baixo.
Tudo ficou preto.
Eu estava embaixo d'água.
Pernas batiam ao meu lado enquanto minhas mãos empurravam o que estava acima da minha cabeça. Meus pulmões estavam vazios. Algo enorme e arredondado estava na minha frente. Uma luz brilhou em algum lugar próximo. Só conseguia pensar em Deus quando fechei os meus olhos e comecei a bater as pernas.
O ar frio tocou meu rosto no momento em que minha cabeça saiu da água e tomei fôlego, com dificuldade. Olhei para a escuridão. O barco estava na minha frente, de cabeça para baixo. Metade estava dentro do rio, e a outra metade, fora. A água estava quente ao meu redor, e bati as pernas para sair, mas algo me puxou para baixo. Virei-me e vi a filha da Fathna agarrando-se a mim. Agarrei-a.

Bati as pernas novamente e nadei até a parte emersa do barco. Foi difícil erguer a mim mesmo e a menina, tive que usar toda a minha força. Sentia-me fraco e nauseado. O ar à minha volta estava parado. O rio estava em silêncio. Não podia ouvir voz alguma.

– Socorro! – gritei.

Mas não havia ninguém por perto. Estávamos totalmente sozinhos. Madit tinha razão ao me alertar.

– Estamos aqui – gritou uma voz. – Pule. Pule na minha direção que eu te pego.

Olhei na direção da margem. A voz era parte da escuridão. Como eu podia pular? Havia crocodilos e hipopótamos na água – bichos que podiam nos engolir em uma só bocada. Mas quando me inclinei para frente para tentar ouvir a voz de novo, senti minhas pernas escorregarem, e caímos na água. Nadando com força, tentei atingir a margem enquanto as pequenas mãos da menina me apertavam. Ela era muito forte. Mas o rio estava me arrastando. Não sabia por quanto tempo poderia lutar. Estiquei-me todo, esperando que a voz me achasse.

Uma mão agarrou a minha enquanto os pequenos dedos da menina apertavam a minha perna, e nós fomos puxados para a margem. Minha cabeça estava tonta quando senti o chão duro embaixo de mim. Respirei fundo. O cheiro de combustível tomou meu nariz. De repente, senti frio. Era como se algo estivesse se movendo dentro do meu cérebro. Tudo ficou confuso.

– Você está bem? – uma voz perguntou, mas eu não consegui falar.

– Leve ela – a voz disse, e senti a pequena mão da menina se soltar lentamente da minha perna. – Eles são os únicos que consegui achar.

Deitei na margem, tentando respirar para controlar a náusea que me tomava, mas não consegui. Virei para o lado e o gosto de combustível encheu a minha boca enquanto vomitava. Fechei os olhos quando finalmente parei, mas tive a sensação de estar de novo na água. Podia sentir o frio ao meu redor.

Não sei quanto tempo demorou até que me sentisse forte o suficiente para levantar e andar até a margem. Ali embaixo, na água, um corpo ainda flutuava virado para cima, com um bebê nos braços. A criança chorava. Ouvindo seu pranto, parecia que facas entravam na minha cabeça, e caí para trás novamente. Mas ainda não conseguia fechar os olhos. Sabia que, para esquecer, precisava mantê-los abertos.

Muitas crianças não sobreviveram àquela noite. Algumas, como eu, foram puxadas para fora da água na margem, mas a maior parte se foi, incluindo Madit. Os soldados perderam apenas armas, mas as crianças fracas demais para lutar contra a correnteza foram sugadas para a escuridão. Algumas ficaram presas embaixo do barco superlotado, que, quando virou, criou um bolsão de ar, e conseguiram escapar, mas muitas não eram fortes o suficiente e foram arrastadas para longe. Quando a manhã chegou, Fathna me achou, deitado na margem. Ela estava sozinha, mas ao ver sua filhinha me deu um abraço. Tudo o que eu ouvia eram os seus soluços enquanto ela agradecia a Deus por ter poupado um dos seus filhos.

Na manhã seguinte, os adultos nos disseram que tínhamos que começar a andar de volta para Adok. Mas logo perceberam que isso era impossível, porque cobras se escondiam no chão lodoso da margem do rio, e nós avançávamos lentamente. Várias vezes eu caía de joelhos para vomitar.

Os homens perceberam que não podíamos mais andar e fizeram balsas de uma planta chamada *orr*. Várias crianças enchiam cada balsa, com um adulto para guiá-las. Eu mal consegui manter meus olhos abertos quando a minha desceu para a água. Tudo o que me lembro dessa jornada são *flashes* – a pálida pele cinza de um hipopótamo emergindo da água e um garoto sendo agarrado em suas presas com uma só mordida, pessoas se jogando das balsas, aterrorizadas, e sendo arrastadas para as sombras por crocodilos. Rezei a Deus para me manter em segurança, mas sentia minha cabeça tão pesada que mal conseguia levantá-la, enquanto o combustível que eu tragara era bombeado pelas minhas veias. Muitas vezes eu acordava com a água fria batendo na minha cara, quando minha cabeça caía para frente no rio, e, levantando de um pulo, dizia a mim mesmo para continuar firme. Mas, à medida que o *orr* era amassado e a balsa começava a afundar, eu me perguntava por mais quanto tempo conseguiria resistir. Talvez Deus me quisesse agora.

Fomos finalmente resgatados quando chegaram pessoas em embarcações vindas de Adok. Fui erguido a uma delas e levado de volta para o porto, onde centenas de pais esperavam no cais. Eles ouviram falar do acidente e estavam chorando e gritando quando chegamos, desesperados para ver se seus filhos estavam entre os sobreviventes. Apenas cerca de quarenta crianças haviam sobrevivido, e cada pai tinha esperança de receber seu filho de volta da morte.

Os soldados, porém, recusaram-se a deixar que eles agarrassem seus filhos e forçaram um caminho por entre a multidão para nos levarem a um enorme galpão de barcos onde nossos nomes foram postos em uma longa lista. Um por um, os nomes foram gritados e os garotos puderam se reunir às suas famílias. Alguns levaram seus filhos para casa, decididos a esquecer a escola e dispostos a pagar uma taxa de duas vacas só para poder tê-los de volta, mas outros queriam apenas ver se seus filhos estavam seguros antes da viagem à Etiópia recomeçar. À medida que as horas foram passando, o galpão foi enchendo de garotos sendo confortados pela comida trazida por suas mães e pelas vozes baixas e firmes dos pais.

Mas ninguém veio me ver.

Fiquei repetindo a mim mesmo que o Baba logo chegaria. Eu sabia que ele deveria ter ouvido algo sobre o que aconteceu. Mas o dia foi passando, a minha náusea foi substituída pela fome, e ele não veio. Minhas roupas cheiravam a combustível e meu estômago roncava com o cheiro de comida enchendo o galpão. Não comia nada havia cerca de dois dias, e quando alguém jogou no chão ossos e pequenos pedaços de *kisra* ao meu lado, eu me arrastei e os enfiei na boca. A noite chegou, Fathna me achou novamente e disse que daria notícias minhas ao meu pai. Eu tinha certeza que, se ele não pudesse vir, mandaria alguém – talvez Nyakouth ou Nyagai.

Mas veio o dia seguinte e, mesmo assim, ninguém chegou. O vazio que eu sentira durante a época da fome tomou conta de mim novamente enquanto eu pensava na mamãe. Há muito tempo não me sentia assim. Mas naqueles momentos em que via os outros garotos reunidos com suas famílias, minhas feridas reabriam. Sentia que meu pai conseguira uma coisa que nem a guerra fora capaz de fazer – sua decisão de abrir mão de mim me separara das pessoas que eu amava. Eu o odiei naquele momento, e fiquei pensando se deveria fugir de volta para Leer, para encontrá-lo. Mas sabia que não devia fazer isso. Ele era um comandante, e eu o envergonharia se fugisse. Só precisava esperar com paciência e ele viria, como todos os outros pais fizeram. Quando o segundo dia acabou, disse a mim mesmo que ele logo chegaria.

As botas de soldado que apareceram na minha frente eram grandes e negras. Eu estava deitado no chão do galpão de barcos, tentando dormir, para esquecer do quão vazio o meu estômago estava.

– Você é o Jal Jok? – uma voz perguntou.
– Sim.

Eu me sentei enquanto o soldado se inclinava.
– O seu pai me mandou até aqui.

Uma chama de felicidade surgiu dentro de mim. Finalmente o Baba me queria. O soldado viera me levar até ele.

– Seu pai me pediu para lhe dar um recado. Disse que você precisa continuar a sua viagem.

Olhei para o homem, em silêncio.

– O comandante Jok disse que você precisa ir à escola e ser corajoso como um soldado. Precisa esperar até que um barco esteja pronto para levá-lo à Etiópia.

– Como assim? Cadê meu pai? Quando vou poder vê-lo?
– Não vai poder. Ele está ocupado. Eu só vim para lhe dar esse recado.

Não me movi enquanto o soldado ia embora. Por que o Baba não viera pessoalmente? Por que não mandara comida e roupas? Por que ele não quis ver com os próprios olhos que eu estava seguro? Achei que devia ter feito algo errado e me senti assustado pensando no que poderia ser. Devia ter sido um mau filho se ninguém vinha me ver, se ninguém me queria.

Podia sentir as lágrimas brilhantes queimando atrás dos meus olhos. Elas pareciam tão quentes. Mas, quando olhei para o chão, uma voz dentro de mim disse para ouvir a mensagem que o Baba mandara. Ele disse que eu devia ser corajoso como um soldado, então era isso que precisava ser – um guerreiro, sem medo de nada. Primeiro, precisava achar comida e água, então esperaria a viagem começar de novo e o Baba veria que eu era um filho corajoso.

## CAPÍTULO 6

Olhei para a grama. Moscas zumbiam em volta de alguma coisa escondida ali embaixo. Um garoto perto de mim balançou as mãos, e, por um momento, o véu negro subiu zumbindo.
– É uma mão, uma mão de criança – o garoto gritou.
Olhei para o chão novamente, e meu estômago se contraiu por um instante. Eu não sabia o que estava lá, mas não era a primeira vez que ouvia falar de coisas assim desde que deixara Adok. A guerra estava em todo lugar, e havia histórias de garotos desaparecendo enquanto caminhávamos. Alguns diziam que eles tinham sido levados por aldeões que haviam perdido filhos na guerra, outros afirmavam que eram os *murahaleen*, e outros ainda acreditavam que algo diferente nos perseguia.
– Vocês todos devem ficar perto de mim – disse Bol, o homem mais velho que estava tomando conta do meu grupo de garotos. – Ou então um *nyakuthunj* pode comê-los, que nem comeu aquele menino.
Fiquei arrepiado quando pensei naqueles monstros. A vovó Nyapan Deng me falara sobre eles há muito tempo, e eu sabia que eram enormes, peludos, com grandes presas e quatro patas.
– Vocês precisam ser cuidadosos durante todo o caminho para a Etiópia – continuou Bol. – E mesmo quando chegarem, devem ficar perto de mim.
Alguns garotos já tinham tentado fugir, e eu sabia o porquê. Só havíamos comido milho enquanto andávamos para o sul, para tomarmos outro barco que nos levaria pelo grande rio, parte do caminho para a Etiópia, e eles estavam com fome. Eles também

pensavam que ir à escola significaria que nunca mais poderiam ficar em casa, nas aldeias. Mas eu sabia que era diferente. Não conseguia parar de pensar na escola e no que aprenderíamos lá. Logo estaria voando pelos ares e ajudando a combater os árabes. Eu estava feliz por estarmos a caminho. Fizera o que o Baba queria quando o seu soldado me transmitiu aquela mensagem, e fiquei amigo de um velho, que me deu uma vara para que eu pescasse para ele, seus amigos, e também para mim. Alimentava-me assim e dormia no galpão de barcos todas as noites, para permanecer seguro. Agora eu estava contente por estar com outras pessoas e esquecer a solidão que fazia o meu estômago doer quando pensava nos meus irmãos, nas minhas irmãs e em Nyagai.

– Conte para a gente um pouco mais sobre a Etiópia – pedi a Bol. – É muito longe? Como é lá? O que vamos comer? O que vamos aprender?

Ele sorriu para mim. Eu vinha perguntando muitas coisas naquele dia.

– É a terra do leite, do mel e do biscoito – ele disse. – Lá tem escolas, comida e bebida, nada de bombas.

Olhei para ele, todo animado.

– E lá tem até *khawajas*.

Prendi a respiração.

– Gente branca?

– Sim.

Eu nunca tinha visto um branco. Tinha certeza de que ficaria assustado se visse. Sabia que eles tinham vindo à nossa terra muito tempo atrás para tomá-la, mas os nossos ancestrais lutaram contra eles e venceram. Eles também trouxeram o cristianismo e, uma vez, até visitaram a minha cidade. As pessoas acharam que eles eram albinos bonitos, e alguns garotos seguiram uma das mulheres quando ela foi ao mato para ver se ela fazia o mesmo que nós fazíamos todas as manhãs. Ela fazia.

Andamos por muito tempo para chegarmos ao barco, e nosso grupo aumentou quando aldeões que encontramos no caminho mandaram seus filhos para a escola com a gente. Um deles era um chefe chamado Malual Wun, que tinha noventa e nove mulheres. Era o homem mais gordo que eu já tinha visto, e entendi por que quando as suas mulheres prepararam comida para a gente. Quando chegamos ao lugar onde tomamos o barco, o nosso número aumentara ainda mais, pois centenas de garotos dinka se juntaram a nós.

Partimos no dia seguinte e tivemos que nos espremer para entrar no barco. Não conseguia parar de pensar no que tinha acontecido antes – naquela escuridão cheia de hipopótamos e crocodilos esperando. Quando a viagem acabou, vários dias depois, eu, como vários outros garotos, me sentia fraco demais para começar a nossa marcha final até os *khawajas*, a sua comida e a nossa escola.

– Se qualquer um de vocês tentar escapar nessa jornada, será devorado por animais selvagens – disse um comandante do ELPS, quando nos reunimos.

– Não tentem fugir – continuou o comandante. – Lembrem-se de que a escola estará esperando por vocês no final da viagem.

Fomos levados em caminhões para as planícies, onde começaríamos a andar. Eu nunca tinha visto uma terra assim – fendas enormes abriam-se na terra e apenas pequenos arbustos secos pontuavam o horizonte plano. O sol batia bem no meio da minha testa quando entrei em uma longa fila de meninos, que crescia enquanto as horas passavam, até formar uma serpente que acabava bem atrás de mim. À frente, a terra seca se alongava na distância, e eu pensei que a Etiópia devia ser bem longe dali. Começamos a cantar, e o som ecoou pela fila à medida que as melodias entoadas pelos que estavam na frente foram repetidas pelos de trás. O barulho passava por mim como uma onda enquanto seguia para cima e para baixo.

Depois de andar por muitas horas, finalmente paramos quando o sol caiu. Deram-nos um pouco de milho cozido e um pequeno pote de água; eu estava mesmo ávido para beber alguma coisa. Tomei um golinho e senti o líquido escorregar frio pela garganta seca. Tomei outro gole. E outro. E mais um. Logo tinha acabado com tudo.

No dia seguinte, começamos a andar outra vez, mas estávamos com tanta sede que não conseguíamos mais cantar. Era a época da seca, e os lagos e rios que corriam quando chovia naquele deserto haviam secado. Minha boca parecia cada vez mais seca, e meus pés inchavam com o calor. Vi os meninos mais velhos fazendo xixi nos próprios pés para esfriá-los, e fiz o mesmo. Mas sentia medo quando olhava para a terra que ficava para trás. Ouvira histórias de gente que morria em lugares assim, mas Bol continuava nos garantindo que em breve encontraríamos água.

– Vocês vão beber e ficar fortes outra vez – disse ele. – Aí vamos andar ainda mais rápido e chegar à escola, onde vão poder comer o que quiserem.

Escola, escola, escola – era tudo em que pensava enquanto essas horas de incerteza se transformavam em dias e eu continuava colocando um pé pesado na frente do outro. Tinha comido bem em Luaal e ficado forte, mas outros garotos não tiveram tanta sorte. Fomos divididos em grupos, com garotos mais velhos misturados aos mais novos, e um adulto para nos guiar. Eu estava entre os menores, e muitos de nós acharam difícil continuar a andar quando o terceiro dia sem comida e água começou. O silêncio se abateu entre as crianças até alguém gritar que uma linha prateada brilhava no horizonte. Pedi para um garoto mais velho me levantar para que eu pudesse ver. Meus olhos me mostraram a água, mas alguns garotos simplesmente sentaram no chão seco e pararam de andar. Eles disseram que nos alcançariam depois, mas não os vi mais, e lentamente a longa fila reta na qual andávamos se desfez, com grupos ficando para trás.

Escola, escola, escola – enquanto andava, perguntei-me por que ela é que não vinha para a minha aldeia. Por que tínhamos que viajar para tão longe? Junto com os mais velhos, algumas famílias vieram com a gente, inclusive uma mãe, que marchava com os dois filhos ao lado. Tive certeza de que, se mamãe estivesse viva, teria vindo nessa viagem comigo. Essa mulher era dinka, e o soldado que era seu marido tinha morrido. Agora ela queria que os filhos tivessem a vida que nós buscávamos, e lhes dera toda a sua comida para mantê-los fortes. Mais tarde, na viagem, ela desapareceu, assim como outros garotos, mas seus filhos continuavam com a gente.

No terceiro dia, finalmente encontramos água, e eu lembro que me pareceu um rio enorme, mas não tenho como ter certeza se era mesmo.

– Não bebam demais – os mais velhos avisaram enquanto íamos até lá. – Deitem-se, deixem o seu corpo esfriar, e então bebam devagar.

Tentei seguir o conselho deles, e deitei sobre a minha barriga, agarrando-me a uma pedra para que o rio não me carregasse. Mas não consegui resistir quando abri a boca e senti a água me envolver. Cada gole parecia o primeiro, e eu bebi com muita vontade. Finalmente, me puxei para fora quando minha barriga começou a doer, e arrastei-me até a margem para ficar ali deitado. Crianças gemiam à minha volta. Será que a nossa jornada jamais acabaria?

Assim como as pessoas, animais são atraídos para lugares onde há água corrente, e nós ficamos junto ao rio por vários dias, porque assim os adultos finalmente puderam nos dar o que comer. Eles matavam qualquer coisa que viesse beber nas margens e cozinhavam a carne em fogueiras. Lentamente, fui ficando forte de novo, mas a morte continuava rondando, pois várias crianças adoeceram com diarreia ou simplesmente estavam fracas demais para sobreviver. Outras tiravam as roupas e andavam peladas, porque até uma camiseta era pesada demais para ser carregada.

Enquanto nos preparávamos para caminhar novamente, disseram-nos que às vezes teríamos que andar à noite, porque assim os aviões do governo teriam menor probabilidade de nos ver e atirar. Partimos, e logo ficou claro que o rio marcava a divisão entre um deserto seco e um pedaço de terra mais verde, onde árvores e outras plantas cresciam. Agora podíamos sobreviver com mais facilidade – bebendo de córregos ou cavando até alcançar um *beras*. Sabíamos quando oásis assim estavam próximos, porque pássaros se juntavam no horizonte, e meu coração batia quando eu via aquelas formas negras voando em círculos. Continuamos comendo os animais que achávamos ou as raízes que arrancávamos da terra. Mas a comida continuava não sendo muita, e frequentemente me davam apenas um pedacinho de carne. Minha boca se enchia de água enquanto eu mastigava, mas logo o pedaço acabava e eu não sabia quando comeria outra vez. Todos os garotos emagreceram à medida que a marcha continuava, e aprendemos a pressionar os nossos estômagos com as mãos quando eles queimavam como fogo dentro de nós. Apenas o pensamento nas *nyanking* me fazia seguir adiante, e eu perguntava a Bol um monte de coisas sobre a Etiópia. Se você planta uma semente de esperança e entusiasmo no coração de uma criança, ela vai esperar pacientemente aquela coisa chegar – assim como as crianças do Ocidente esperam pelo Papai Noel. As respostas de Bol me empurravam para frente.

Ir dormir à noite sempre me dava medo, porque era comum crianças serem levadas nessa hora. Um único grito e o farfalhar do mato irrompiam na escuridão antes que o silêncio engolisse o barulho novamente. Os adultos tentavam atirar no que quer que estivesse levando os meninos, mas eu sabia que as suas armas não podiam fazer nada contra um *nyakuthunj*. Outros diziam que animais selvagens estavam nos seguindo ou a tribo Anyuak, que vivia na região, estava roubando crianças, mas eu só conseguia pensar em monstros quando me deitava em uma longa fila de meninos, à noite. Ninguém queria ficar no final, e muitas vezes lutávamos, tentando nos proteger uns entre os outros. Se alguma vez eu estivesse no fim do grupo, esperava todos dormirem e me arrastava até o meio da fila. Finalmente chegou o dia em que chegamos a um enorme rio.

– Esta é a Etiópia – disseram, e olhei para a água que corria na minha frente.

Os adultos atiraram no rio para assustar os hipopótamos e crocodilos; a correnteza, no entanto, ainda parecia muito forte.

Tremi ao olhar para ela, mas sabia que teria que cruzá-la. As *nyanking* e a escola estavam do outro lado. No final, andamos bastante rio acima com um grupo de garotos e deixamos a corrente nos arrastar enquanto cruzávamos. Demorou muitas horas para nós todos cruzarmos o rio, e quando começamos a andar novamente, eu me sentia muito cansado. Minha barriga faminta estava agora arredondada quando olhei para ela, e meus shorts estavam rasgados. Apenas uma coisa me ajudava a seguir adiante – escola, escola, escola.

Os caminhões levantavam nuvens de poeira no ar enquanto seguiam na nossa direção. Prendi a respiração quando eles pararam bem na nossa frente e as portas abriram. *Khawajas.*

Homens e mulheres brancos saíram, alguns carregando câmeras, outros apontando caixas pretas maiores na nossa direção. Ficamos parados, olhando para eles. Nunca tinha visto mulheres assim antes. Elas usavam calças, tinham lápis nas mãos e diziam aos homens o que fazer. E eles eram mesmo albinos bonitos, usando roupas e botas de couro.

Os *khawajas* começaram a falar em uma língua estranha para os negros que os acompanhavam. O som que faziam era engraçado, e nós rimos enquanto ouvíamos. Uma das mulheres se aproximou de mim e tocou o meu ombro. Seus olhos eram azuis, e eu me lembrei de um peixe que tinha visto certa vez, com os olhos da mesma cor. Ela começou a escrever alguma coisa em um pedaço de papel.

– O que ela está fazendo? – um dos meninos perguntou.

– Está escrevendo os nossos nomes – eu lhe disse. – É isso que nós vamos aprender em breve. O ABC.

– E o que é a caixa pequena que ficam apontando para nós?

– Uma câmera.

– E a caixa maior?

– Não sei.

De repente, o flash de uma câmera explodiu com um branco brilhante, e os garotos ficaram assustados.

– É um raio – um deles disse.

– Não, é a câmera – eu disse, e senti orgulho por poder explicar para eles o que eram os objetos dos *khawajas*.

Os brancos olharam para nós mais de perto, enquanto os mais velhos diziam aos etíopes que os acompanhavam que tínhamos vindo para frequentar a escola. A animação tomou conta de mim mais uma vez enquanto eles conversavam. Estávamos tão perto – talvez nos dessem livros no dia seguinte para as nossas aulas começarem. As *nyanking* voaram pela minha cabeça enquanto eu esperava.

Começamos a andar de novo. Estávamos na Etiópia, íamos para um lugar chamado Pinyudu, e logo vimos barracas brancas ao longe, com enormes letras azuis sobre elas. Será que eram nossas salas de aula? Será que os *khawajas* seriam nossos professores, ou apenas nos dariam comida? Quanto tempo demoraria para aprender a pilotar uma *nyanking*? Meu coração parecia que ia explodir enquanto andávamos, e eu pensei na mamãe, no Baba, em Nyagai, nos meus irmãos e irmãs – todos ficariam tão orgulhosos se pudessem ver o que eu estava vendo.

Respirei fundo enquanto olhava em volta. Estendendo-se a distância, havia gente tão magra e doente que fiquei pensando se seriam capazes de se levantarem do lugar onde estavam sentados no chão. Crianças com grandes barrigas e olhos vazios deitavam-se ao lado de suas mães e não se moviam quando moscas pousavam em cima delas. O ambiente se enchia com sons inarticulados como os dos pássaros, e o cheiro de morte pairava no ar.

Perto dali, eu podia ver um homem cujos ossos estavam expostos. Tossia sem parar, e a pele era seca e cinzenta. A marca dos dinka, que parece um pé de galinha, tinha sido feita na testa, e seu rosto me assustou – os olhos eram grandes demais para as bochechas afundadas, os ossos pareciam facas, que se projetavam para fora. Para cobrir sua nudez, ele prendera um lençol em volta dos ombros, e ficava ali inclinado sobre o pedaço de madeira onde estava sentado. Não se movia, seus olhos vazios olhavam para frente, esperando. Mas esperando o quê?

O silêncio entre os garotos do meu grupo pareceu se estender para sempre enquanto olhávamos para a Etiópia. Mesmo depois da longa marcha, podíamos ver que estávamos mais fortes que muitas daquelas pessoas.

– O que está acontecendo? – um dos garotos perguntou a um adulto, que, como os outros, havia escondido a sua arma agora que havíamos chegado a Pinyudu.

– A comida acabou por enquanto – ele respondeu. – Os brancos logo trarão mais.

– Mas onde estão as escolas?

– Estão em algum lugar por aqui. Só precisamos achá-las.

Eu não disse nada enquanto formamos uma fila e sentamos para esperar. Tudo o que conseguia ver era milhares de pessoas esperando. Por que eles estavam aqui? Será que também queriam ir para a escola?

Aparentemente os *khawajas* é que mandavam por ali, e eu conseguia ler as letras formando UNHCR nas barracas e caminhões graças ao ABC que mamãe me ensinara. Falaram-nos para permanecermos em longas filas para que nossos nomes pudessem ser escritos, e quando eu estava lá na frente vi um homem *khawaja* sentado em uma cadeira. Não lembro se falei nuer ou árabe com o negro que estava em pé ao lado dele, mas me lembro de uma coisa.

– Minha aldeia foi queimada. Eu vim aqui para ir à escola.

O *khawaja* olhou para mim com olhos inexpressivos. Ele não entendia o que me fizera cruzar centenas de quilômetros pelo deserto para chegar a um lugar onde a esperança havia morrido.

## CAPÍTULO 7

O menino estava deitado todo encolhido num lençol sujo. Suas mãos cobriam o rosto, mas eu podia ver a boca torta para um dos lados, num sorriso doloroso.

– Vocês quatro terão que carregá-lo – disse um menino mais velho. – Amarrem as pontas do lençol para fazerem uma rede, assim serão capazes de levantá-lo.

Não falamos nada enquanto o carregávamos. Ele era um dos milhares que, como eu, vieram a Pinyudu para ir à escola. Tinha mais ou menos a minha idade, e sua pele pareceu fria quando a toquei. Foi um dos três do meu grupo que morreram naquele dia, e agora iríamos enterrá-lo na floresta, como fizemos com os outros. Meu coração batia forte. Não entendia por que estávamos morrendo quando havia *khawajas* por todo lado em Pinyudu.

A escola se tornou um sonho distante à medida que a nossa fome aumentava. Primeiro nos davam carne ou frango em latas de metal, que eu abria usando uma faca e uma pedra. Mas logo passaram a nos dar apenas milho, e a fome voltou a tomar conta de nós. Logo aprendi a usar uma das pequenas latas para cozinhar. Roubava um pouco de milho de um dos grandes sacos que os *khawajas* nos davam e fazia uma pequena fogueira embaixo de uma árvore. Cantando baixinho, botava o milho na latinha vazia junto com um pouco de água e a observava borbulhar e evaporar enquanto cozinhava. Era difícil porque eu não tinha energia, mas me forcei a preparar minha comida do modo como tinha visto mamãe fazer. Muitos outros meninos mais novos não sabiam cozinhar, e foram ficando magros e fracos – tossindo e olhando ao longe como as crianças que vimos no primeiro dia em Pinyudu.

Como sabia cozinhar, fiz um amigo. O nome dele era Deng Deng, e gostava de mim porque eu conseguia fazer coisas, como pipoca, usando o milho. Ele era um dinka de Bahr al-Ghazal, e, embora não falássemos a mesma língua tribal, a gente se comunicava usando o árabe e a linguagem de sinais. Em Pinyudu, logo percebi que muitos meninos haviam presenciado a guerra de modo muito pior do que eu, e Deng Deng era um deles. Ele me disse que certa vez seu povo negociou sal e leite com os árabes, que depois queimaram a sua aldeia e se tornaram seus inimigos. O pai de Deng Deng era um homem corajoso, que tentara atacar com sua lança um *murahaleen* montado a cavalo.

– Corra para o mato que eu vou alcançá-lo – gritara para o filho, e Deng Deng foi o único da família a escapar.

Aí ele ouviu sobre a Etiópia e se juntou a um grupo de meninos que estavam indo para Pinyudu, para fugir da guerra. Histórias como a de Deng Deng me fizeram odiar os árabes ainda mais do que eu já odiava.

A vida ali era mais difícil do que nunca. Enquanto antes eu podia fugir da morte escondida em tanques e armas, agora não havia mais para onde fugir. A morte estava por toda a minha volta, e doenças se espalhavam rapidamente pelo campo, com meninos morrendo todos os dias. Tudo fedia, e nós nos aliviávamos no mesmo rio onde pegávamos água e na floresta onde vivíamos. Uma diarreia horrível nos fazia sangrar e emagrecer; sarampo, coqueluche e catapora também eram comuns. Até a nossa pele coçava com os piolhos, e o pior eram os bichos-do-pé, insetos que entravam na pele e deixavam seus ovos. Doía muito para retirá-los, e logo depois outro vinha se enfiar dentro de você. Era fácil ver quem estava com bicho-do-pé, porque a pessoa andava com o pé duro como se fosse madeira. Alguns garotos chegavam até a perder pedaços de pele e eram obrigados a se arrastar pelo chão com as mãos. Mas logo aqueles parasitas também apareciam lá, e as suas unhas caíam quando as mãos inchavam. Às vezes, usávamos combustível de automóvel para matá-los, mas nem sempre funcionava.

Os *khawajas* costumavam levar quem quer que estivesse doente para a barraca que servia como hospital, e eu também fui levado para lá. Pensei que Deus quisesse que eu me juntasse a ele logo depois de ter chegado a Pinyudu, quando eu sangrava sem parar, sentado no chão. Mas melhorei no hospital – uma grande tenda com camas dos dois lados, iguais àquelas em que eu dormia com o Baba e a mamãe. Eu adorei o hospital. Os *khawajas* eram gentis – especialmente as mulheres, que me levavam para o lado delas algumas vezes – e eu tinha certeza de que aquilo era como o céu. Tinha comida e biscoitos, chá com leite, latrinas, gente para te limpar. Quando fui embora, ganhei até uma caixa com biscoitos especiais, que disseram que me dariam energia. Torci para ficar doente de novo bem rápido para ganhar mais uma. Mas logo esqueci os *khawajas* e sua gentileza quando voltei ao campo e descobri que Deng Deng tinha partido. A morte o levara.

Levantamos o menino e começamos a andar para a floresta. Olhando para o céu, vi que a escuridão chegava. Tínhamos que correr, ou então um Nyanajuan podia nos pegar. Os mais velhos, continuavam com a gente depois de chegarmos a Pinyudu, e falaram sobre o monstro de duas pernas que vivia na floresta enquanto os garotos continuavam desaparecendo. Era ainda mais forte que o *nyakuthunj* do deserto, e tínhamos tanto medo dele que fizemos até músicas para avisar as pessoas.

*Le le le Nyanajuan*
*Um shamran*
*Le le le Nyanajuan*
*Ele come gente*

Cantávamos várias vezes até começarmos a gritar, mas agora eu não conseguia berrar para afastar o medo. Estava em silêncio quando entramos na floresta escura, com o lençol machucando minhas mãos. O menino era pequeno, mas parecia muito pesado agora.

– Aqui está – alguém disse, e eu vi um poço cavado na terra.

Aqueles que morriam de fome eram enterrados no caminho do rio, mas os que tinham adoecido, como esse menino, eram levados para a floresta e enterrados em buracos cavados com pedaços de madeira. Em breve o enterraríamos em meio a algumas preces, e quando olhei para o poço escuro, fiquei me perguntando quando chegaria a minha vez de morrer.

Punyudu era um dos três enormes campos de refugiados na fronteira com a Etiópia, para onde quase quatrocentos mil refugiados sudaneses fugiram. Entre eles havia cerca de dezessete mil crianças, que ficaram conhecidas como os Garotos Perdidos do Sudão. Umas oitenta mil pessoas viviam em Pinyudu e mais de dez mil eram Garotos Perdidos, que moravam em uma determinada seção do campo. Alguns, como eu, acreditavam que iriam para a escola, e foram guiados à Etiópia por soldados do ELPS, outros simplesmente fugiram da guerra e se juntaram à fila de crianças que fluía para os campos de refugiados. Apenas algumas Garotas Perdidas chegaram à Etiópia, porque os aldeões que as encontraram andando pelo Sudão as mantiveram como filhas adotivas, sabendo que um dia aquelas meninas casariam e lhes trariam dotes. Não se sabe quantos morreram na marcha para a Etiópia, mas disseram que os caminhos percorridos pelos refugiados podiam ser traçados seguindo os ossos que ficaram para trás.

A miséria humana não tinha limites em Pinyudu. Era como uma enorme prisão, na qual nascimentos, mortes e todas as fases da vida incidiam a cada hora. Eu era novo demais para entender o que era cólera ou pólio, e aprendi novas palavras, como *kwashiorkor*, sem entender o que significavam. Era a doença da deficiência de proteína que fazia os nossos estômagos incharem, e isso, junto com outras enfermidades, matava muitos meninos. Me acostumei a ver a morte, mas a de Deng Deng me fez pensar em muitas coisas. Senti falta do meu amigo, e a tristeza tomou conta de mim quando pensei no meu pai. Por que ele me mandara para um lugar sem escolas, onde crianças enterravam seus amigos? Então observei os *khawajas* enquanto fazíamos fila para receber comida, e senti raiva deles também. Por que não nos ajudavam e não ensinavam coisas para a gente? Por que só os víamos nas filas de comida ou no hospital?

Eu pensava na minha família cada vez mais, e a dor apertou meu coração quando lembrei de Luaal – das competições de rap, das vacas, das ovelhas, da música, dos tambores, dos jogos e do creme que minha avó Nyaduaf fazia, batendo o leite em uma cabaça e separando a pasta grossa e branca. Luaal era o único lugar em que lembrava de ter sido feliz, e quando meu estômago não doía de fome, doía por tudo o que eu tinha perdido. Às vezes acordava no meio da noite e sentia lágrimas molharem minhas bochechas; outras vezes andava pelo rio e chorava sozinho.

Antes, a lembrança da mamãe me confortava, mas agora apenas imagens de guerra vinham à minha cabeça sempre que a recordava. *Tukuls* pegando fogo, crianças chorando, os olhos tristes da mamãe – sabia que os meus sentimentos podiam acabar me enfraquecendo, pois via meninos se afundando na merda gritando, perseguidos por suas lembranças. Alguns até eram encontrados pendurados nas árvores. Disse a mim mesmo que pelo menos em Pinyudu não tinha mais que fugir da guerra. Forcei-me a esquecer a escola e a minha casa. Empurrei as recordações para o fundo da minha mente. Não queria me sentir tão triste e chorar todo dia. Mas doía ainda mais quando pensava no Baba. Decidi que era melhor esquecê-lo do que sentir uma dor assim.

Lentamente, esqueci tudo, exceto o meu ódio pelos árabes. Todas as noites ouvia histórias de mães sendo estupradas, irmãs sendo levadas e aldeias destruídas; sentia minha raiva se fortalecendo dentro de mim. Parecia que uma lança retorcida entrava no meu peito sempre que pensava nos *jallabas*.

Nyuol corria ao meu lado para o lugar de encontro. Era o meu novo amigo e, apesar de ser dinka, conseguíamos conversar. Eu tinha aprendido muitas línguas nos meses que se passaram desde que chegara a Pynyudu, porque ali viviam várias tribos diferentes. Vi Nyuol pela primeira vez enquanto ele chutava uma bola com a qual jogávamos futebol, feita de meias e cheia de sacos de papel e tecidos, e ele era tão bom que soube na hora que queria ser seu amigo.

Era mais alto do que eu e sofria com as gengivas inchadas. Algumas vezes, quando ele sorria, o sangue manchava seus dentes, e sempre que não estava fazendo trabalhos no campo, como pegar água, catar madeira para o fogo, varrer ou cozinhar, eu o procurava para jogar futebol ou ir até o rio nadar. Agora íamos para um encontro onde soldados do ELPS nos diriam o que estava acontecendo na guerra – que aldeias haviam sido capturadas, quantos árabes foram mortos, e nós comemorávamos as novidades.

– Olha – eu disse de repente, e apontei para a multidão adiante.

Na nossa frente, havia um soldado do ELPS, usando um uniforme cáqui e botas, com um AK-47 pendurado ao seu lado. Mas era diferente dos soldados que estávamos acostumados a ver – era um menino.

Nyuol e eu corremos para lá para alcançar o menino e seus amigos, que marchavam juntos, todos vestidos como soldados.

– Você matou algum árabe? – perguntei ao menino, todo animado.

Seus olhos brilharam.

– Cale a boca – ele gritou.

Mas eu não conseguia me controlar.

– Onde você conseguiu sua arma?

– Nós não conversamos com civis.

– E as suas botas?

– Deixe-me em paz.

– Mas a gente quer conversar com você.

O menino virou na minha direção.

– Você não quer ir embora? – gritou, e sua mão estalou na minha cara.

Vi estrelas quando olhei para ele.

– Agora faça o que estou mandando e nos deixe em paz.

Fiquei olhando as costas do soldado enquanto ele andava. Minha cara queimava onde ele a acertara.

– Essa sua boca, Jal – disse um menino, rindo enquanto passava por nós. – Sempre mete você em problemas. Não pode agir assim com os soldados.

Mas Nyuol e eu não conseguíamos parar de olhar para os pequenos soldados enquanto íamos para o encontro. Eles estavam tão limpos, usavam botas legais, marchavam e saudavam com os soldados grandes do ELPS. Marcando o chão com umas pegadas, olhavam firmemente para frente enquanto seguiam com suas armas. Naquele dia, não ouvimos nada do que o oficial falava. Só conseguíamos pensar naqueles soldados que eram como a gente.

– Quem são eles? – perguntamos a um senhor, andando de volta para o campo.

– *Jesh a mer* – ele respondeu. O Exército Vermelho.

Sabíamos que os soldados mais velhos eram chamados de *jesh a suad*, ou o Exército Negro, mas nunca tínhamos ouvido sobre aquilo.

– *Jesh a mer* é formado por gente jovem que é treinada para lutar na guerra – o senhor nos contou. – As armas não sabem quem é velho e quem é novo.

Nyuol e eu ficamos em silêncio e nossos olhos se abriram como os de duas corujas.

– Nunca teremos nossa terra de volta sem sangue derramado – continuou o senhor. – O Exército Vermelho é o nosso futuro.

– Mas como eles se tornaram soldados?

– Eles têm sorte – disse o senhor, solenemente. – Foram escolhidos porque são muito corajosos. Não existe nada mais destemido do que um *janajesh*. Eles nunca fogem da batalha, enfrentariam um leão se tivessem que fazê-lo.

Nyuol e eu ficamos em silêncio enquanto andávamos. Naquele momento, eu havia esquecido de tudo, menos do *jesh a mer*. Eles eram muito sortudos por terem armas e botas enquanto a gente ficava coberto de poeira.

# CAPÍTULO 8

Aos poucos, mais *khawajas* foram chegando a Pinyudu, com palavras como *World Food Programme*, *Save the Children*, *UNICEF*, *Red Cross* e *Médecins sans Frontières* escritas nas suas barracas e caminhões. Logo o hospital foi substituído por um prédio de tijolos com teto de metal, armazéns de comida foram construídos e o mercado negro, no qual você podia trocar a comida da ONU por outros produtos e por Birr, a moeda da Etiópia, passou a prosperar, bem longe do centro do campo. Era possível comprar qualquer coisa lá, de roupas e botas a sandálias e bodes; havia até casas de chá. Mas, por mais que eu quisesse ver o mercado, sabia que seria surrado se um *shurta* me pegasse. Eles eram os meninos que o ELPS tinha posto para nos vigiar, como policiais, e sempre eram rápidos em usar seus chicotes se fizéssemos algo de errado.

Quando chegamos a Pinyudu pela primeira vez, fomos divididos em grupos, com os garotos mais velhos supervisionando os mais novos enquanto lutávamos por comida, lenha e água. Acima de todos nós estavam os mais velhos e o ELPS, e todos sabíamos que, apesar dos *khawajas* acharem que administravam o campo, na verdade era o ELPS que mandava. Ele controlava muita coisa, e tinha um importante aliado na Etiópia – o governante Mengistu Haile Mariam, que também travava uma guerra contra os rebeldes. O ELPS ficou mais forte com esse auxílio, e estava sempre à procura de espiões vindos de Cartum entre nós, ou enviando tropas para fora, para lutarem no meu país.

Com o tempo, o ELPS passou a nos controlar ainda mais. Éramos divididos em grupos de mil garotos, que, por sua vez, eram separados em unidades menores de trinta e três. Os mais velhos foram postos no comando de cada unidade, e os meninos que compunham o seu grupo eram a sua família. Depois de dormir sob as árvores quando chegamos, nós agora havíamos construído nossos próprios *tukuls* – os mais novos ajudavam a cortar e carregar o mato, enquanto os mais velhos partiam a madeira. Mais da comida dos *khawaja* chegou ao campo, e a nossa fome diminuiu quando nos deram feijões e óleo, além de milho – às vezes, ganhávamos até açúcar. Mas nunca era o suficiente, e logo aprendemos maneiras de conseguir mais comida com os *khawajas*.

Finalmente, meses após termos chegado a Pinyudu, começamos a ir à escola. Primeiro, sentávamos sob as árvores enquanto o Tio Sam, o senhor que tomava conta do meu grupo, nos dava aulas usando um quadro negro. Eu ria enquanto repetia as palavras que ele dizia.

– *One, two, three* – gritava o Tio Sam.

– Waal, tuuu, treee – diziam os meninos dinka.

– Wang, tung, tring – falavam os nuer.

No começo, era difícil aprender porque não tínhamos papel e lápis suficiente, e éramos obrigados a escrever na terra do chão, usando gravetos. Mas eu sabia que inglês era a língua que as pessoas que pilotavam *nyanking* falavam, e graças ao ABC que a minha mãe me ensinara, aprendia rápido. Começamos também a ir à igreja todo domingo, e fui batizado várias vezes. Todos os Garotos Perdidos foram, e a maioria de nós respondia a vários nomes. Fui batizado na igreja e no rio, e cada vez recebia um nome diferente. John, Michael e Emmanuel eram três deles. Eu assumia um nome qualquer que me inspirasse com suas pregações. Um menino pediu até para ser batizado como Maria, após ouvir a história da mãe de Deus.

Disseram-nos na igreja que quando o mundo acabasse, Satã levaria os não crentes, e eu o via na minha mente com uma enorme lança, pronto para me partir em dois. Mas, lá no fundo, realmente, não acreditava mais em Deus. Antes eu acreditava, na época em que estava com mamãe e a gente fugiu durante a guerra para uma aldeia, onde vi um *riek* vibrar quando os cristãos vieram com seus tambores. Mas agora me perguntava, se Ele era real, então por que não podia lutar contra o Deus dos muçulmanos? Por que tínhamos perdido tudo e Ele não se importava o suficiente com isso para nos ajudar?

Quando a escola começou, nós íamos todos os dias, de segunda a sexta-feira. Ensinaram-nos os dias da semana, e o meu preferido era o sábado, quando a gente jogava futebol e disputava uns com os outros. Os garotos nubian eram os melhores, porque eram muito grandes e gordos. Comiam de tudo para ficarem fortes – cobras do mato, sapos, as folhas das árvores – e nunca ficavam doentes. Aos domingos íamos à igreja, e depois todas as diferentes tribos se reuniam para dançar e aprender as músicas umas das outras.

O ELPS cuidava para que a disciplina fosse estrita. Se você brigasse com outro menino, membros do seu grupo batiam na sua bunda; se roubasse alguma coisa, também batiam em você. Eu era frequentemente punido por esquecer de pegar lenha e água, varrer ou cozinhar, porque estava mais interessado em procurar diversão. Quando surgiam problemas entre os grupos, íamos a uma corte onde os mais velhos ouviam as disputas. Se você tivesse feito algo de errado, podia ficar dois ou três dias na prisão – um buraco bem fundo, com espinhos em volta. Mas tínhamos mais medo dos *shurtas*. O ELPS só escolhia os meninos mais cruéis para serem *shurtas*.

A vida sempre se estabiliza em padrões familiares – os mais fracos e os mais fortes, os caçadores e as presas – mesmo em uma cidade como Pinyudu, que surgiu do nada, e estava pronta para ser levada pelo vento.

Sorri para o garoto sentado ao meu lado no banco de barro. O professor havia deixado o *tukul* por algum motivo, e eu estava louco para falar. O menino permanecia em silêncio. Queria que Nyuol estivesse ao meu lado, mas éramos de grupos diferentes, então não íamos à escola juntos. Nyuol devia estar tão empolgado quanto eu com o que tínhamos ouvido na noite anterior. Íamos agora a muitos encontros nos quais os soldados falavam sobre a guerra, enquanto bandeiras do ELPS e da Etiópia tremulavam no ar e cantávamos músicas para saudar quem viesse nos ver.

*Meu lápis é minha casa*
*Minha casa é meu lápis*
*Meu futuro, minha mãe e meu pai.*

Agora eu sabia mais do que nunca que o ELPS me salvaria algum dia. Baba me mandara embora, Nyagai, meus irmãos e irmãs deviam ter me esquecido, mas o ELPS continuava tomando conta de mim e um dia reconquistaria o meu país. Na noite anterior, um importante comandante viera falar com a gente e descrevera as cidades e aldeias que o exército tinha capturado do governo. Comemoramos enquanto ele descrevia os árabes que haviam sido derrotados, e eu senti a lança da ira e do ódio crescer em meu peito à medida que ouvia.

– Muitos de vocês ficaram desapontados ao chegar aqui pela primeira vez e ver que não havia escolas – o comandante disse, enquanto ouvíamos em silêncio. – Mas se não tivéssemos falado das escolas, vocês não iam querer fazer a viagem até aqui, e os *khawajas* não manteriam as promessas que nos fizeram. Agora vocês estão começando a aprender na escola, e precisam fazer o melhor que puderem para quando nós reconquistarmos o Sudão, vocês estarem prontos para voltar e dirigir o país.

Meu estômago se revirava enquanto eu ouvia. Será que algum dia eu poderia pilotar uma *nyaking* e ajudar a combater os árabes? Naquela noite mal consegui dormir, pensando em como seria estar no avião e voar bem alto sobre a terra.

Olhei mais uma vez para a porta do *tukul* para me certificar de que o novo professor ainda estava lá fora. Tio Sam parara de nos dar aula quando construímos uma casa que serviria como escola, com bancos de barro para sentar. Agora a gente tinha até giz, lápis e livros – os meninos mais velhos tinham um que se chamava *Brighter Grammar*, em inglês, e nós, um com desenhos e palavras dentro. Tínhamos também um novo professor, e, quando tive certeza de que estava seguro, comecei a rir e olhei para o menino ao meu lado.

– Você viu a barriga do comandante ontem? – disse, com uma risada. – Era tão grande que ele deve ter comido um bode inteiro.

O menino não disse nada.

– Você não viu? – insisti. – Ele era enorme e gordo. Podia ser um campeão de luta.

Senti algo pontudo nas minhas costas.

– Jal Jok – o professor disse, em tom de reprovação, cutucando as minhas costas com uma vara. – Vou ter que puni-lo novamente. Quando você vai aprender de uma vez por todas a ficar quieto?

Chutei a bola o mais forte que pude para Nyuol. Estávamos muito perto de marcar um gol. Mas, de repente, com o cantinho do olho, vi que um grupo de brancos tinha parado para assistir ao nosso jogo.

– *Khawajas, khawajas* – gritei, correndo na direção deles. – How are you?

Sempre queria praticar com eles a língua da *nyanking*, mas quase nunca podia fazê-lo, porque os *shurta* batiam na gente se nos vissem falando com os *khawajas*. Hoje, no entanto, tínhamos acabado nossas aulas cedo, e não havia ninguém por perto.

Sorriram enquanto a gente cantava rap para eles. Gostávamos de olhar para eles, tocar os seus cabelos, se pudéssemos, cheirá-los.

– Meu nome é Jal, e esse é o Nyuol – disse para uma mulher do grupo. Ela era alta, tinha olhos azuis e cabelos loiros.

– Você fala inglês? – perguntou.

– Pequeno, pequeno – disse, rindo.

– Meu nome é Mary.

A mulher se inclinou para mais perto e começou a falar. Parecia que estava chiando.

Não conseguia entender o que ela dizia. Meu inglês tinha acabado, e alguém chamou um adulto que estava passando para traduzir. Ele olhou fixamente para mim quando parou do meu lado.

– O que você está fazendo? – perguntou, com raiva.

Olhei para o porrete na sua mão e fiquei pensando no que dizer, mas a mulher começou a falar antes que eu pudesse responder, e o homem do ELPS teve que me traduzir suas palavras.

– De onde você veio? – ela perguntava. – Por que você está aqui?

Ela fez anotações enquanto lhe contava a minha história – as aldeias que tinham sido queimadas, como perdi minha mãe e minha família. Os olhos da mulher me olhavam docemente, e eu falei mais e mais, enquanto o tempo passava.

Quando acabei, o adulto disse que Mary queria ver mais coisas no campo, e Nyuol e eu a levamos para ver o rio antes de visitar outras crianças. O homem não parecia mais tão bravo, agora que percebera que estávamos falando do passado, e não do presente. Ele sabia que mais comida chegava quando os *khawajas* ouviam as nossas histórias.

– De onde é você? – perguntei a Mary.

– Dos EUA.

Eu não conhecia esse lugar. Mary abriu sua bolsa e tirou uma latinha lá de dentro. De um dos lados, pintada em vermelho, branco e azul, estava uma bandeira que eu já tinha visto muitas vezes.

– Este é o meu país – Mary disse, e eu soube que ela estaria por perto sempre que eu visse aquela imagem dali em diante.

Mary tocou nas minhas bochechas enquanto se inclinava e olhava dentro dos meus olhos. Parecia triste.

– Quero ser um pássaro – disse a ela. – Voar em um avião.

Depois, Mary nos levou ao mercado. Era a primeira vez que eu e Nyuol íamos lá, e estávamos muito animados por estarmos livres. Tinha mangas, bananas e roupas, e o cheiro forte de *anjera*, nosso pão favorito da Etiópia, pairava no ar. Achei que ia explodir de alegria quando Mary nos deu uma bola de futebol de verdade. Eu só tinha tocado em uma quando vivia no norte, e agora tínhamos uma toda nossa. Também nos comprou refrigerante, comida, roupas e um par de sandálias para cada um.

– Eu vou voltar amanhã – Mary disse quando a deixamos.
A maciez me envolveu quando ela se inclinou para me abraçar. Era a primeira vez que alguém me tocava assim desde que os *khawajas* me colocaram no colo no hospital, lançando-me olhares tristes. Por um momento pensei em minha mãe, mas expulsei seu rosto da minha mente. Não queria ficar triste naquele dia. Era o melhor dia de que conseguia me lembrar desde que tinha saído de Luaal.

Sentia minha barriga cheia quando deixei o Dr. Kong Tut. Ele era apenas um dos novos amigos que eu fizera desde que conhecera Mary. Ela viera ver a mim e a Nyuol no dia seguinte ao nosso primeiro encontro, e nos levou para o lugar onde ficavam os *khawajas* já com nossas novas roupas. Arregalamos os olhos quando olhamos à volta – havia coisas para beber, biscoitos e mais gente branca junta do que alguma vez já tínhamos visto. Mas logo Mary nos disse que estava partindo.

– Meu trabalho acabou – ela disse, usando um senhor para traduzir suas palavras.

– Posso casar com você? – perguntei.

– Por que a gente não resolve isso na próxima vez que eu vier? – respondeu, rindo.

– Vou conseguir muitas vacas, aí a gente pode casar e ir para o seu país – insisti.

Fiquei triste quando Mary partiu, mas logo me senti melhor quando percebi que agora os *khawajas* sabiam quem eu era. Às vezes eles me visitavam com doces e biscoitos e pediam mais histórias da guerra. Eu encontrava garotos que pudessem contar mais histórias, e, com o tempo, fiquei conhecido dos médicos e das pessoas com câmeras que queriam saber mais sobre Pinyudu. Eles vinham porque o meu inglês era melhor do que o da maioria, e eu sempre ficava feliz em conversar. Mas também ficava feliz em vê-los por outros motivos.

– Escolha alguém e veja com quanta fome está – eu dizia, depois de reunir os meninos que poderiam comer mais do que os outros.

Então os *khawajas* assistiam com as bocas abertas aos meninos comendo sem parar. Em breve mais comida passou a chegar para nós, e até o ELPS ficou feliz com o que eu estava fazendo, e mandou os *shurta* me deixarem em paz.

Mas às vezes os *khawajas* não vinham, e eu sentia falta dos biscoitos que traziam. Então, meus amigos e eu fizemos o plano que me levou ao Dr. Kong Tut. Decidimos roubar o lugar que sabíamos ter mais biscoitos, o hospital, e logo estávamos visitando os doentes às vezes até duas vezes por semana.

– Oi, primo – eu dizia, e sentava ao lado de um menino tão doente que não seria capaz de falar, ou não saberia quem eu era. Então falava com ele sem parar, até os biscoitos chegarem.

– Você está com fome? – perguntava, pegando os biscoitos, e se ele soltasse um gemido, dava-lhe um pouquinho antes de comer o resto.

Alguns garotos queriam tanto os biscoitos que iam até as camas vazias após a morte de alguém – não importa quanto o lugar fedesse – mas eu nunca fiz isso. Fiquei feliz porque o nosso plano estava funcionando, e os biscoitos nos tornavam populares à medida que os dividíamos com os outros ou trocávamos por alguma coisa. Até parei de ser surrado pelos *shurtas*, porque usava os biscoitos para suborná-los.

Mas chegou o dia em que encontrei o Dr. Kong Tut e a minha sorte acabou. Ele me conhecia da época em que eu ficara doente, e agora vinha na minha direção logo depois de eu ter enfiado alguns biscoitos no bolso, enquanto sentava ao lado de uma cama.

– Oi – disse ele
– Oi. – Sorri.
– Você não é o Jal?
– Sim, senhor.
– Mas o que você está fazendo aqui? Pensei que estivesse bem.
– Eu estou – disse, olhando para o menino deitado em silêncio ao meu lado. – Mas este é meu primo, e eu vim visitá-lo.

O médico olhou fixamente para mim.

– Ele está bem doente, mas espero que volte logo para a nossa casa. Tenho certeza de que minha visita faz com que ele fique mais forte, e conto a ele tudo o que estamos aprendendo na escola.

O menino deu um pequeno gemido e eu coloquei minha mão no seu ombro.

— Está vendo? Ele sabe que estou aqui e gosta que eu tenha vindo.

Mas o médico olhou para o meu bolso cheio de biscoitos e percebeu que eu estava mentindo.

— Saia já daqui — gritou. — Você é um menino mau por roubar dos doentes.

Os *shurta* me bateram muito e por bastante tempo, e depois o dr. Kong Tut quis me punir ainda mais pelo que eu tinha feito. Ordenou que eu ficasse trancado no armazém dos biscoitos até que tivesse comido tudo lá dentro, mas nem eu conseguiria comer tanto. O dr. Kong Tut sabia que eu não era realmente um menino mau — os biscoitos é que tinham feito eu agir assim — e logo me deixou sair.

— Vou lhe dar biscoitos toda semana para que você continue bom — ele me disse, e ficamos amigos.

Estava voltando para o campo depois de ter ido vê-lo, com a barriga cheia e o coração leve, porque sabia que meu estômago não roncaria como um leão no dia seguinte, na escola. É difícil estudar quando você está vazio por dentro. Mas, quando cheguei perto no nosso *tukul*, vi garotos se juntando no local das reuniões.

— São os comandantes — um deles gritou para mim. — Vieram falar com a gente.

Os mais altos oficiais do ELPS estavam em Pinyudu, e isso significava que algo de especial estava acontecendo. Rapidamente achei Nyuol e corremos para o lugar de reuniões, dois garotos entre centenas que queriam ouvir o que eles tinham a dizer.

— Você acha que eles mataram todos os árabes de Cartum? — Nyuol disse num só fôlego.

— Ou talvez o ELPS tenha conquistado a cidade e derrubado o governo — respondi.

A multidão ficou quieta quando um oficial se levantou.

– Esta guerra é longa e sangrenta – ele disse. – Mas nós vamos lutar até a morte, e venceremos.
Uma aclamação subiu da multidão enquanto olhávamos para ele.
– Faz muitos meses que vocês têm ouvido notícias da nossa luta e das batalhas que vencemos – gritou. – Mas agora é hora de vocês também começarem a aprender a disciplina e o sacrifício necessários para vencer a guerra. Para reconquistar o Sudão, será necessário que cada um de nós dê muito, e todos vocês devem fazer a sua parte.
Havia silêncio quando ele deu um passo para trás e um outro oficial do ELPS se levantou. Olhei para os *jesh a mer* ao seu lado. Meu coração palpitava enquanto eu olhava para os pequenos soldados. Pareciam tão fortes e determinados.
O oficial ergueu a sua AK-47 no ar, acima de sua cabeça.
– Não conquistaremos a liberdade para o nosso país do jeito fácil – gritou. – Muito sangue terá que ser derramado. Mas alguém aqui esta noite pode dizer que ainda não viu o sangue jorrar? Que possa levantar a sua mão e dizer que não viu a sua casa ser queimada, suas irmãs estupradas, sua mãe surrada?
O oficial olhou para a gente com olhos negros como carvão, enquanto esperava para ver se alguém se moveria. Ninguém se moveu.
– Os árabes demonstraram não ter piedade – rugiu. – Eles são os culpados por cada gota de sangue derramada, por cada criança deixada na poeira do chão, cada menino roubado e escravizado, cada garota levada. Destruíram nosso povo, nossas casas, nossa terra e nossa religião. Eles nos assassinaram e nos fizeram morrer de fome, e agora é hora de lutarmos.
"Lembrem-se do que eles fizeram a cada um de vocês, pensem no que ouviram aqui em Pinyudu, nunca esqueçam por que vocês tiveram que deixar as suas casas para vir para cá."
Imagens dançavam na minha cabeça enquanto ouvia – aldeias queimando, meus irmãos e irmãs correndo, ossos jogados na estrada poeirenta, os olhos vazios da minha tia e o soldado do go-

verno. A raiva cresceu afiada e quente dentro de mim. A amargura envolveu o meu corpo.

Fechei os olhos... o rosto de Nyagai molhado de lágrimas depois de voltar da linha de frente, os olhos de Biel queimando enquanto víamos os aldeões serem empurrados para dentro do *luak*, uma mãe deitada inerte no chão com um bebê nos braços e abutres a bicando, a boca da mamãe se contorcendo de medo enquanto ela gritava para eu correr.

– Pensem em tudo o que perderam – o oficial gritou. – Pensem em tudo que foi quebrado e destruído pelos *jallabas*. Lembrem da vida que vocês tiveram, da paz que conheceram, e tenham certeza de que a única maneira de conquistar tudo de volta é vencendo a guerra.

Helicópteros, *jallabas* atirando, tropas em caminhões, fogo e balas – o passado correu dentro de mim como um rio.

Olhei à minha volta. Milhares de garotos estavam ali naquela noite, e sabia que cada um deles estava lembrando da sua guerra, exatamente como eu.

– Crianças de Pinyudu – o oficial gritou. – Vocês não podem jamais esquecer o que tiveram um dia e o que ainda podem conquistar de volta. Com a ajuda de vocês, vamos ganhar esta guerra, e vocês voltarão à terra onde nasceram, ao seu país, às suas casas. Vocês também podem ser *jesh a mer* – jovens corajosos que lutam ao nosso lado pela vitória.

Meu coração martelava enquanto eu ouvia, minha garganta estava seca, minha cabeça doía. Olhei para o Exército Vermelho. Eles pareciam tão grandes e orgulhosos. Eles lutavam como homens.

– Esta arma é minha mãe e meu pai agora – o oficial gritou, levantando o Kalashnikov acima de sua cabeça. – Quantos de vocês estão dispostos a dizer o mesmo? Todos vocês estão sozinhos aqui, deixaram suas famílias para trás, e agora é a chance de terem uma nova família com o ELPS.

"Mas quantos de vocês são corajosos o suficiente para lutar? Quantos estão dispostos a serem soldados?"

O tempo parou por um segundo. Eu estava tonto e sem ar. O barulho explodiu à minha volta enquanto levantava minha mão no ar. Ao meu lado, Nyuol também tinha erguido seu braço. Não estávamos sozinhos, todos os meninos na multidão tinham erguido a mão.

O entusiasmo tomou conta de mim enquanto meu corpo tremia. Finalmente deixaria Pinyudu, finalmente ia lutar e voltar para casa, finalmente eu poderia fazer com os *jallabas* o que eles fizeram comigo e com a minha família.

Levantei a cabeça para olhar os *jenajesh* parados na minha frente. Segurando as suas armas, olhavam firmemente em frente. Eu seria como eles. Seria um soldado.

# CAPÍTULO 9

O tempo é como areia correndo entre meus dedos quando olho para a minha infância, mas acho que foi mais ou menos dois anos depois de chegar a Pinyudu que finalmente parti para o treinamento. Eu tinha nove anos de idade.

O campo ficava a um dia de marcha pelo mato, perto de um rio, e na minha primeira manhã lá eu acordei e vi *tukuls* danificados agrupados em volta de uma grande clareira. Assim como em Pinyudu, fomos divididos em grupos, e nos mandaram consertar os *tukuls*. Mas agora, em vez de um senhor responsável por nós, havia instrutores do exército, que eram chamados de *talemgi*. O nosso instrutor era enorme, tinha cicatrizes no rosto e grandes olhos avermelhados. Tinha certeza de que ele seria capaz de comer um leão, se quisesse. Outros *janajesh*, que já haviam recebido treinamento, também nos diziam o que fazer e riam da gente – especialmente dos meninos pequenos de sete ou oito anos, que tinham dificuldade para continuar as tarefas.

Trabalhamos duro nesses primeiros dias, cortando madeira para os *tukuls* e aprendendo a ser soldados. Nyuol tinha sido treinado sem mim e agora estava de volta à Pinyudu, então fiquei feliz quando fiz um novo amigo, Malual. Trabalhamos juntos, construindo camas de madeira para o nosso *tukul*. Tinha perdido minha coberta depois que um *shurta* me bateu durante a marcha para o campo, e Malual me disse que poderia dividir a dele.

Rapidamente os nossos dias caíram em uma rotina. Acordávamos quando ainda estava escuro e os pássaros ainda dormiam, íamos correr, e depois bebíamos chá feito com milho tostado.

Quando o sol subia mais alto no céu, seguíamos para o lugar de treino e começávamos a estudar. Ensinaram-nos a manter nossas mãos atrás das costas com os pés separados, na posição de "descanso", e a permanecer reto como uma lança na posição de "atenção". Repetíamos os movimentos por horas e horas, até chegar a hora de voltar aos nossos *tukuls* para comer mingau de milho servido nas tampas de caixas de bala vazias. Sentia uma pontada de entusiasmo quando olhava para as tampas. Logo estaria usando balas naquele tipo de arma que vira muitos soldados do ELPS carregando.

Então voltávamos para o lugar de treinamento por várias horas e nos ensinavam como dar meia-volta e marchar. Depois disso, tínhamos tarefas como limpar as botas dos soldados, pegar água para as mulheres que viviam na área dos oficiais, lavar suas roupas ou regar seus jardins. Então fazíamos outra corrida, e meu estômago roncava até que, finalmente, quando a escuridão começava a aparecer no horizonte, comíamos milho e feijão antes do nosso toque de recolher, às 18h. Noite após noite eu caía num sono do qual apenas sonhos de guerra poderiam me acordar. Fogo, armas atirando, pessoas gritando, soldados rindo, caminhos barulhentos, helicópteros zunindo no ar... Todas as coisas que eu tinha visto me perseguiam, agora que eu estava no lugar onde aprenderia a combatê-las.

– Levantem.

A voz do *talemgi* reverberou na minha cabeça enquanto eu abria os olhos na escuridão. Minha mão correu para o meu lado. Minha arma tinha desaparecido.

– Levantem agora – o instrutor gritou mais uma vez. – Para fora. Todos vocês.

Meu corpo estava tenso quando pulei da cama. Disseram-nos para manter sempre a arma ao nosso lado, mesmo enquanto dormíssemos, e a minha havia desaparecido. Sabia que o *talemgi* ficaria irritado. Corri para fora com o resto do meu grupo, e ficamos em

silêncio esperando por ele. Logo suas botas amassaram a terra poeirenta e ele se pôs à nossa frente.
– Vocês chamam a si mesmos de soldados? – grunhiu o *talemgi*.
– Então, cadê as suas armas?

Todos fizemos as nossas "armas" toscas de madeira depois que nos levaram para a clareira e nos mostraram armas como o AK-47 e o RPK, além do lançador-propelente de granadas, conhecido como RPG. Cada um parecia maior que o outro à medida que eram segurados acima das nossas cabeças, e o entusiasmo correu pelas nossas veias. O treinamento tinha acabado. Nós éramos soldados. Estava na hora de ir para a guerra.

Mas, em vez disso, disseram-nos que teríamos que praticar com armas de mentira, e nos levaram até o mato para cortar madeira e construí-las. Eu queria um AK-47 e passei dias fazendo um, enquanto farpas machucavam minhas mãos. Meninos maiores fizeram RPGs e RPKs, mas até o AK-47 era grande demais para mim, então tive que fazer uma arma menor e amarrar uma corda em cada ponta para poder carregá-la. Logo teria uma de verdade.

Agora eu estava com o coração na boca de tanto medo, enquanto o *talemgi* olhava fixamente para nós. Não entendia onde a minha arma tinha ido parar. Não a largava desde o momento em que terminara de fazê-la.

– Quem quer que esteja com a sua arma pode sair – ele grunhiu, com a voz baixa e ameaçadora.

Ninguém se moveu. Olhei em volta. Todos nós estávamos com as mãos vazias.

– Estou com as armas de vocês – o *talemgi* gritou. – Foi como roubar de bebês dormindo. É hora de vocês aprenderem o que significa realmente ser um soldado; dormir com um olho aberto, nunca descansar, estar pronto sempre para o seu inimigo. Agora já para o chão e façam cem flexões.

Eu me joguei no chão. Olhando em volta, vi garotos mais velhos deitados com as costas retas, empurrando seus corpos no ar com os braços. Tentei fazer o mesmo, mas não consegui. Empurrei meu corpo para cima mais uma vez, travei meus braços retos, e comecei a mover meus quadris para cima e para baixo o mais rápido que podia.

Botas pretas apareceram na frente do meu rosto.

– O que é isso? – a voz do *talemgi* gritou acima de mim.

Fiquei sem ar quando seu pé voou no meu estômago.

– Faça do modo certo – ele gritou.

Empurrei meu corpo para cima e para baixo ainda mais rápido. Não podia fazer o que os garotos mais velhos estavam fazendo. Meus braços quebrariam.

– Não – o *talemgi* rugiu. – Eu disse para fazer do modo certo.

Ele me chutou mais uma vez. Tentei flexionar os meus braços de novo. E de novo eles sucumbiram e eu caí.

– Anda – o *talemgi* gritou. – Estou mandando fazer. Você acha que eu nasci ontem? Que tipo de soldado você vai ser assim?

Suas botas afundaram no meu estômago. Não conseguia respirar, e engasguei quando o vômito subiu no fundo da minha garganta. A dor tomou conta de mim.

– Faça do modo certo – o *talemgi* gritou. – E se não consegue, então continue tentando até conseguir.

Empurrei meu corpo para cima e para baixo; meus braços queimavam, meu estômago revirava de dor. Um chicote estalou na minha bunda.

– Você chama a si mesmo de soldado? – o *talemgi* gritou. – Você é uma piada.

Finalmente seus pés pararam de me chutar e caí na poeira. A terra entrou na minha boca enquanto eu ficava ali estirado.

– Lembre-se de uma coisa – o *talemgi* disse em voz baixa, inclinando-se na minha direção. – Eu nem comecei com você.

Daquele dia em diante, eu era surrado quase diariamente. Qualquer coisa era razão suficiente para o *talemgi* me bater – não treinar duro o suficiente, não fazer a saudação reto o suficiente, não cumprir meus deveres bem o suficiente, tentar contar piadas a ele. Ele batia em mim e nos outros garotos pequenos até quase chorarmos, e aí começava a nos bater outra vez assim que encontrava outro motivo. Noite após noite, nos acordava durante o nosso sono e corríamos na escuridão, enquanto ele gritava que estávamos demorando demais. Minha cabeça e minhas costas doíam, e, assim que voltávamos para a cama, ele nos acordava de novo e tínhamos que recomeçar a correr. Parecia que eu nunca dormia.

Havia diferentes punições para todos os erros que eu cometia – às vezes meus pés e mãos eram amarrados, e batiam em mim enquanto eu ficava deitado no chão; ou então me perseguiam até as margens do rio e me chicoteavam na lama até eu pensar que ia me afogar; ou faziam com que eu pulasse no mesmo lugar até sentir que a minha perna ia quebrar. Eu não queria mais ser um soldado. Era pequeno demais para isso, e não era forte o suficiente. Entendia agora por que o *janajesh* com quem falei aquela vez era tão raivoso. Do mesmo modo como aprendi a segurar minha tristeza dentro de mim em Pinyudu, agora segurava minha raiva.

Cerca de duas semanas depois de termos chegado, um apito soou enquanto tomávamos o nosso mingau da manhã. Eu tentava comer o máximo que pudesse, porque senão ficava tonto e fraco durante os longos e difíceis dias. Mas o toque único do apito significava que devíamos nos reunir no lugar de treinamento, e eu me levantei e comecei a correr.

O local estava vazio quando cheguei e me juntei aos outros meninos. O tempo passou devagar enquanto esperávamos sentados. O céu ficou mais claro, o som dos pássaros mais alto, e os garotos começaram a reclamar que o mingau estava esfriando ali perto. Eu sentei em silêncio. Não queria que o *talemgi* me batesse.

– Que tipo de soldado vocês são? – um oficial gritou, andando até o lugar de treinamento. – Por que estão sentados por aí? Vocês devem cantar enquanto esperam o seu líder, para fortalecer a moral.

Permanecemos em silêncio enquanto o soldado ficava ali parado de pé, nos olhando.

– ELPS *wea yea* – ele cantou de repente.

Olhamos para ele, inseguros do que fazer.
– ELPS *wea yea* – repetiu.
Ninguém se moveu.
O oficial fez sinal para alguns soldados ali perto, que marcharam para ficar ao seu lado.
– ELPS *wea yea* – cantou mais uma vez.
– ELPS *wea yea* – respondeu a tropa com vozes fortes, golpeando o ar.
O oficial virou para nós.
– ELPS *wea yea* – gritou.
– ELPS *wea yea* – gritei de volta, lembrando-me das músicas que cantávamos em Luaal.
Outros garotos cantaram também, mais muitos estavam inseguros, e o nosso som saiu fraco no ar.
– Vocês têm que aprender – o oficial gritou, e olhou em seguida para a sua tropa. – Mostrem para eles agora como fazer do modo certo.
Os olhos dos soldados pareciam flechas enquanto olhavam direto para frente. Ninguém se moveu, enquanto um grito alto ecoou no ar.
– U-lu-lu-lu-lu-lu-lu-lu – rugiu um dos soldados, e os outros começaram a cantar.

*Nós somos* comandos
*Sim*
*Não tem ninguém doente*
*Sim*
*Nós somos todos jovens*
*Sim*
*Todos nós somos jovens*
*Sim*
*Fogo, fogo*
*Queime*
*Fogo, fogo*
*Atire*

Madingbor
Madingbor está queimando

Os soldados gritavam e suas mãos batiam nas suas armas, enquanto as botas pisoteavam o chão. As vozes profundas faziam meu corpo vibrar, e tremi com as memórias que se levantaram dentro de mim. As palavras eram diferentes, mas a música fazia meu sangue dançar como sempre acontecia na minha aldeia. Sabia que os outros meninos sentiam o mesmo enquanto ouvíamos os cantos dos soldados. Estávamos ali para queimar cidades, usar armas e lançadores de foguetes. Os chutes, os socos, as dores na barriga e as noites sem dormir – tudo valia a pena, porque em breve destruiríamos o exército dos *jallabas*. Eu estava ansioso para aprender as palavras dos soldados e ficar pronto para lutar como eles, mas agora percebia que o treinamento demoraria muito mais do que eu esperava. O *talemgi* tinha me dito que estávamos apenas começando, e eu calculava quanto tempo demoraria até estarmos prontos.

Quando o oficial acabou, voltamos aos *tukuls* e vimos que o nosso mingau tinha desaparecido.

– Vocês precisam aprender a comer mais rápido – o *talemgi* nos disse. – O inimigo pode aparecer a qualquer minuto.

Deste dia em diante, tínhamos apenas alguns minutos para botar o mingau fervendo para dentro do nosso estômago antes que o apito nos chamasse com seu som agudo. Para aproveitar a comida, alguns meninos começaram a encher as mãos em concha e levar o mingau com eles, mas era tão quente que tinham de encontrar uma maneira de esfriá-lo para poderem comer mais rápido. Logo aprenderam a espalhar o mingau nas costas dos garotos menores, que gritavam enquanto a comida fervendo esfriava em sua pele, até que os maiores a pegavam de volta em porções gosmentas, deixando para trás queimaduras vermelhas. Muitos meninos foram feridos assim – um deles ficou tão machucado que teve uma cicatriz na cabeça onde o seu cabelo nunca mais cresceu – mas eu era rápido demais para me pegarem.

Em vez disso, eu enchia os bolsos do meu short com a comida, mas o *talemgi* me bateu quando descobriu. Então, aprendi como encher a boca de saliva e engolir montes de mingau fumegante em segundos. Meu tórax parecia ficar travado, mas pelo menos meu estômago ficava cheio. Depois aprendi a espalhar uma fina camada de mingau na palma da minha mão para que esfriasse. Aí, enrolava a camada em uma grande bola e a comia enquanto espalhava mais comida na outra mão. Estava ficando esperto aprendendo coisas que nunca imaginei.

O ELPS disse para a gente que, apesar de os dinka e os nuer já terem lutado por vacas, nós agora lutávamos pela nossa terra, e devíamos fazer isso lado a lado. Se meninos fossem pegos brigando, eram severamente punidos.

– Você não pode machucar o seu irmão, precisa ser fiel a ele, porque quando for para a guerra, terá que protegê-lo – o *talemgi* nos disse.

Embora não tivéssemos permissão para brigar, também não tínhamos permissão para sermos amigos. Garotos eram punidos se parecessem amigos, então Malual e eu sabíamos que precisávamos manter nossa amizade escondida. À noite, deitados na cama que dividíamos, ele me disse que seu pai era pescador. Malual fora tirado de sua família quando o ELPS disse que ele iria para a escola. Não tinha visto a guerra de verdade, por isso contei a ele minhas histórias. Podia ver que ele ficava impressionado enquanto ouvia.

– É por isso que precisamos trabalhar duro aqui – ele me disse. – Porque estamos aprendendo as habilidades necessárias para lutar contra os *jallabas* e reconquistar a nossa terra. Você precisa se esforçar ainda mais, Jal.

Eu não me importava que Malual me dissesse o que fazer. Ele era mais velho, e eu gostava de ter um amigo. Mas logo pegaram a gente dormindo juntos certa noite, e o *talemgi* ficou irritado.

– Se eu pegar vocês fazendo isso de novo, vou bater em vocês mais forte do que jamais bateram antes – gritou. – Vocês são soldados, não bebês.

Mandaram que Malual e eu varrêssemos a área dos comandantes, mas eu não gostei do trabalho. Era muito chato, sem graça, e eu só pensava em voltar para o nosso *tukul* e praticar os cantos de guerra que estávamos aprendendo. Malual me ajudou, mas, quando voltamos ao grupo, o *talemgi* nos puniu mais uma vez por causa do nosso trabalho malfeito.

– Foi por sua causa que bateram na gente esta noite – Malual disse depois.

– Mas eu fiz o melhor que pude – contestei, com uma risada.

– Não, você não fez – retrucou ele, com a voz aguda.

– Fiz sim – gritei.

– Não, não fez – ele gritou de volta. – Você é preguiçoso e ingrato.

De repente, Malual me empurrou. A raiva subiu em mim em um instante, e eu dei um tapa na cara dele. Os garotos ficaram olhando enquanto brigávamos – aos empurrões e aos tapas, rolamos no chão tentando bater um no outro.

– Parem – uma voz gritou e mãos rudes nos afastaram.

Olhamos para cima. O *talemgi* estava com os olhos fixos em nós.

– Por que vocês estão brigando? – perguntou.

– Porque... – comecei a falar.

– Cala a boca – ele disse com a voz grave. – Não trouxemos vocês aqui para brigarem um com o outro. Vocês devem poupar energia para lutar contra os árabes.

– Mas... – tentei responder.

– Cala a boca – ele gritou outra vez.

Eu me impedi de gritar as palavras que borbulhavam dentro de mim. O *talemgi* olhou para a gente em silêncio enquanto ficávamos ali na poeira do chão.

– Parece que estes dois amigos vão ter que aprender uma lição – ele disse, com a voz baixa. – Então, se vocês querem tanto lutar, porque a gente não deixa vocês terminarem?

Olhando em volta, o *talemgi* chamou alguns *shurta* que estavam por perto e pediu o chicote deles. Eu sabia muito bem como aquelas tiras se dobravam e estalavam antes de cortarem a pele.

O instrutor olhou para mim.
– Dê vinte nele.
Olhei por um instante para Malual. Eu não queria mais brigar. Ele não dizia nada enquanto ficava deitado no chão, esperando.
– Eu mandei dar vinte nele – o *talemgi* disse, com a voz baixa.
– Faça o que estou dizendo, agora.
Eu não podia chicotear Malual. Ele era meu amigo. Parado de pé, levantei minha mão, mas meu braço parecia fraco enquanto eu tentava impulsionar o chicote para baixo.
– Você não está fazendo do jeito certo – gritou o *talemgi*. – Você está poupando ele. Use toda a sua força, soldado.
O chicote dele bateu no meu estômago, e a raiva cresceu em mim novamente. Malual era meu amigo, meu irmão. Pulando de pé, levantei minha mão de novo e desci o chicote no ar com toda a minha força. Gemendo, queria que o *talemgi* ouvisse todo o esforço que eu estava fazendo para bater no meu amigo, mas no instante antes de o chicote atingir Malual, contive a minha mão. Não me importava se o *talemgi* era esperto o suficiente para ver o que eu estava fazendo. Não podia machucar Malual.

Pulando e grunhindo, representei um bom papel para o *talemgi*, assim como Malual, que se contorcia e gritava no chão. As caras que fizemos um para o outro quando ele se levantou eram duras, mas havia sorrisos nos meus olhos enquanto olhava para ele. Ele sabia o que eu tinha feito, sabia o jogo que estávamos jogando bem embaixo do nariz do *talemgi*. Sorri para mim mesmo quando deitei na poeira. Choraria e gritaria mesmo se o chicote caísse suavemente na minha bunda.

Ouvi o estalo agudo no ar antes de a dor explodir branca em frente aos meus olhos. Fiquei sem ar enquanto o chicote descia várias vezes – cada vez mais forte. Sentia como se fosse ser partido em dois à medida que gemia e chorava na poeira do chão. Acima de mim, podia ouvir Malual ofegante com o esforço que fazia para me bater.

– Muito bem – o *talemgi* disse suavemente quando finalmente me levantei.

Agora era ele que tinha um sorriso nos olhos.
– Estes dois amigos finalmente estão se tornando soldados – ele disse com uma risada.

Não pude falar com Malual naquela noite, nem por vários dias depois. Minha raiva estava tão fresca quanto as marcas na minha bunda, mas quando finalmente lhe perguntei por que tinha me batido com tanta força, ele me olhou de um jeito estranho.

– Porque me mandaram fazer isso. – Os olhos de Malual estavam vazios enquanto ele me encarava. – Você precisa aprender a seguir ordens, Jal, ou nunca vai se tornar um soldado.

Olhei de volta para ele.

Eu era um soldado. Estava treinando. Em breve iria para a guerra.

## CAPÍTULO 10

— Tudo o que vocês têm é a uma arma – o *talemgi* dizia para nós todos os dias. – Seu fuzil, seus pés, suas mãos, seus dentes; tudo isso deve ser usado para matar os *jallabas*.

Enterrando facões nos troncos das árvores, vendo os soldados maiores do ELPS afundar suas facas em bolsas cheias de pano pintadas com a cor marrom-clara da pele dos árabes, aprendendo a morder alguém na garganta e afundar os dedos nos buracos dos seus olhos... À medida que os dias se transformavam em meses, a criança dentro de mim endurecia para se tornar um soldado.

Por várias semanas, fomos levados ao mato para sermos treinados. A gente se impulsionava pelo chão com os cotovelos sangrando, enquanto balas eram atiradas sobre as nossas cabeças para assegurar que continuaríamos abaixados, engolíamos a dor agachados por horas a fio aprendendo a permanecer quietos, ou éramos chutados na cabeça pelo *talemgi*, se levantássemos demais nossas pernas enquanto nos arrastávamos pelo chão – cada lição para ser um soldado doía. Se meninos sangrassem, vomitassem, desmaiassem ou caíssem, eram deixados para trás.

— Os fracos não sobrevivem – o *talemgi* nos dizia. – A dor vai ensinar a vocês como ser fortes, a segurar as lágrimas dentro de vocês como homens. Se não puderem carregar os feridos, atirem neles, mas nunca deixem suas armas para trás.

Depois de marchar e fazer saudações, ensinavam-nos a manejar nossas "armas" e as doze maneiras diferentes de atacar uma aldeia – "leopardo" significava se arrastar sobre os cotovelos até o local de batalha, já em um ataque noturno, segurávamos a arma com uma das mãos e tateávamos a escuridão com a outra.

– Vocês têm que se acostumar com a voz da arma – o *talemgi* dizia. Tremendo de entusiasmo, eu ouvia o *clink* e o *crank* zumbindo no ar acima de mim.

Eu e outros meninos mais novos éramos pequenos e desajeitados demais para muitos trabalhos importantes. Embora nos mostrassem como enterrar minas e como andar e correr em áreas onde elas tinham sido colocadas, éramos pequenos demais para aprender a consertá-las. Na guerra, também não nos deixariam atirar granadas, porque nossas mãos não eram fortes o suficiente – em vez disso, usávamos pedras para treinar.

Mas, em todas as outras coisas, treinávamos tão duro quanto qualquer um dos adolescentes no campo de treinamento.

– Fique reto – o *talemgi* dizia, pisando no meu pé ou dando um tapa no meu rosto, enquanto eu permanecia em posição de sentido.

– Sim, senhor – eu gritava de volta para ele.

Em uma ocasião, tive que marchar de volta para Pinyudu com centenas de meninos, porque a ONU queria fazer uma contagem de pessoas. Os *khawajas* pediam ainda para me ver, porque fiquei conhecido entre eles depois de ter encontrado Mary, e fui levado para dizer que precisávamos de mais comida, que seria dividida com o ELPS depois.

– Como vai você? – um homem branco me perguntou.

– Eu sou um soldado – respondi, animado.

O senhor que traduzia para mim pisou no meu pé, e o homem branco jamais soube o que eu disse. Mas essa história chegou até o campo, e todo mundo riu quando fui punido.

– Por que você não consegue ficar com a sua boca calada quando os *khawajas* estão por perto? – alguns garotos disseram com desdém, virando as costas. – Você traiu o ELPS.

Outra coisa que eu odiava fazer era montar guarda à noite, porque tinha certeza de que o *Nyanajuan* ia me comer enquanto eu ficava ali, sozinho no escuro. Falávamos o tempo todo no monstro, e eu sabia que ele tinha nos seguido até o campo de treinamento. Parado sozinho do lado de fora dos *tukuls*, atrás das trincheiras que tínhamos cavado para nos jogarmos dentro se a guerra chegasse, observava as árvores e as sombras, procurando qualquer sinal dele. Ao meu lado estava a minha arma de madeira, mas minha mão segurava um facão, para usar caso o *Nyanajuan* viesse me pegar. Quando finalmente voltava para a cama, a dor tomava conta da minha cabeça enquanto me deitava. Tinha muita dor de cabeça agora que as memórias da guerra me mantinham acordado, e ficava esperando que o *talemgi* nos surpreendesse durante a noite. Na escuridão, ouvia os outros meninos contando as suas histórias, e senti o meu coração se acelerar.

– Agora, vocês não podem se dar ao luxo de sentir amor, amizade, piedade... – os oficiais nos diziam quando nos reuníamos no local de treinamento. – Tudo isso enfraquecerá vocês na guerra. Em vez desses sentimentos, lembrem-se do que os *jallabas* fizeram com vocês, com suas famílias e com sua terra. Vocês são o Exército Vermelho agora, e logo a vez de vocês vai chegar.

"Os árabes tomaram tudo o que tínhamos, por causa do petróleo enterrado embaixo do nosso chão. Jogaram nossos companheiros africanos contra nós em nome do Islã e tentaram nos destruir. Mas vocês lutarão para tomar nossa terra de volta, assim como nossos antepassados lutaram, e se os últimos homens do Exército Negro morrerem, então vocês, o Exército Vermelho, levarão a batalha adiante."

Eu não sabia o que era petróleo – o ouro negro que fizera minha terra ser destroçada –, mas, mesmo assim, meu coração palpitava quando os sons altos das nossas vozes se juntavam no momento em que os oficiais ficavam em silêncio.

– *U-lu-lu-lu-lu-lu-lu-lu-lu* – gritávamos, enquanto meu sangue corria e minha cabeça ficava tonta.

Cada momento me deixava mais forte. Aprendi no dia em que Malual me bateu que não teria mais amigos. Podia rir e fazer piadas com os outros garotos, contar histórias para eles e distraí-los, mas, por dentro, estava me tornando uma rocha dura. Sorri para mim mesmo pensando em Luaal, onde as crianças eram en-

sinadas a atirar bosta nos dinka em uma briga por gado. Agora eu estava sendo treinado para enfrentar um inimigo real, e, à medida que meus músculos se desenvolviam, percebi que ficaria forte o suficiente para lutar contra gente muito maior do que eu. Esqueci a diversão e os amigos; agora só pensava no que tinha sido feito com o meu povo e em como daria o troco aos *jallabas*.
Trabalhava cada vez mais duro, olhando os *janajesh* no campo sempre que passavam. Ao vê-los, minha boca ficava um pouco seca. Só conseguia pensar que em breve seria um deles, e se pensamentos sobre a minha casa passassem pela mente, eu os expulsava. Mamãe não estava aqui para ver o que eu estava fazendo, e se Deus se importava tanto, então por que meu povo era alimentado pelos *khawajas*? Por que éramos refugiados em um país no qual ninguém nos queria? Por que tínhamos sido expulsos por um governo que nos odiava? Por que os aldeões em Luaal e em Pinyudu batiam tambores a Deus no dia de Natal se Ele não podia ser encontrado em lugar nenhum?

Olhei para o rio e para o soldado grande do ELPS esperando do outro lado. Montes de garotos estavam enfileirados ao longo da margem, e o *talemgi* ficou parado na frente do nosso grupo.
– A sua arma e as suas balas são as coisas mais importantes na guerra – ele disse. – Se vocês estiverem andando pelo deserto, joguem fora a comida, mas fiquem com a arma e as balas. Se estiverem atravessando um rio, deixem a água levá-los, mas fiquem com a arma e as balas.
O medo cresceu dentro de mim enquanto eu olhava para a água correndo. O rio estava cheio, a água era rápida, e eu podia ver garotos grandes sendo arrastados pela correnteza enquanto nadavam. Eles eram fortes e pesados, eu era pequeno e leve. Memórias da noite no barco passaram rapidamente pela minha cabeça.
– Entrem – o treinador mandou, e eu andei lentamente para a beira do rio.
Empurrei meu medo para fora de mim. O instrutor poderia farejá-lo se ele crescesse demais.

A água estava fria quando entrei, meu pé escorregando no fundo irregular do rio. Atirei-me para frente, com a minha arma acima dos ombros, e comecei a nadar. Mas a arma de madeira flutuava e me puxava para cima enquanto eu tentava me mover. Mergulhei para baixo da superfície como um sapo e bati minhas pernas com força, mas a arma continuava me puxando para trás. Tinha que mostrar ao *talemgi* que estava nadando como um bom soldado. Segurei a arma com mais força, começando a achar o meu caminho pelo rio. Agarrado a ela, sem nunca deixá-la ir embora enquanto lutava contra a correnteza que me arrastava, bati as pernas e usei uma das mãos para nadar até atingir o outro lado e me puxar para fora d'água.

– Alguns de vocês perderam as suas armas – o *talemgi* disse com a voz baixa quando nos reunimos ao seu redor. – Como vão enfrentar o fuzil G3 dos árabes desarmados? Vocês acham que suas mãos serão suficientes para conter as balas?

Olhei em volta e vi Malual parado do lado do grupo. Ele não estava carregando sua arma.

– Aqueles que perderam as suas armas serão punidos – disse o instrutor. – Serão chicoteados pelos soldados que conseguiram segurar as próprias armas.

Algo tremeluziu dentro de mim.

– Você – um menino mais velho disse olhando para mim. – Cuide dele.

Ele apontou o dedo e eu o segui. Meus olhos se encontraram com os de Malual.

Sorri por dentro.

Ele ficou em silêncio quando deitou no chão, e eu me posicionei sobre ele. Levantando o chicote na mão, eu o desci usando toda a minha força. Malual perdeu o ar enquanto o chicote cortava suas costas, e cada grito que dava fazia o meu coração bater um pouco mais rápido. Agora ele sentia o que eu sentira quando ele me bateu. Eu tinha que obedecer à ordem que me deram.

Meu braço estava dormente quando Malual finalmente se levantou, e eu pude ver que ele estava chorando sem lágrimas. Esse é o pior tipo de dor. Fiquei satisfeito.

\* \* \*

Dei uma olhada para a AK-47 ao meu lado. Olhando para cima, podia ver o longo cano negro apontando para o céu. Deitei cuidadosamente a arma no chão e fiquei pensando em como poderia limpá-la. O metal estava enferrujado e sujo, mas ali perto um grande barril de óleo vermelho esperava pela arma. Este foi o dia em que finalmente me tornei um soldado de verdade.

A primeira vez que segurei um Kalashnikov tinha sido algumas semanas antes, quando o *talemgi* nos chamou para uma clareira no mato e disse que cada um de nós teria sete minutos para desmontar a arma. Fiquei nervoso quando chegou a minha vez. Eu só tinha visto um soldado fazer isso, agora tinha a chance de fazer eu mesmo. O metal pareceu frio na minha mão quando levantei a arma. Era mais pesada do que eu imaginava, dura e inflexível. Prendi a respiração, tentado me lembrar de tudo o que haviam me ensinado.

– Descansar – o *talemgi* disse, quando bati continência para ele.

Ajoelhei no chão e baixei a arma ao meu lado. Soltando o cartucho, peguei as balas lá de dentro e lustrei cada uma com um pano. Minha respiração estava firme enquanto o *talemgi* me observava. Coloquei as balas uma a uma de volta no cartucho antes que o *talemgi* o pegasse e me desse um vazio. Coloquei de volta no fuzil e o armei. Esticando meus dedos, tentei alcançar o gatilho. Não conseguia. Estiquei meus dedos o mais que pude e só consegui sentir o gatilho com a pontinha. Coloquei a arma sobre o ombro.

– Agora aponte e atire – ele disse.

Firmei meu ombro e baixei a bochecha até perto do cano. Sabia que falharia neste teste se tremesse ou respirasse forte demais. Tinha que permanecer parado.

Tudo pareceu ficar mais lento ao meu redor.
Apertei o gatilho.
Um *toc* vazio.
Senti como se fosse cair.

Em silêncio, baixei a arma e a separei, parte por parte, para limpá-la. Quando ela foi remontada, novamente a ergui no meu ombro. Se a arma não atirasse, eu teria falhado no teste. Ela atirou. A felicidade se acendeu dentro de mim.

– O próximo – disse o *talemgi*.

Soube que tinha passado no teste quando não fui punido no dia seguinte, e o *talemgi* concedeu promoções e graduações para os melhores garotos. Eu estava entre eles. Tinha a maior graduação entre os garotos pequenos como eu, e fiquei orgulhoso. Aquilo significava que eu podia mandar garotos mais velhos me trazerem água, e eles tinham que obedecer. No fim do dia, porém, andei até um grupo que permaneceu parado enquanto eu olhava para eles. Fiquei com raiva. Tinha conquistado minha graduação, feito um bom treinamento. Era um bom soldado. Fui falar com o *talemgi*.

– O tamanho não tem importância – ele disse, enquanto aqueles garotos eram surrados. – É à graduação que vocês devem obedecer.

Depois disso, os garotos maiores começaram a bater continência para mim. Eu sempre ficava alegre com isso.

Agora, só precisava limpar a minha arma antes da parada que nos tornaria soldados de verdade. Ou, pelo menos, *jesh a mer*. Queria vestir um uniforme, mas não havia uniformes para nós. Apenas os meninos mais velhos, que iam lutar, tinham os deles. Eu voltaria a Pinyudu para esperar com os outros até ser convocado para a batalha.

Lentamente, limpei o AK-47 antes de colocá-lo no chão e chutar o fuzil para armá-lo. Essa arma era velha e dura. Eu não era forte o suficiente para manejá-la apenas com minhas mãos. Mais uma vez, não nos deram munição. Havia histórias de garotos atirando em *talemgis*, e não podiam confiar que não faríamos o mesmo.

Logo eu estava marchando no local de treinamento. Tinha sido escolhido para marchar em frente ao mais alto comandante que assistia à cerimônia, e longas filas de *jenajesh* serpenteavam na minha frente. Eu ficava sozinho, atrás deles. Minhas costas estavam retas como uma lança quando marchei na direção do palanque onde o comandante estava parado. Com os olhos fixos em frente, a arma ao meu lado, virei rapidamente minha cabeça para a direita quando passei por ele andando. Queria parecer tão corajoso quanto os *jenajesh* tinham parecido aos meus olhos antes.

– Este é um dia de orgulho para nós – o comandante nos disse.

– Vocês todos estão prontos para lutarem pelo seu país, pela sua terra e pela sua liberdade.

"Unidos, vocês cantarão vitória sobre Cartum, sobre os *jallabas* e sobre os africanos muçulmanos que os traíram.

"Unidos, vocês tomarão de volta o sangue das suas mães e dos seus pais, das suas irmãs e dos seus irmãos, tios e tias, primos e avós, que foi derramado sobre a terra do Sudão.

"Unidos, vocês vencerão essa guerra com as armas que empunham agora. Com um AK-47 nas mãos, vocês são iguais a qualquer um."

O comandante olhou para nós.

– Lembrem-se sempre: a arma é a sua mãe e o seu pai agora.

Olhei para ele. Eu tinha uma família, uma casa novamente.

O treinamento tinha acabado. Eu era um soldado. Iria para a guerra.

O som agudo das balas encheu o ar quando as armas atiraram para celebrar, e eu ergui minha cabeça para olhar o céu deserto e infinito que se estendia sobre mim. Queria que aquele barulho não acabasse nunca. Dançando em frente aos meus olhos, vi os *jallabas* que mataria em breve.

## CAPÍTULO 11

Normalmente era possível ouvir homens gritando e cachorros uivando quando a noite caía sobre Pinyudu e o horizonte era engolido pela noite. Mas agora estávamos em silêncio enquanto esperávamos pelo dr. John Garang. O líder do ELPS. O homem sobre quem ouvimos tanto durante os longos meses de treinamento.
— Você acha que o *Nyanajuan* foi mesmo morto? — perguntou Nyuol.
O medo surgiu rapidamente dentro de mim, como uma cobra, até eu controlá-lo novamente.
— Sim — eu disse. — Os mais velhos o mataram. Ele foi derrotado. Nada pode nos machucar agora.
Ouvi o som dos cantos encher o ar da noite.

*As crianças do sul do Sudão*
*Não têm medo*
*Sim, sim, somos todos homens*
*E daí se nós morrermos?*
*Eu juro, eu juro*
*Que mesmo que eu morra,*
*Vou foder com a sua mãe e o seu pai também.*

O entusiasmo corria em minhas veias enquanto eu cantava. Eu era um soldado agora. Conseguia dormir com um olho aberto e me controlar para não chorar, mesmo que fosse surrado até merda e mijo escorrerem de mim. Sabia que existiam onze formas de atacar uma aldeia; sabia como abrir, preparar e jogar uma grana-

da; como carregar e atirar com um AK-47; como erguer um facão e atacar um inimigo, e como usar pedras como armas quando as minhas balas acabassem. Não tinha nada a temer.
A cantoria ficou cada vez mais alta, e um arrepio passou pelo meu corpo. Como sempre, a música me fazia sentir corajoso. Invencível.

*A terra de Deng Nhial*
*Não deixaremos acabar*
*A terra do dr. John Garang*
*Não deixaremos desaparecer*
*Tomaremos o Sudão de volta à força*
*Nós temos Kalashnikovs*
*E com eles atiraremos em vocês*
*Nós temos AK-46*
*E atiraremos em vocês novamente*
*O RPG é a artilharia do ELPS*
*E o usaremos contra vocês*
*46 e RPG*
*Boom!*

Olhando para baixo, senti um lampejo de raiva dentro de mim. Tiraram nossas armas de nós no campo de treinamento, e disseram-nos que as dariam de volta quando fôssemos para a guerra. Sentia falta do toque frio do metal nas minhas mãos, do momento de silêncio antes de puxar o gatilho.
— Soldados, estou aqui para falar com vocês sobre a guerra.
Meu corpo tremeu. Era Garang.
— Vamos ganhar essa luta, jamais perderemos — ele gritou.
Mesmo sem microfone, sua voz era alta e forte.
— O ELPS está conquistando cidades, tomaremos Cartum, e logo conquistaremos todo o Sudão. Não falharemos em nossa luta, e cada um de vocês nos ajudará a conquistar a vitória.
Minhas orelhas se abriram como as de um elefante para captar cada palavra. O ânimo tomou conta da multidão. Eu podia farejá-

lo no ar, sentir o seu gosto na minha língua. Era por aquilo que estávamos esperando todos esses meses. Iríamos lutar.

– Lembrem-se sempre de que a arma é a sua mãe e o seu pai agora – Garang continuou. – Vocês estão do lado da justiça, e qualquer pessoa que se oponha ao movimento do ELPS é seu inimigo. Se a sua mãe se colocar contra você, mate-a; se o seu pai ficar contra você, mate-o. O ELPS é a sua família agora. Juntos, nos vingaremos de tudo de ruim que foi feito contra nós e ganharemos esta guerra.

O barulho dos gritos explodiu. Pisando no chão e batendo palmas, os garotos soltaram o grito de guerra para encher seus corações de bravura.

– U-lu-lu-lu-lu-lu-lu-lu-lu-lu – gritamos dentro da noite.

Ao meu lado, um garoto desmaiou quando o som dos cantos atingiu o fundo dos nossos corações. Diziam que uma grávida até tinha morrido depois de ouvir um discurso, porque Garang a deixara feliz demais. Eu entendia por quê. A pele da minha nuca ficou arrepiada quando olhei para ele e imagens encheram a minha cabeça – as escoriações no corpo da minha mãe depois que ela apanhou dos soldados do governo, as lágrimas no rosto de Nyagai quanto me levaram para me juntar ao ELPS. Agora eu teria vingança.

Disseram que seríamos convocados para a batalha logo depois daquela noite, e não gostei de ficar esperando enquanto os dias se tornavam semanas. A vida em Pinyudu era a mesma de sempre. Mas agora, além de ir à escola, também praticávamos as novas habilidades que tínhamos aprendido durante o treinamento, como cavar buracos para nos escondermos durante um ataque e patrulhar os limites da área do ELPS no campo. *Khawajas* não podiam entrar à noite.

Alguns dias eu me sentia entediado. Queria ser um soldado de verdade, não um de mentira, mas me divertia quando ia ver os feridos do campo com Nyuol e outro garoto que conhecemos, chamado Machar. Alguns dos feridos não tinham olhos, outros haviam perdido as pernas, mas todos contavam suas histórias. Um homem disse que tinha ido aos campos e, ao voltar, descobriu que a guerra tinha começado em sua aldeia. Estava deitado no chão enquanto falava, com as pernas cortadas profundamente por espinhos depois de ter fugido para dentro do mato. Enquanto se escondia das tropas do governo, viu sua irmã ser estuprada, sua casa ser explodida e seu irmão ser levado pela milícia para o norte.

– Quando puder andar de novo, vou matar meus inimigos – ele nos disse. – Não quero nem saber se for um bebê, vou explodir a sua cabeça. Vou matá-los do mesmo modo que mataram o meu povo.

Nyuol e eu olhamos um para o outro.

– Quero matar cinco soldados – ele disse.

– E eu quero matar dez – falei, cheio de orgulho.

Quando não estávamos com os feridos, ficávamos horas na fila da distribuição de comida. Às vezes levava dias para chegar na frente da fila, e os *khawajas* só nos davam milho, trigo, lentilhas ou feijões – nunca bananas ou outras frutas. Minha boca se enchia de água quando eu pensava nas mangueiras que tinha em Bantiu. Eu adoraria provar aquela polpa suculenta e doce novamente.

– A gente simplesmente devia ir até as aldeias dos anyuak e pegar o que quiséssemos – um garoto disse certo dia, enquanto falávamos a respeito.

Os anyuak viviam em casas de barro com tetos de grama em uma série de aldeias ao longo do rio, perto de Pinyudu. Em vez das vacas que os dinka e os nuer prezavam tanto, os anyuak viviam dos peixes que pegavam no rio, de cabras, ovelhas e galinhas, e também tinham frutas que cresciam nas árvores plantadas no rico solo próximo à água.

– Eles têm mais do que precisam e nós sabemos como tirar deles – o garoto continuou. – Somos guerreiros agora.

Todos concordaram com o plano. Poderíamos subir nas árvores para pegar as mangas e matar os animais rapidamente, antes de enterrá-los na areia para escondê-los, como o *talemgi* nos ensinara.

Logo começamos a roubar qualquer coisa que conseguíssemos, e embora eu fosse pequeno demais para pegar animais, subia nas árvores para pegar frutas. Mas rapidamente os anyuak perceberam o que estávamos fazendo, e alguns garotos foram pegos. Sabíamos que seriam punidos por roubar, alguns até desapareceram, mas isso não fez com que a gente parasse. Estávamos treinando para a guerra.

As coisas mudaram uma tarde, cerca de um mês depois, quando nós todos fomos ao rio – uns para procurar lenha ou para lavar roupas, outros para nadar ou brincar na margem. Nos dias anteriores, alguns garotos tinham desaparecido depois de irem nadar – comidos por crocodilos ou hipopótamos, provavelmente – mas ninguém demonstrou ter medo da água. Machar, Nyuol e eu estávamos brincando do nosso jogo preferido, que era fazer bolas duras de areia e jogar uns nos outros para ver quais quebravam primeiro. Logo iríamos começar a brincar de tapa na mão.

– Aaaaaaaa – gritou uma voz, e eu vi um menino se arrastando para fora da água, tingida de vermelho atrás dele.

O sangue escorria do seu corpo, e o seu intestino rosa-claro escapava por um buraco na barriga. Brilhava, em contraste com a pele cor de ébano. Machar, Nyuol e eu corremos para onde o menino estava deitado.

– Para trás – um senhor gritou enquanto ajoelhava sobre ele.

– Tem alguma coisa afiada no rio – o menino sussurrou.

Ele estava sangrando muito e logo foi erguido e levado de volta para o campo.

– O que tem lá embaixo? – os garotos começaram a se perguntar. – É um crocodilo?

Logo soubemos que não era um crocodilo, pois alguém mergulhou no rio e encontrou lanças presas ao fundo. Os anyuak deviam tê-las colocado ali para nos punir por estarmos roubando.

Essa história se espalhou rapidamente. Quem eles eram para nos atacar? Não sabiam que éramos soldados? Poderíamos lutar contra eles e matar aqueles aldeões se quiséssemos. Mas apenas algumas horas depois, algo atacou de surpresa como um escor-

pião. Centenas de nós estávamos conversando na margem do rio quando ouvimos que um grupo de meninos tinha sido alvejado pelos anyuak, depois de irem à aldeia para surrar uma família em vingança pelo que foi feito com nosso amigo. De repente, um apito alto e agudo soou em sopros pequenos e rápidos.
– Ouçam – Machar disse, todo animado.
Era um barulho que conhecíamos. O apito significava: "Corra, pegue sua arma e se apresente." Estava nos chamando para a guerra.
Corremos de volta para o campo como um exército de formigas. Machar estava ao meu lado, mas Nyuol desaparecera, e eu não tinha tempo para procurá-lo por aí. Eu me sentia vazio por dentro, caí várias vezes para depois me levantar e continuar correndo. Mal sabia o que estava fazendo. Meu corpo estava tenso, meu coração martelava dentro do peito, e parecia que só tinha ar dentro da minha cabeça.
Era para isso que tínhamos passado todos aqueles meses treinando.
Estávamos indo para a guerra. Iríamos lutar.
Um cheiro familiar encheu o ar quando manchas marrons se espalharam pelos shorts dos meninos correndo à minha frente. Outros corriam nus depois de terem pulado para fora da água. Medo e entusiasmo dançavam no ar.
– Os aldeões estão vindo – vozes gritaram. – Eles vão nos matar. Os árabes pagaram para eles nos atacarem.
– Fomos treinados para isso – outro garoto disse. – É uma prática de guerra.
Mas eu sabia que não era, enquanto Machar começava a gritar do meu lado:
– *U-lu-lu-lu-lu-lu*.
O rosto do *talemgi* apareceu como um lampejo na frente dos meus olhos. Finalmente era hora da guerra, hora de provar que eu era um bom soldado.
Alcançando o campo, eu podia ouvir os meninos mais velhos gritando instruções, tentando nos fazer formar divisões, mas ninguém dava ouvidos enquanto pegávamos nossas armas. Rapida-

mente, eu peguei minha lança de pesca. Outros carregavam pedras ou facões, e alguns poucos tinham armas de fogo nas mãos quando voltamos na direção do rio e das aldeias dos anyuak.

Meu peito se contraiu ainda mais quando começamos a correr de novo. Machar e eu não dizíamos nada. Tudo o que eu conseguia ver eram rostos boiando no ar ao meu redor – minha mãe e minhas irmãs, minha avó e minha tia. A fúria tomou o meu coração e minha respiração ficou ofegante.

Quando chegamos ao rio, pude ver alguns meninos cruzando a água para atacar a aldeia que ficava no outro lado, mas eu permaneci com um grupo que foi descendo o rio, ao longo da margem. Ao nos aproximarmos das cabanas, tiros começaram a soar no ar, e eu vi fumaça à distância. Ali perto, um soldado menino sentava no chão, enquanto o sangue jorrava de uma cabeça. Ao seu lado, um anyuak jazia deitado no chão, com os olhos vazios fixados no nada.

Meu estômago se contraiu enquanto o assobio agudo das balas cortava o ar. A urina correu quente pela minha perna enquanto eu me jogava no chão e Machar caía na terra dura ao meu lado. Olhei para ele. Eu precisava ser corajoso.

– *U-lu-lu-lu-lu-lu-lu-lu-lu* – gritei, levantando-me. Eu era um soldado, não um menino. – *U-lu-lu-lu-lu-lu-lu-lu-lu* – gritei de novo, deixando o som tomar a minha cabeça e o sangue correr em minhas veias.

Eu era um homem, não um covarde.

Nós tínhamos os AK-47. Éramos fortes e corajosos. Fomos treinados para sermos lutadores e ganhar essa guerra. Garotos soltavam gritos que se misturavam no ar à minha volta, suas caras estavam contorcidas em máscaras de batalha, com os dentes à mostra.

Invadimos a aldeia onde os anyuak estavam nos esperando. Por todo lado eu podia ver os garotos colocando em prática as formas de ataque que nos ensinaram. Correndo e pulando de gatinhas como um leopardo, agachando-se sobre os tornozelos e avançando em grupo para se proteger das balas. Enquanto eu corria em frente, vi um homem segurando uma arma a cerca de dez metros de mim. Ele apontou na minha direção e eu levantei o braço para jogar a minha lança de pescar. Usando toda a força, eu a atirei. Mas a lança não o acertou, e o homem levantou sua arma novamente. Eu não conseguia parar de correr. Era como cair na correnteza e ser arrastado rio abaixo. Meus pés simplesmente continuaram se movendo enquanto eu olhava para a arma e corria diretamente para ela.

O barulho de um tiro explodiu e um soldado grande do ELPS desabou na minha frente. Seu corpo se contorceu para o lado quando a bala o atingiu e ele caiu. Pude ver um buraco na parte de trás da sua cabeça. Seu cérebro estava escapando do crânio – uma massa branca misturada com o sangue vermelho. De repente, minhas pernas ficaram pesadas. Não conseguia mais correr. Fiquei parado enquanto garotos passaram dos meus dois lados correndo, desesperados para entrarem na guerra. Olhando para frente, vi Machar desaparecer. Não queria que ele me deixasse.

Olhei para o soldado grande do ELPS estirado na minha frente. Imagens da mamãe segurando Gatluak no chão apareceram por um instante na minha mente. Não conseguia tirar meus olhos daquele homem morto e gritos ecoavam na minha cabeça. Eles pareciam facas, que não mais me impulsionavam para a batalha, mas impediam que eu me movesse. Quando esse homem ia acordar? Quando ele iria olhar para mim, sorrir e pular de pé, rindo da brincadeira? Mas o homem não se movia, e eu levantei os olhos e vi o anyuak que tinha atirado em mim ser atacado por cinco garotos. Eles o perfuraram com lanças e o cortaram com facões enquanto ele gritava.

– Aaaaaaah – ele berrou.

O mundo ficou em silêncio ao meu redor.

Eu estava com medo.

O cheiro amargo da fumaça tomou meu nariz, contraindo meus músculos e me despertando. Enquanto olhava para o meu pé paralisado, sabia que precisava continuar me movendo e atacar como tinham me ensinado. Seria para sempre conhecido como um covarde se fugisse dali. Precisava ir rápido e chegar à linha de frente para mostrar como eu queria entrar na guerra. Mas os meninos mais velhos eram mais velozes. Mesmo assim, precisava prosseguir – precisava ser corajoso e fazer minhas pernas andarem mais depressa.

"Seja um homem", disse para mim mesmo com firmeza, e comecei a correr de novo.

A voz na minha cabeça parecia a do *talemgi*. Eu tinha que escutar aquela voz.

Corri para dentro da aldeia e vi corpos de homens anyuak estirados por todo o chão, enquanto mulheres e crianças corriam para dentro das cabanas. Adiante, um grupo de três meninos corria atrás de uma mulher vestindo uma pele de leão. Ela tentava chegar até uma cabana junto com uma mulher mais velha, e ambas gritavam, segurando dois bebês. Eu corri e me juntei ao grupo no momento em que elas desapareceram dentro de uma cabana, e nós paramos na porta. Sabíamos que lá dentro podia ter um homem que talvez nos atacasse se as seguíssemos.

– Saiam – gritei.

– Mas não tem ninguém aqui – gritou uma voz de mulher.

– Não importa. Apenas saiam. Vamos tocar fogo na casa.

As mulheres começaram a chorar e aquele som fez eu me sentir mais corajoso.

– Andem logo – um garoto gritou, agarrando um monte de grama seca do telhado e acendendo em um fogo próximo.

Ele jogou o fogo no telhado e as mulheres correram para fora. O medo brilhava nos olhos delas quando olharam para nós – quatro garotos que agora eram homens, com facões e lanças nas mãos.

– Sentem no chão – gritei. – E não se movam.

As mulheres fizeram o que eu disse. Eu era um soldado, não uma criança. Elas tinham que me escutar.

– Calada – gritei para uma mulher grávida que estava sentada no chão ali perto, gemendo.

Ela ficou em silêncio, mas eu continuava podendo ouvir o som de choro. Odiava aquele barulho. Quem estava fazendo aquilo? Olhando em volta, vi bebês chorando enquanto sentiam o cheiro da nossa vingança subir no ar com a brisa. Próximo dali, vi uma menininha correr até um soldado e começar a bater nele. Seu rosto estava contorcido de dor. O garoto a empurrou para trás e ela caiu no chão. Lembrei da minha aldeia – das pessoas que tinham vindo tirá-la de nós.

Olhei em volta e vi um garoto do ELPS deitado no chão, com o sangue escorrendo lentamente dele. Ele tinha sido cortado com um facão. Como a terra estava vermelha. Minha cabeça parecia vazia enquanto os gritos daquela caçada enchiam o ar. Eu tinha que ser um bom soldado.

– Deite no chão, ou vou cortar a sua cabeça – disse, virando-me novamente para a mulher na minha frente. – Não faça barulho. Fique deitada.

Levantando um pedaço de madeira no ar, comecei a bater na mulher mais velha. Bati nela várias vezes, até meu braço doer.

– Pare, por favor, por favor – ele dizia, chorando.

Mas eu continuava pensando na minha aldeia. Memórias de tudo o que tinha visto se debatiam como fantasmas no ar à minha volta. O rosto daquela pequena menina anyuak flutuava na minha frente.

A raiva explodiu com força no meu estômago.

– Cale a boca – gritei para a velha.

Ela levantou os olhos para mim – eles eram negros, e sua pele parecia veludo.

Vovó.

Alguma coisa surgiu dentro de mim. Piedade.

Gritei de novo:

– *U-lu-lu-lu-lu-lu-lu-lu-lu*. – O grito de guerra, o grito da coragem, o grito de vingança.

O ar se encheu de sons confusos: os estalos de cabanas queimadas e de bodes berrando. Ao longe, pude ver soldados maiores do ELPS arrastando uma menina para o mato. *Kun ke bom.* Seus gritos pareceram me atingir lá no fundo enquanto memórias da tia Sarah surgiram dentro de mim.

Quando olhei para a menina sendo levada pelo ELPS, a velha seguiu meus olhos.

– Deixem-na em paz – gritou, começando a se levantar.
– Para o chão – gritei, e a velha ficou em silêncio mais uma vez. Eu estava no comando agora. Nós estávamos surrando os anyuak. O que aconteceu com o meu povo estava acontecendo com aquele. Agora, eram os seus homens que estavam mortos, as suas mulheres que tinham medo, as suas crianças que choravam. O menino ao meu lado levantou o seu facão. Olhei para ele enquanto a velha começava a chorar. Os olhos dele estavam vazios enquanto a olhava.

"*Acabe com ela*", uma voz gritou na minha cabeça. Olhei para o menino.

– Parem – uma voz atrás de nós gritou.

Viramos e vimos um soldado grande do ELPS.

– Vocês conhecem as regras – ele disse. – Já derrotamos essa aldeia, capturamos seu povo. Vocês não podem atacar suas mulheres e crianças.

Não entendi o que ele queria dizer. Nós já tínhamos mesmo vencido? Ninguém falava quando olhávamos à volta. Podia ver mulheres e crianças chorando no chão enquanto os *jesh a mer* olhavam para elas. Um bebê sangrando. Tinham batido nele. Corpos estavam jogados por todos os lados – alguns eram de nossos soldados, mas a maioria era de anyuaks. Tinham sido alvejados, perfurados com lanças, cortados com facões e esmagados com pedras até seu crânio quebrar. Nós conquistamos a aldeia. Os garotos começaram a dançar, celebrando.

De repente, minhas pernas começaram a tremer. Tentei mantê-las firmes, quietas, enquanto via meninos entrando nas cabanas que não tinham sido queimadas, agarrando bodes, ovos, galinhas e lençóis – qualquer coisa que pudessem levar antes que os soldados grandes do ELPS chegassem. Podíamos ter o que quiséssemos. O enjoo fez o fundo da minha garganta se encher de água enquanto eu olhava para as duas mulheres que estava guardando. Então virei para o outro lado e corri para me juntar à pilhagem.

* * *

Os homens grandes do ELPS chegaram logo depois e ordenaram que carregássemos os nossos feridos de volta para Pinyudu. Nossos comandantes não sabiam nada sobre o ataque, e claramente os deixamos com raiva.
– A paz tem que ser feita entre nós e os anyuak – um oficial nos disse no encontro seguinte. – Essas pessoas não são nossos inimigos. Eles são nossos amigos.
O nosso ataque causou um grande problema entre o ELPS e os etíopes. Mas nós não entendíamos nada do que estava acontecendo enquanto cantávamos canções de liberdade durante a parada, quando nove homens foram trazidos com as mãos amarradas nas costas.
– Vocês conhecem as nossas leis – o comandante gritou, enquanto assistíamos à cerimônia. – Estes homens estupraram mulheres e devem ser punidos.
Alguns dos prisioneiros perderam o controle sobre si mesmos quando nós ficamos em silêncio. Eu sabia que agora eles estavam ali parados sentindo o cheiro da própria merda tomar seus narizes. Covardes.
Os soldados grandes do ELPS armaram as armas com a direita, então as pousaram no outro ombro, e deram um passo à frente.
– *Aaiiiiiim* – gritou uma voz quando as armas foram erguidas.
– Fogo.
As armas foram disparadas e os nove homens caíram no chão. Olhei para eles enquanto o cheiro quente e rude do seu sangue subiu com o vento. Sempre tinha pensado que aqueles que caíam na guerra se levantariam na hora certa. Mas agora sabia que as pessoas que eu vi não estavam dormindo. Elas tinham ido para sempre.

## CAPÍTULO 12

Todo mundo ficou quieto nos primeiros dias depois da guerra, mas logo alguns garotos começaram a contar histórias de bravura. Machar tinha lutado bem e foi admirado por isso, mas outros não tinham. Eu me juntei a um grupo que ria de um menino que nem tinha conseguido chegar à batalha, porque se machucara no caminho ao cair no chão.

Na maior parte do tempo, no entanto, eu mantinha o silêncio, enquanto uma voz dentro de mim sussurrava: "Você é tão mau quanto os *jallabas*. Você fez com a aldeia dos anyuak o que fizeram com a sua aldeia. Você os atacou e os roubou, mas eles não eram seus inimigos. Você queria lutar contra os *jallabas*, não contra essas pessoas."

Em sonhos, via homens cobertos de sombras vindo para atirar em mim ou cortar minha cabeça com um facão. Ao acordar em meio à escuridão, com minha pele molhada de suor, não conseguia parar de pensar na mamãe. Lembrava dos rostos das mulheres e crianças que tínhamos atacado – seus olhos implorando por piedade, seus gritos de dor. Mamãe tinha me dito que, fazendo o mal, estávamos dando um presente para Satã, e que seríamos todos julgados quando o mundo acabasse.

Eu sabia que tinha que conter aquelas dúvidas dentro de mim, assim como uma cabaça pingando precisa ser contida. Eu era crescido o suficiente para lutar, e crescido o suficiente para não sentir. Todos os dias tentava lembrar do que o *talemgi* tinha me ensinado.

"Você não pode ser fraco como uma mulher", eu disse para mim mesmo. "Você é um soldado. Outros fizeram isso na sua aldeia, e no que eles ficaram pensando? A batalha só deixa você mais forte." Minha culpa demorou muitos meses para desaparecer, mas, lentamente, ela foi substituída pela raiva. Por que atiraram nos soldados depois da batalha se eles lutaram e venceram? Por que os nossos comandantes não ficaram felizes por termos nos provado tão bons contra os anyuak? Garotos mais velhos eram levados marchando à noite, convocados para batalhas, mas o resto de nós esperava em vão. Pelo menos eu tinha sorte, porque continuava tendo um trabalho para fazer quando os *khawajas* queriam falar com um Garoto Perdido – se jornalistas ou funcionários de assistência humanitária quisessem informação, eu falava com eles, mostrava-lhes o campo e os fazia rir. Porém, durante a maior parte do tempo, eu ficava entediado. Nós voltamos à escola como o ELPS prometeu, mas os professores não eram bem preparados e eu queria falar inglês – a língua da *nyanking* – e não árabe. A comida continuava racionada; Pinyudu estava ficando cada vez mais cheio, e doenças matavam as pessoas. A vida de refugiado era a mesma de sempre: ficar na fila para receber comida; tentar ganhar mais; esperar por mais recursos. Era como nadar contra uma forte correnteza e nunca sair do lugar. A única vez que a vida voltou a mim foi quando me levaram para ver o principal campo de treinamento do ELPS, conhecido como Bonga. Lá eu vi atirarem novamente em soldados em punição por crimes que tinham cometido. Meu coração bateu forte no momento de silêncio após as armas dispararem. Sentia medo e entusiasmo ao mesmo tempo.

As coisas finalmente mudaram quando fui visitar um outro campo de refugiados. Eu estava entre os duzentos Garotos Perdidos que foram levados a Itang para uma competição de futebol, e nós percebemos que a vida ali era muito diferente do que em Pinyudu. Itang era uma aldeia feita com *tukuls* de verdade e terrenos com amargosas e jardins. Algumas lojas eram até feitas de tijolos e pedras. O ELPS também tinha um quartel a cerca de uma hora do campo, os *janajesh* usavam uniformes, e muitos nuer estavam lá, então me senti mais em casa. Quando ouvi histórias de que os melhores meninos estavam sendo selecionados para ir a Cuba, um país de *khawajas* onde eles seriam treinados para serem os maiores oficiais do ELPS, decidi que precisava fugir para Itang. Talvez lá eu fosse usado para o que tinham me treinado – a guerra.

Sabia que precisava de dinheiro para viajar para Itang, porque tinha que comprar um lugar em um caminhão que fosse para lá, e foi assim que fiz amizade com Kai. Eu o encontrei quando mudei de grupo e passei a fazer parte de outro cheio de garotos de Leer – a cidade natal do Baba. Não senti falta do Nyuol quando deixei meu antigo grupo. Eu era um soldado agora, e Deng Deng e Malual me ensinaram que os amigos sempre abandonam ou traem você. Então, embora ainda brincasse com Nyuol, não deixei ele entrar novamente no meu coração.

Kai era um ano mais velho que eu, tinha grandes músculos e olhos duros, mas o que eu mais gostava nele é que sabia muitas maneiras de ganhar dinheiro. Por exemplo, íamos muitas vezes à parte do campo onde ficavam as famílias e procurávamos uma mulher com seus filhos.

– Seremos seus filhos hoje – dizíamos a ela, e ficávamos na fila da comida.

Quando os *khawajas* davam à mulher uma quantidade extra de comida, ou ela nos daria um pouco para vendermos, ou nos pagaria pela nossa mentira. Também roubávamos roupas do armazém da ONU depois de fazer amizade com um garoto que trabalhava lá e que havia nos dito quando os guardas não ficavam olhando. Mesmo assim, era difícil ganhar dinheiro, e Kai e eu bolamos um novo plano.

Pinyudu estava rapidamente sendo dividido entre ricos e pobres – entre aqueles que viviam no ouro e aqueles que viviam na poeira. Uma das pessoas ricas era uma mulher que administrava um restaurante que estava sempre cheio, no mercado. Kai e eu gastamos parte do nosso dinheiro comendo lá e voltamos nas semanas seguintes para observar a mulher e sua casa. A cada dia a gente ficava mais próximo das crianças que viviam ali perto, e encontramos uma das filhas da mulher. Como todas as crianças pequenas, sua língua era solta e ela nos contou onde a mãe guardava o dinheiro – uma grande caixa dentro do seu *tukul*. Logo roubamos a cabana dela e achamos a caixa. Quando a amassamos para abri-la, encontramos um monte de notas e moedas. Agora tínhamos o suficiente para fugir.

Eu estava muito animado quando pagamos para entrar em um caminhão da ONU que ia para Itang. Sabia que estava quebrando as regras por sair de Pinyudu, mas não me importava. Eu era útil para o ELPS – os *khawajas* continuavam me procurando e eu ajudava a conseguir comida. Além disso, estava indo para Itang para ser um soldado melhor.

Ninguém perguntou nada quando cheguei e disse a um oficial que tinha perdido o pedaço de papel com uma ordem de partida dizendo para deixar Pinyudu. Tudo o que ele quis saber era se eu tinha sido treinado, e depois que mostrei as posições de "descansar" e "sentido", além de contar sobre o meu treinamento, ele soube que eu era um soldado de verdade. Quando me deram uma arma, eu disse para mim mesmo que ninguém jamais me acharia e puniria pelo que fiz. Eu não estava fugindo da guerra. Estava correndo em sua direção.

Nuvens atravessavam a lua e transformaram a sua luz prateada em escuridão enquanto passavam por cima de mim. Eu estava na estrada que dava a volta na base do ELPS, guardando o campo. Meus olhos procuravam por inimigos na terra que se estendia até a escuridão à minha frente. As folhas das árvores farfalhavam com o vento e eu segurei a minha arma com mais força.

Gostava de guardar o campo à noite, assim como gostava de muitas outras coisas da minha nova vida, em Itang. Minha unidade era composta por *jesh a mer* e também por soldados grandes, e estávamos sempre ocupados – correndo nas montanhas, aprendendo caratê, disparando nossas armas. Davam três balas para cada um para praticarmos tiro. A minha nunca acertava os alvos, frutas que pendiam das árvores. Eu sonhava em ser um atirador de elite, porque sabia que eles eram tratados como reis, mas pelo menos agora tinha uma arma para segurar todo dia.

Uma coisa em Itang eu não gostava. Logo depois de chegar acordei uma noite e senti uma mão me segurando firmemente, além de uma coisa pressionando a parte de cima da minha perna. Alcançando a coisa que estava atrás de mim, eu a agarrei com a maior força que pude.

– O que você está fazendo? – a voz de um garoto mais velho sussurrou no meu ouvido.

Suas mãos tamparam a minha boca enquanto eu tentava gritar, mas eu me debati e chutei até ele sair da minha cama. Tudo o que vi foi uma sombra se confundindo com a escuridão. Mas depois disso notei coisas que não tinha visto antes – soldados maiores indo para a cama com *jenajesh* à noite, e a dor nos olhos dos meninos na manhã seguinte. Era como um segredo que todo mundo sabia, mas ninguém falava, e os oficiais me falaram que eu devia estar sonhando quando contei a eles sobre isso. Mas eu sabia que não estava, e depois daquela noite em que a mão tentou me silenciar, aprendi a dormir com um saco de papel dentro do short e um olho aberto. O barulho do papel me acordaria se alguém tentasse tocar em mim de novo. Há muito tempo o *talemgi* tinha me dito que eu precisava aprender a não dormir nunca, e agora sabia que ele estava certo – os inimigos, às vezes, estão mais perto do que você pensa.

Guardando o campo, focava na escuridão diante de mim. Quando o vento frio soprava um pouco mais forte através das árvores, o som dos galhos enchia o silêncio. A escuridão ficou mais densa. Olhei fixamente para dentro dela. Precisava ter certeza de que nada se movia ou mudava. Precisava proteger o campo.

Uma gota d'água desceu gelada pela minha espinha.

Eu podia ver algo no escuro.

– Pare – gritei.

A forma começou a se mover. Apertei meus olhos. Era enorme e alta. *Jallabas*? A excitação cresceu dentro de mim enquanto olhava em frente.

– Pare – berrei outra vez.
Mas ela continuava vindo, com as pernas se movendo e a cabeça balançando. Meu coração batia nos meus ouvidos. Não era um *jallaba*. Era grande demais. Só podia ser um *nyakuthunj*. Eu seria devorado assim como os garotos tinham sido no deserto. Levantei a minha arma e atirei, mas o *nyakuthunj* continuou vindo. Atirei mais uma vez, mas ele não parou. As balas faziam estalos altos no ar. Segurando minha respiração, apertei o gatilho pela terceira vez.

A forma desapareceu.

– *Nyakuthunj* – gritei, virando-me para começar a correr de volta para o campo.

Minha respiração gritava dentro de mim enquanto eu corria o mais rápido que podia. Tinha que sair dali e avisar ao acampamento que ele estava chegando.

Uma luz apareceu na minha frente, em meio à escuridão.

– O que está acontecendo? – um soldado grande perguntou, correndo em minha direção com uma tocha. – Por que você atirou?

– *Nyakuthunj* – eu disse, sem ar. – Ele está lá. Está vindo atrás de nós. Atirei e ele desapareceu. Mas isso não vai impedi-lo de vir. Ele quer nos comer.

Logo alguns outros soldados grandes se juntaram a nós para procurar na escuridão por qualquer sinal do *Nyakuthunj*, mas ele tinha desaparecido e não pudemos achar nada na noite.

– Aqui está o seu monstro – um oficial gritou no dia seguinte, atirando uma pequena pedra em mim. – Fomos procurar pegadas de animais, mas não achamos nada. Isso era tudo o que estava lá.

Olhando para baixo, vi uma marca branca na pedra.

– Só uma bala acertou – ele disse, com uma careta de zombaria. – Você não devia ficar desperdiçando munição em pedras que não podem te machucar, garotinho. Você é que nem os outros *jenajesh* – rápido em se assustar e atirar. Vocês todos devem aprender que não podem jogar balas fora e criar medo desnecessariamente. Que tipo de soldado vocês são?

A vergonha tomou conta de mim enquanto ele ria. Ela queimava por dentro. Eu era um *jesh a mer* – os soldados mais corajosos, que corriam para a frente de batalha. Eu lutei contra os anyuak na Etiópia e venci. Esse homem podia estar rindo de mim agora, mas amanhã eu mostraria a ele, e aos outros como ele, quem eu era.

Uma pessoa que eu conhecia vivia em um lugar próximo à base do ELPS em Itang, e eu sempre esperei que pudesse vê-la novamente um dia. Fathna, a mulher do barco, cuja filha eu tinha salvado, morava em um grande terreno com o seu marido, Taban, que era o comandante do ELPS no campo. Primeiro eu fiquei escondido e não fui vê-los, mas, à medida que os meses passaram, tive mais certeza de que estava seguro. Ninguém sentiu minha falta depois que desapareci de Pinyudu.

Conforme o tempo passava, fui me tornando tão comunicativo quanto sempre tinha sido, e uma vez até falei com o dr. Riek Machar – um homem que estava tão alto na hierarquia do ELPS a ponto de ser amigo do nosso líder, John Garang. Riek veio de Leer, e quando chegou a Itang, fiz de tudo para encontrá-lo. Seus guarda-costas tentaram me bater, mas consegui passar por eles e encontrar o comandante. Eu até o fiz rir enquanto conversávamos.

– Como você consegue fazer isso? – os garotos perguntaram quando eu voltei para minha unidade.

– É porque a sorte está do meu lado – disse a eles, mas na verdade eu não sabia a resposta.

Só sabia que, se fizesse os oficiais rirem como tinha feito com os *khawajas*, eles iam falar comigo frequentemente, e fiquei feliz quando me disseram que Taban me pedira para ir visitá-lo. Tinha certeza de que ele iria me agradecer por ter resgatado sua filha no rio.

– Oi tia – eu disse, quando Fathna veio me cumprimentar.

Na minha cultura, qualquer um mais velho que você é seu *tio* ou *tia*; alguém mais próximo da sua idade é chamado de *irmão* ou *irmã*. Os nuer são como uma grande família, e como Fathna tinha conhecido a minha avó Nyapan Deng e a mamãe, eu sabia que devia respeitá-la.

– Jal – Fathna gritou quando eu cheguei. – É tão bom te ver. Por onde você tem andando? O que tem feito? Como está sua família?
– Eu não sei.
Uma sombra caiu sobre o rosto de Fathna.
– Como assim?
– Não os vejo há muito tempo.
– Mas e a sua mãe, a sua avó... como elas estão?
– Não sei – disse, sentindo raiva de repente.
Olhei para Fathna em silêncio enquanto ela me dava um copo de refrigerante, mas logo começamos a conversar de novo, até um dos homens do tio Taban me chamar para encontrá-lo.
– Então você é o garoto que salvou a minha filha – ele disse, sentado na varanda do seu *tukul*. – Estou feliz em conhecê-lo.
– E eu também estou feliz em conhecer o senhor. Quero ir para Cuba, onde os *khawajas* vão me treinar para ser um soldado melhor.
– É mesmo? Bem, com certeza um dia vou poder ajudá-lo, mas primeiro vamos comer. Hoje temos um convidado especial, e você deve recebê-lo comigo.
– Quem é? – perguntei, todo animado. Talvez o próprio Garang estivesse vindo para nos encontrar.
– É o comandante Jurkuch, e ele está ansioso para ver você.
Meu estômago se revirou. O comandante Jurkuch era o encarregado de Pinyudu. As palavras secaram dentro de mim. Será que ele saberia quem eu era? Será que estaria com raiva de mim? Mas me senti mais seguro ao ver o sorriso no rosto do comandante quando ele me cumprimentou e se sentou para comer.
– Então era aqui que você estava, Jal – ele disse com uma risada. – A gente estava se perguntando o que você andava fazendo.
– Ele quer se tornar um soldado melhor – Taban disse.
– Eu quero mesmo – falei, animado. – E quero ir para Cuba para aprender.
O comandante Jurkuch olhou para mim.
– Bem, tenho certeza de que um dia você vai, mas primeiro precisa fazer um trabalho para nós. A ONU tem perguntado sobre

você. Amanhã eles virão nos visitar em Pinyudu com as suas câmaras de vídeo, e vão querer ver você.

Fiquei sem falar por um instante. Não queria deixar Itang, onde era um soldado, e voltar para Pinyudu, onde apenas ficava esperando para ser um.

– Talvez você veja Mary de novo – o comandante Jurkuch disse.

Mary? A felicidade emergiu em mim novamente por um momento. Eu nunca tinha esquecido dela e do dia em que me levou ao mercado. Mary era a única *khawaja* cuja lembrança não tinha sido apagada pelo tempo. Mas então me lembrei de como gostava de Itang.

– Não posso sair daqui – disse para o comandante Jurkuch. – Sou um soldado agora.

– Não se preocupe. Se vier com a gente, tenho certeza de que Taban vai deixar você voltar para Itang. Os *khawajas* chegam amanhã, então precisamos partir logo. Precisamos de você para garantir que ganharemos mais comida, Jal.

Sabia que não podia recusar a requisição de um comandante, e logo disse a minha tia que tinha que partir.

– Por favor, não vá – Fathna disse com um olhar preocupado no rosto. – Fique com a gente.

– Mas eu tenho que ir. E virei vê-la assim que voltar.

O comandante Jurkuch olhou para mim.

– Você agiu bem, Jal – ele disse, e eu sorri enquanto olhava para ele.

Tínhamos voltado para Pinyudu na véspera e eu tinha falado com a ONU. Eles fizeram um filme no qual eu dizia que precisávamos de mais comida.

– Fico feliz em ajudar, senhor – eu disse, e me senti bem por dentro. Tinha ajudado meus velhos amigos em Pinyudu, e agora poderia voltar para Itang. – Quando eu vou poder partir? – perguntei.

Aqui estou no campo de refugiados na Etiópia, sendo entrevistado pela imprensa, que veio cobrir o surto de fome no Sudão.

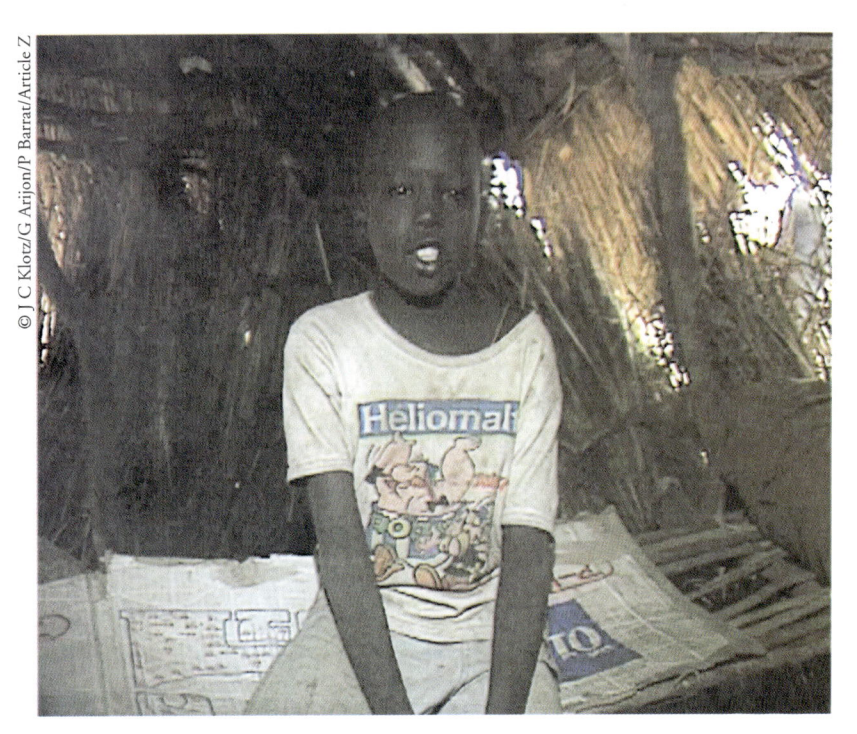

*Em cima:* Esta era a minha cama, e estou sentado sobre o colchão, que era um pedaço de papelão.

*Embaixo:* Nual e eu amassando milho para comer.

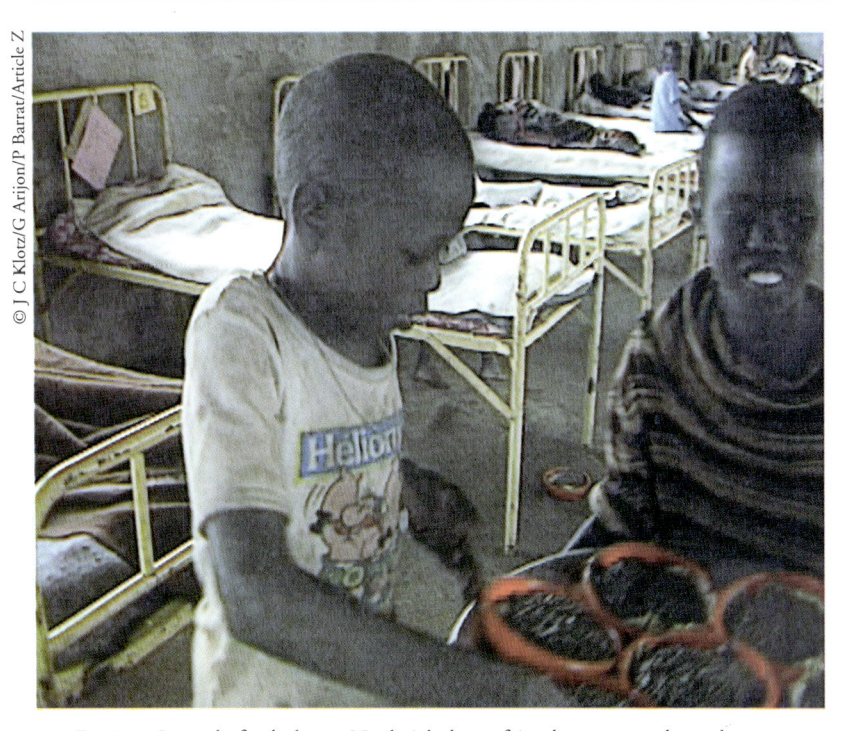

*Em cima:* Jogando futebol com Nual. A bola era feita de sacos e pedaços de pano.
*Embaixo:* Este é o hospital do campo de refugiados na Etiópia, e estou dando comida para os doentes.

*Em cima:* Em Nairóbi com Emma, que está me ensinando a usar o computador.
*Embaixo:* Esta foi tirada em Nairóbi, na casa de um repórter da BBC.

*Em cima:* Numa visita a uma escola em Kariobangi, apoiada pela GUA África.

*Embaixo:* Numa localidade em Juba, filmando em um antigo campo de batalha, para o documentário *War Child*.

*Em cima:* Eu e Peter Gabriel, nos bastidores do show comemorativo pelo aniversário de 90 anos de Nelson Mandela.

*Embaixo:* Cantando em um show em Berlim, organizado pela Oxfam para exortar as nações a manterem suas promessas com relação à ajuda humanitária, ao comércio e à dívida.

*Em cima:* Antes do show pelo seu aniversário, encontrei com Nelson Mandela para dar os parabéns pelos 90 anos!

*Embaixo:* Esta é a projeção da minha apresentação no show pelo aniversário de 90 anos de Nelson Mandela, que aconteceu no Hyde Park.

De refugiado a *rap star*. Que jornada!

– Partir?
– Sim. Voltar para Itang como o senhor disse que eu faria.
– Não poderá partir por um bom tempo, creio eu.
Olhei para o comandante.
– Mas por quê?
– Você não sabe mesmo, Jal? – ele disse, com um sorriso. – Você realmente achou que ninguém notaria o que você fez? Alguns garotos talvez possam se perder por aí, mas você não está entre eles. Você partiu sem permissão, e até você deve saber que isso é um crime.
Senti meu estômago apertar.
– Mas eu ajudei vocês – disse num fôlego só. – E tenho sido um bom soldado em Itang.
– Não me importa – o comandante Jurkuch gritou. – Acha que as regras do ELPS não se aplicam a você? Você acha que é especial só porque ajuda a conseguir comida com os *khawajas*?
Eu não disse nada.
– Bem, você não é especial – o comandante Jurkuch disse.
Levantei a minha cabeça para olhar para ele.
– E agora chegou a hora de aprender.

Deitei no chão esperando o chicote me atingir mais uma vez. Alguns dias antes, disseram-me que estava sendo acusado de deserção, e uma mulher também disse ao líder do meu grupo que eu tinha roubado um pouco da sopa dela. Ele queria que eu admitisse todas as acusações, mas me recusei. Eu tinha fugido, mas não roubara nada daquela mulher, então não admitiria aquilo. Várias pessoas podiam me acusar de crimes como esse, mas eu sabia que nunca tinha tirado nada daquela mulher.
Agora eu estava em Kover – a prisão do ELPS, onde soldados eram levados para morrerem por seus crimes. Senti medo quando fiquei pensando se também seria morto pelos meus erros. Mais cedo, naquele dia, eu tinha sido levado a um oficial, que estava sentado com dois soldados atrás de si. Um deles me deu vinte

chicotadas com um chicote feito de pele de hipopótamo, e eu tentei me proteger enchendo o macacão que vestia com sacos de plástico. Mas eles tinham sido retirados, e agora tudo o que eu vestia era um short. Minha bunda queimava quando o chicote me acertava. Minha pele parecia quente e eu podia sentir o coração pulsando no meu peito.

– Você vai admitir as acusações? – disse o oficial, olhando para baixo, na minha direção.

– Não.

Não me importava o quanto bateriam em mim. Não admitiria algo que não tinha feito.

– Tá bom – o oficial disse, olhando para os dois soldados de pé atrás dele. – Façam o um-dois nele.

Cada homem ficou de um dos meus lados, e ouvi os chicotes cortando o ar. Contraí os músculos enquanto eles passavam velozes em volta de mim. Um-dois, os chicotes me cortaram. Um-dois, um-dois, um-dois. A dor tomou conta de mim, e logo esqueci que era um soldado e comecei a gritar. Era como no dia em que queimei meu pé durante a guerra, muitos anos antes; eu chorava sem lágrimas.

Os soldados finalmente pararam depois de cem chicotadas, e minha bunda estava inchada e dormente quando me levantaram.

– Você confessa? – o oficial perguntou mais uma vez.

– Não – sussurrei.

– Acho que ele precisa de mais encorajamento – ele disse para os homens. – Levem-no daqui.

O chão parecia se mover em ondas na frente dos meus olhos enquanto os homens me arrastavam. A dor tomava as minhas pernas, e meus olhos tremiam com as pálpebras fechadas. Eles iriam me matar agora? Eu queria ser um bom soldado. Por que eles estavam me punindo desse jeito?

Abri meus olhos e vi um buraco no chão. De repente, meus pés foram levantados no ar enquanto braços me puxaram para cima, um instante antes de o chão me engolir. Entrei no buraco cada vez mais fundo até as mãos dos soldados me largarem e eu cair no fundo.

Olhei em volta. As paredes daquele buraco eram feitas de lama úmida. Besouros e escorpiões mortais estavam espalhados pelo chão. Um fedor forte de carne em decomposição me fez vomitar enquanto eu olhava para o céu claro acima de mim. A escuridão tomou conta do buraco quando uma cobertura de espinhos foi colocada sobre a entrada, e fui deixado naquele escuro sufocante. Eu me sentia vazio por dentro enquanto tentava respirar. Tinha certeza de que nunca mais deixaria aquele lugar.

## CAPÍTULO 13

— Eles colocam os *jenajesh* na frente dos pelotões de fuzilamento? – perguntei para o capitão sentado ao meu lado. A noite tinha caído, os outros homens dormiam, estava escuro na nossa prisão, mas eu não conseguia fechar os meus olhos.

– Não, Jal. Eles esperam até que fiquem maiores.

Eu tremia, sentado na escuridão.

Estava na prisão havia várias semanas agora, depois de ser tirado daquele pequeno poço. Minha nova casa era um buraco maior, onde dezoito outros homens viviam, e para o qual eu tinha descido usando uma escada. Os homens estavam sujos e o ar empesteado com o cheiro deles quando olharam para mim. Acima, pude ouvir o barulho de metal sendo arrastado no chão quando uma cobertura foi colocada sobre a entrada.

Primeiro, senti medo e permaneci em silêncio enquanto ouvia os homens conversarem. Um deles tinha atirado em alguém, outro dormira com a mulher de um comandante, e três tinham fugido da linha de frente para um campo de refugiados. Todos tinham histórias para contar. Embora eu aos poucos percebesse que os homens não me machucariam, sabia que não escaparia dos perigos da prisão tão facilmente. Éramos mantidos naquele buraco por longos períodos de tempo – respirando com dificuldade enquanto sentíamos o calor intenso do teto de metal exposto ao sol, ou sentados na lama quando a chuva caía e nos encharcava. Os únicos momentos em que nos deixavam sair eram para nos agacharmos sobre uma vala no chão, para levarmos chicotadas, ou para fazer nossas obrigações. Eu tinha que varrer o campo por horas e horas, mas sempre voltava para o buraco no fim do dia.

A princípio, tentei não pensar muito em quanto tempo permaneceria na prisão. Mas, à medida que comecei a ouvir as conversas dos outros prisioneiros, percebi que alguns sabiam que acabariam na frente de um pelotão de fuzilamento, e o medo me fez pensar que isso também poderia acontecer comigo. Tinham me chicoteado e me surrado, mas eu continuava me recusando a admitir que tinha roubado, então talvez o comandante Jurkuch quisesse que eu morresse. Minha cabeça doía muito enquanto eu pensava nisso. Não sabia por quanto tempo ficaria ali, nem se seria novamente um soldado.

– Por que você não me conta uma história, Jal? – o capitão me perguntou, enquanto eu estava ali sentado, em silêncio.

Ele era meu amigo agora que estávamos juntos na prisão. O capitão e eu ríamos quando a lama nos cobria ou quando um outro prisioneiro peidava; aí, quando os guardas tentavam nos silenciar, ríamos ainda mais. Às vezes, como nessa noite, também contávamos histórias um para o outro, para passar o tempo.

Virei minha cabeça na escuridão e comecei:

– Era uma vez um homem que ficou apaixonado por uma garota linda. Mas ele nunca podia encontrá-la, porque ela vivia em um grande terreno guardado por leões.

"Aí o homem subia nas árvores para cantar belas canções para a garota, e ela saía para ouvir a sua voz. Mas não importa quantas vezes ela fizesse isso, o homem estava sempre assustado demais para descer da sua árvore e falar com ela, por causa dos leões.

"Dia após dia ele cantava, e, à medida que os dias foram virando semanas e meses, o homem dizia a si mesmo que precisava ser corajoso, porque a garota linda nunca ia querer se casar com um covarde que ficava escondido em uma árvore. Então, um dia, ele decidiu descer.

"Mas, quando os seus pés tocaram no chão, ele viu um leão a distância e começou a correr. Logo ele estava tão rápido que suas pernas voavam no ar embaixo dele, e seus tornozelos batiam na sua cabeça. Quando chegou ao terreno onde vivia a garota, ele acreditou que os seus próprios pés eram as patas do leão tocando nas suas costas. Gritando, ele agarrou seus pés, puxou a si mesmo para cima, e caiu de barriga na poeira, desmaiando de medo.

"'Eu matei o leão?' ele perguntou quando acordou.

"'Que leão?' uma voz perguntou.

"Ele olhou para cima e viu a garota linda.

"'O leão que me caçou até você', respondeu enquanto ela sorria para ele.

"'O leão se foi para sempre', ela disse.

"Entendeu? A linda garota sabia que o homem nunca tinha sido perseguido por um leão, mas já tinha ficado apaixonada por ele por causa das suas belas canções, e queria que fosse seu marido, apesar de ser um covarde."

Eu ouvi uma leve risada na escuridão.

– Muito bem, Jal – disse o capitão – Só mesmo numa história uma garota linda ia se apaixonar por um covarde.

– Claro, capitão. Mas é bom pensar que as canções podem ser tão poderosas.

– Elas podem mesmo, com certeza. Você sabia que existem alguns soldados cujo trabalho é fazer as tropas cantarem antes da batalha? A música dá coragem aos corações e traz conforto quando eles são derrotados.

– É, eu já ouvi falar sobre soldados assim – respondi.

– E um dia vai poder ouvi-los em pessoa.

Eu não disse nada quando ele se afastou para deitar no chão frio. Não haveria mais histórias naquela noite. Pensei novamente nas canções. Antes, sonhava em cantá-las quando fosse para a batalha, mas agora tinha certeza de que nunca iria. Logo, no entanto, descobriria que, quando a guerra finalmente me encontrasse, eu ficaria em silêncio ouvindo seu rugido em meus ouvidos.

Maio de 1991 é a única data certa da minha narrativa, porque lutei em uma batalha documentada nos livros de História, quando tinha onze anos de idade. Mengistu Haile Mariam, o aliado do ELPS, tinha sido derrubado por rebeldes, e eu estava entre os vários prisioneiros libertados e enviados para a luta, porque, sem a sua ajuda, nosso exército teria que se retirar da Etiópia. Precisavam que nos integrássemos às unidades para defender tudo o que fosse do ELPS – comida, munição e armas eram preciosas e precisavam ser protegidas –, e eu fui mandado de volta para o campo onde tinha recebido treinamento como *janajesh*, dois anos antes.

Ele era diferente do lugar que eu lembrava, que costumava ser comandado pelos *talemgis*. Agora estava cheio de tropas – algumas se preparando para partir, outras distribuindo armas – e o caos pairava no ar.

– Os etíopes se voltaram contra nós – um Garoto Perdido chamado Diew me contou. – Eles tomaram Bonga.

Era a principal base de treinamento do ELPS, onde eu vira uma vez prisioneiros serem executados a tiros.

– Mas onde vamos conseguir munição? Como vamos lutar no Sudão sem a ajuda dos etíopes? – perguntei a Diew.

– Não sei – ele respondeu, e ficamos em silêncio.

Em uma frente de batalha próxima ao campo, o ELPS estava combatendo os rebeldes etíopes, e todo *jesh a mer* estava sendo mandado para os armazéns para pegar equipamentos. Os mais novos já tinham sido evacuados, e só os meninos mais velhos ficaram. Embora fosse um dos menores soldados, eu tinha ficado para trás porque tinha sido um prisioneiro e era obrigado a lutar. Eu vestia um short e uma camiseta, mas deram-me botas, um mosquiteiro e uma arma. Fiquei animado quando toquei no metal novamente. Será que aquilo significava que eu finalmente seria um soldado de verdade? Eu só queria atirar uma bala, saber como me sentiria ao ouvir o zunido dela saindo pelo cano da arma na direção do meu inimigo.

Mas, à medida que os dias passavam e eu via os soldados maiores partindo para a luta, senti algo diferente dentro de mim. Ao longe, podia ouvir os sons de armas e munições sendo disparadas, e aquele barulho me lembrava de tudo o que vira muito tempo antes, quando estava com minha família.

– Tem até mulheres lutando com eles – um soldado grande do ELPS nos disse ao retornar da linha de frente. – Eles não desistem. A gente atira e atira e eles continuam vindo na nossa direção.

Por toda a minha volta, os feridos eram levados de volta para o campo – alguns com ferimentos à bala, outros com membros decepados por granadas –, e eu lembrei de um homem que tinha visto certa vez em Pinyudu. Ele perdera um olho na batalha e tinha um buraco na cara onde o olho estivera antes. Seu nariz pendia enquanto ele falava com a gente, e o som da sua respiração entrecortada me assustou. Eu pensava nele agora que me deitava no chão, à noite, e tentava dormir, enquanto os gritos da batalha soavam à distância. Havia um boato no campo de que o nosso comandante, Salva Kiir, tinha sido ordenado a partir, mas se recusava a cumprir a ordem. Ele não queria demonstrar que pretendia fugir, e o nosso trabalho era defendê-lo. Logo seria a minha vez de ir à linha de frente, como outros *jenajesh* à minha volta faziam todos os dias. Eu não queria tomar um tiro no olho ou perder a minha perna. Se ficasse ferido, preferiria morrer.

O ar da manhã estava parado enquanto eu permanecia estirado no buraco longo e raso. Pousei minha arma em uma beirada de terra na frente do meu rosto. À minha frente estava a terra vazia, que tinha sido limpa antes para manter os mosquitos fora do campo de treinamento. Agora ela era tudo o que separava as nossas tropas dos etíopes escondidos nas árvores lá atrás.

Diew estava no buraco ao meu lado, e eu olhava para ele enquanto esperávamos pelo sinal de que a batalha havia começado. Não tínhamos permissão para atirar com nossas armas até que um soldado na nossa linha atirasse com um RPG, e a profunda explosão assinalasse que devíamos lutar. Senti náuseas e tive vontade de urinar enquanto esperava. Ao meu lado, havia uma caixa com as balas que eu devia atirar.

– Atire direto no mato – um oficial me disse. – Não saia do buraco e não levante demais a sua cabeça.

Eu me agachei um pouco mais. Queria que Diew estivesse deitado junto a mim. Ele parecia tão distante, apesar de eu saber que poderia tocá-lo se me esticasse o suficiente. Mas eu não queria me mover. A pessoa que tinha ocupado aquele buraco algumas horas antes devia ter morrido, e era por isso que eu estava lá dentro. Os etíopes estavam me observando agora, escondidos nas árvores, e esperando para atirar em mim.

Olhei para a linha do ELPS – soldados deitavam em buracos e poços por toda a sua extensão, enquanto outros agachavam atrás de grandes armas montadas sobre suportes, com fileiras de balas enroladas em volta dos ombros. À nossa frente, havia árvores e a grama alta. O ar estava fresco quando o inspirei, mas eu sabia que a morte estava por perto.

*Booooooooom.*
O som profundo da explosão de um RPG.
A guerra tinha começado.
Apertei o gatilho e a arma me empurrou para trás. Meus pés ficaram flexionados contra a parede do buraco quando o tiroteio começou. Um fluxo quente de urina escorreu pela minha perna até a terra. O vento ficou amargo com o cheiro das balas. Eu sabia a escolha que tinha: correr ou atirar.

Apertei o gatilho várias vezes.
*T-t-t-t-t-t-t-t-t-t-t-t-t-t* – as balas irrompiam na minha frente.
Fechei meus olhos enquanto atirava, sem saber em quem estava atirando ou no quê. Só queria sentir a vibração da arma enquanto o ar em volta de mim se enchia com o barulho dos *jenajesh* gritando quando eram atingidos.

– *Mamayo* – eles berravam. – Mamãe.
– Cala a boca – ouvi um soldado grande do ELPS gritando.
O mundo estava se desmantelando. Gritos, tiros e pequenas explosões faziam os meus ouvidos zunirem. A guerra estava à minha volta e dentro de mim, e meu corpo tremia.

Abri os olhos. As árvores no mato estavam se movendo, e, de repente, os etíopes começaram a correr pelo campo aberto à nossa frente. Eles corriam em uma longa fila, mergulhando no chão e atirando em nós enquanto se moviam como se fossem um só. A terra voou no ar quando uma granada acertou a fila e eu vi homens se contorcendo e caindo no chão. Por um instante, pareceu que eles estavam dançando em conjunto, com seus corpos presos pela surpresa antes que a morte os levasse. Quando eram atingidos em cheio, eles se despedaçavam. Fechei os olhos de novo e apertei o gatilho. Enquanto atirava, tudo o que conseguia ouvir eram os berros dos feridos – os *janejesh* soltando gritos agudos e penetrantes como gatos, entre os estalos profundos da minha munição.

Meus olhos se abriram e eu vi mais pessoas vindo das árvores. Algumas delas eram mulheres, com as bocas retorcidas de fúria, e os peitos nus enquanto corriam na direção das nossas linhas. Fechei meus olhos para atirar novamente e senti um *click* vazio. As balas da minha arma tinham acabado. Alcancei uma caixa ao meu lado para recarregá-la. À minha volta, soldados corriam para as nossas linhas para retirar os feridos dos buracos. Torci para não estar entre eles. *Por favor, não deixe que atirem nos meus olhos; por favor, não me faça ficar cego.*

Os etíopes estavam avançando. A cada segundo, ficavam mais perto. Prendi o cartucho de volta na minha arma e envolvi o gatilho com a minha mão. Apertando o gatilho várias vezes, atirei na confusão à minha frente.

À medida que as horas passavam, aprendi que a batalha é como uma música – ela afunda e flutua, alternadamente barulhenta e silenciosa. Em alguns momentos, pensei que meus ouvidos estourariam enquanto armas disparavam e granadas e foguetes explodiam, e aí tudo caía novamente no silêncio quando as tropas de ambos os lados se recarregavam. Fiquei no buraco a noite toda, e quando a luz começou a aparecer no céu acima e o cheiro de sangue encheu o ar, mandaram Diew e eu deixarmos a linha de frente.

– Voltem para o campo – um oficial nos disse. – É hora da retirada.

Não fiquei com raiva quando ouvi essas palavras. Havia etíopes demais, e durante toda a noite eu pensara nos árabes que via em meus sonhos. É claro que estava feliz por ter atirado com a minha arma, mas era contra os *jallabas* que queria lutar.

Disseram a Diew e a mim que nós acompanharíamos um soldado grande que levaria a mulher do comandante para um lugar seguro. O nome dela era Nyakal, e nos mandaram levá-la a Pachalla, uma aldeia que ficava logo além da fronteira com o Sudão. O campo estava sob fogo intenso quando retornamos, e as pessoas corriam, tentando escapar. Bombas explodiam perto de nós, e o fogo se espalhava com rapidez. Sabíamos que tínhamos que partir o quanto antes, mas era difícil, e nos jogamos várias vezes ao chão quando bombas atingiam o campo. Meu sangue se acelerou. Agora estávamos jogando um jogo com o inimigo a distância – eles não podiam mais nos ver, e tudo o que tínhamos que fazer era despistá-los.

Mas Nyakal não fazia o que mandávamos. Quando ficávamos deitados no chão, ela tentava se levantar; quando dizíamos para deixar sua bagagem, ela a agarrava. Corria como uma galinha, sem saber para onde ia, como eu tinha visto as pessoas da minha aldeia fazerem quando a guerra chegou. Mas agora eu sabia como correr em ziguezague, e ficava com raiva por Nyakal não nos dar ouvidos.

– Fique quieta – o soldado grande do ELPS gritava para ela, enquanto mergulhávamos no chão durante um bombardeio intenso.

Mas Nyakal tentou se levantar novamente, e eu agarrei o seu tornozelo.

– Continue abaixada – gritei.

Tudo o que podíamos fazer era esperar pelos momentos em que as coisas ficavam calmas e era possível levantar e correr – passando pelos feridos que pediam nossa ajuda e por *tukuls* em chamas – em direção ao interior do país. Todos sabíamos que, se um de nós fosse atingido, seria essa a vontade de Deus.

O chão tremia enquanto esperávamos.

Balas, granadas, foguetes e bombas – os barulhos reverberavam no meu peito. Meu estômago se agitava dentro de mim e minhas pernas pareciam pesadas quando finalmente consegui levantar – não eram mais leves como quando eu era pequeno e tinha que fugir da guerra. Eu tinha uma responsabilidade agora – nossa missão era levar Nyakal a Pocholla, e minhas pernas pareciam pesar ainda mais por isso.

Finalmente escapamos uma noite e deixamos a guerra para trás, quando os sons da batalha silenciaram. Eu me perdi de Diew e de Nyakal enquanto andávamos com um grande grupo de soldados e civis na direção da fronteira, e quando o céu começou a clarear, alcançamos um rio que marcava o início do Sudão. Pensei naquele dia, tanto tempo atrás, em que estava ansioso para cruzar o rio e chegar à Etiópia para ir à escola.

Sabia que devia tentar encontrar Diew e Nyakal, mas a minha cabeça latejava e eu me sentia tonto. Tínhamos deixado a estrada para trás e andávamos por terrenos montanhosos e difíceis, com grama alta e árvores, e eu escorregara várias vezes nas pedras. Estava acordado por muitas horas e sem comer.

De repente, ouvi um grito.

– Eles estão aqui, eles estão aqui, os etíopes estão aqui – uma voz berrou, eu olhei para trás e vi um menino vindo correndo da direção da estrada principal. – Eles estão por todo lado.

Um RPG foi disparado próximo ao meu lado direito, e os civis começaram a correr em círculos. Mergulhando no chão, destravei a minha arma. Corpos estavam jogados por todos os lados perto do local que a bomba atingira – eu pude ver uma mão em meio à grama, e o garoto que gritara o aviso caiu próximo a mim. Ele tinha levado um tiro nas costas.

Quando levantei a minha arma, balas começaram a voar por todos os lados, pois nossos soldados estavam atirando de volta. Logo adiante, podia ver um homem ferido. As pequenas cicatrizes arredondadas e em forma de pontos na sua testa me diziam que era um shilluk, e ele gemia ali jogado no chão. Fora atingido pelo RPG e suas pernas tinham sido decepadas. O sangue encharcava o chão ao seu lado, vermelho e brilhante ao sol. Minhas mãos tremiam quando comecei a atirar. Não conseguia ouvir minhas balas, mas sabia que estava atirando porque a arma chacoalhava.

Não conseguia ver onde os etíopes estavam, pois fiquei deitado escondido atrás de uma pequena colina, então me arrastei monte acima sobre a minha barriga para olhar através da grama. Ali estavam eles. Fluindo pela estrada, ao longe. Havia muitos deles. Nunca conseguiríamos fazer frente àquele fogo todo.

– Vá, vá – o homem ferido gritou para mim.

Eu olhei para ele.

– Eu vou detê-los – ele disse. – Corra.

As pessoas começaram a correr, mas eu não sabia o que fazer. Aquelas pessoas eram civis. Elas podiam correr quando a guerra vinha em sua direção. Mas eu era um soldado. Era meu dever ficar e lutar. Os etíopes estavam próximos a nós agora – mais alguns segundos e estariam aqui. Por toda a minha volta, outros soldados atiravam, tentando contê-los.

O homem olhou para mim e levantou uma granada na mão. O suor brilhou na sua testa, o chão à sua volta tinha ficado coberto de carmesim. Ele puxou o pino e segurou firme a granada.

– Vá – ele gritou. – Saia daqui!

Com um grunhido, jogou a granada na multidão de etíopes à sua frente. Corpos voaram no ar quando ela explodiu.

Eu não me movi, apenas comecei a atirar, apertando o gatilho várias vezes. Mais etíopes corriam monte acima, enquanto os civis fugiam para o rio. O meu ombro estava dormente agora com o choque do retorno da arma contra mim. De repente, ela parou de se mover. Apertei o gatilho, mas a arma não respondia.

Minhas balas tinham acabado.

Olhei para o homem. Ele segurava outra granada na mão. Eu sabia que devia começar a correr, mas, virando minha cabeça, olhei de volta para ele. Estava cercado de etíopes, que chutavam seu corpo caído no chão. De repente, uma pequena nuvem negra engoliu o grupo e pessoas foram jogadas para trás. Um etíope foi dilacerado quando a granada explodiu. Corpos voaram no ar, e o homem e todos os que estavam à sua volta desapareceram. A carne brilhava branca e vermelha na minha frente.

Parei por um instante. Os etíopes estavam por todos os lados – mulheres correndo e se jogando no chão enquanto atiravam, homens segurando granadas e gritando. Eu podia ouvir helicópteros e os profundos ruídos de tanques e jipes, e vi *jenajesh* e soldados grandes começando a se entregar, mas eu não faria isso. Deixando a minha arma no chão, esqueci de todas as lições que me ensinaram. Minha arma já não servia para nada, não tinha balas, era pesada demais, e, se corresse com ela, eu seria um alvo fácil. Além disso, se fosse capturado, seria melhor que estivesse sem uma arma.

Corri para o rio enquanto pessoas apareciam por todos os lados.

– Não vá – eu ouvi um soldado do ELPS gritar. – Eles estão no rio também. Estão atirando em qualquer um que tente nadar para o outro lado.

Não entendi o que ele falava. Já estava correndo. Não podia ouvi-lo, não podia escutar. Tinha que chegar ao rio. Tinha que voltar ao Sudão. Continuei correndo.

A respiração invadia meu peito como garras quando vi o brilho prateado da água. Correndo ainda mais, me aproximei da beira do rio e olhei para baixo. Não conseguia entender. Estava chovendo? Por que eu não sentia as gotas de água em mim? Elas estavam por todos os lados, caindo na água e deixando pequenas ondulações na superfície, que se juntavam e desapareciam.

Virei minha cabeça para os lados. Não conseguia ver os etíopes, mas eles estavam ali. Estavam atirando no rio. Atiravam sem parar, até a superfície da água ficar marcada com as balas caindo como se fosse chuva. Olhei para a água. Estava vermelha de sangue, os corpos dentro dela estavam tão frescos que afundavam enquanto sua vida escorria para dentro do rio, tingindo-o. As pessoas continuavam pulando enquanto as balas choviam sem parar. Sabia que morreria também se fizesse o mesmo. Tinha que encontrar outra forma de cruzar o rio.

Correndo até as árvores, segui o curso do rio e me juntei a um grupo de pessoas que fugia em silêncio, tentando escapar das armas. Meu coração batia pesado e rápido, e tudo o que eu conseguia ouvir era o som da grama sendo amassada debaixo dos meus pés. Quando o mundo finalmente ficou calmo de novo, parei em frente ao rio e, respirando fundo, mergulhei.

## CAPÍTULO 14

– Você já esteve em um campo de batalha? – o soldado perguntou, enquanto o caminhão seguia pela estrada enlameada.
– Sim – respondi.
– Onde?
– Na Etiópia.
– É mesmo?
– Sim. E matei um monte de gente. Vários rebeldes tentavam atacar a nossa base, milhares tentavam chegar até nós. Eles estavam por todos os lados e tinham dentes grandes e olhos avermelhados.
– Você acha que a Etiópia é um campo de batalha de verdade?
– Sim.
O soldado riu.
– Bem, logo você vai ver como as coisas realmente são, *jenajesh*. Estamos chegando perto de Juba agora.

Tentei fugir da guerra depois de sair do rio, e, em outros lugares, 350 mil refugiados correram da Etiópia, tentando escapar também. Os rebeldes atacaram os campos de refugiados, inclusive Pinyudu, e milhares de Garotos Perdidos desarmados morreram tentando fugir – tomaram tiros, se afogaram ou foram devorados por crocodilos enquanto cruzavam o enorme rio Gilo. Tive medo quando comecei a andar com o enxame de gente que estava deixando a batalha para trás. Eu era um soldado que tinha jogado a sua arma fora. Seria punido se o ELPS descobrisse. Não queria voltar para a prisão – um buraco escuro e frio do qual nunca mais poderia sair. A única maneira de me manter seguro era me esconder entre os Garotos Perdidos e mentir, dizendo que nunca tinha sido treinado como soldado. Nem todos os Garotos Perdidos aprenderam a usar uma arma ou foram treinados para lutar como eu fora, embora todos nós tivéssemos estado sob o controle do ELPS, nos campos. Se eu pudesse fingir que era só um menino normal, talvez conseguisse escapar.

Após chegarmos à cidade de Pochalla, escondi-me em um grupo de cinco Garotos Perdidos que trabalhavam juntos para encontrar comida. As pessoas morriam de fome à nossa volta, e, novamente, os *khawajas* estavam lá para distribuir comida aos mais fracos. Eles também começaram a jogar comida do céu com aviões, e minhas pernas tremiam quando ouvia o barulho daquelas máquinas a distância. As pessoas batiam umas nas outras no momento em que as enormes caixas se quebravam no chão, mas mesmo assim não havia o suficiente para alimentar a todos. Além dos aviões de ajuda, também vinham frequentemente os aviões do governo para bombardear a cidade – e abriam fogo lá de cima enquanto a gente tentava correr para se esconder. Eu sabia que quando os cachorros começavam a sair correndo, os pássaros começavam a voar e as cobras a se arrastar, os bombardeiros estavam chegando, e quando aquelas máquinas barulhentas silenciavam, significava que estavam finalmente em cima de você. Muitos eram mortos pelos aviões, e também por minas colocadas na floresta perto da cidade, onde as pessoas iam caçar comida.

Eu não queria ficar esperando para morrer com os refugiados, mas os meses foram passando e continuei com medo demais para me revelar ao ELPS. Então decidi escapar em um dos aviões que voavam para fora da cidade e, conversando com as pessoas, consegui um lugar em um deles, fingindo ser o neto de uma velha senhora. Ela me disse que a nossa jornada acabaria no Quênia, mas eu nunca tinha ouvido sobre aquele lugar. Nesta época, eu não sabia que existiam outros países com negros, nem imaginava como o mundo era grande. Só queria voar em uma *nyanking*. Mas, quando o avião subiu aos céus e o meu estômago voou até a minha boca, pude ouvir gente gritando. Alguma coisa tinha ficado presa nas máquinas, e meu coração bateu forte enquanto o grande pássaro de metal tossia e crepitava no ar.

Fiquei feliz quando finalmente saí do avião, um pouco além da fronteira com o Quênia. Mas logo fui pego pelo ELPS e levado de volta para uma cidade no sul do Sudão, chamada Kapoeta. Levaram-me para a base de um importante oficial chamado William Nyuon, e ninguém perguntou sobre a minha arma, como eu temia. O ELPS estava reunindo todos os seus soldados, porque havia problemas no exército. Riek Machar – o comandante com quem eu conversara tanto tempo antes em Itang – havia desertado do ELPS em agosto de 1991. Como eu, Riek era nuer, e tinha estabelecido um grupo rival, porque ele e seus homens estavam descontentes com o nosso líder, dr. John Garang. Garang era dinka, e a divisão causara muitos problemas entre as tribos. O dr. Garang sonhava em unificar o Sudão, mas Riek Machar queria separar o sul, pois acreditava que o norte nunca seria confiável. Isso significava que soldados dinka e nuer, que tinham lutado juntos antes no ELPS, estavam agora em lados opostos, pois alguns permaneceram fiéis ao dr. Garang, enquanto outros se juntaram a Riek Machar.

Fui lotado na base dos comandantes, e enquanto limpava sapatos, passava roupas e polia armas, ouvia os soldados adultos conversando sobre os problemas no ELPS. Boatos terríveis estavam no ar. O ELPS atacara Leer, assim como outras áreas leais a ele. Algumas foram capturadas e aldeias foram queimadas, pessoas morreram e a ancestral rivalidade entre dinkas e nuers, superada durante a união das tribos contra Cartum, foi reacesa. Convencidos de que os dinka aliados de Garang tinham tomado como alvo sua tribo, civis nuer armados que apoiavam Riek, conhecidos como Exército Branco, e soldados que ficaram do seu lado, levantaram-se em vingança. Eles atacaram uma área dinka chamada Bor, e milhares de pessoas morreram – idosos, mulheres e bebês, ninguém ficou a salvo. Os que conseguiram escapar vagavam agora pelo país – milhares de refugiados. Os ditadores árabes em Cartum ficaram contentes por nosso movimento ter se enfraquecido com essa luta.

Os meses passaram e eu fui de uma cidade a outra com o ELPS. Queria ir à linha de frente novamente, agora que sabia que não seria punido por perder minha arma, mas os comandantes queriam me manter com eles, porque, assim como os *khawajas* em Pinyudu, gostavam de ouvir as minhas histórias e piadas. Também aprendi a jogar xadrez e dominó, e eles riam quando eu os vencia.

– Você tem um futuro brilhante – eles diziam, mas eu só conseguia sonhar com o combate.

Não queria ficar longe da batalha. Já a experimentara duas vezes agora, e queria tomar parte na guerra contra Cartum. Ouvi que os Garotos Perdidos que viviam em um enorme campo de refugiados no Quênia, chamado Kakuma, às vezes deixavam a escola e iam lutar. Uma semente que nem a educação podia enfraquecer fora plantada neles, e eu entendia como se sentiam. A necessidade de vingança tinha sido marcada em nossos corações enquanto vimos nossas aldeias sendo queimadas, e fora cravada em nossos ossos pelas surras e a fome em Pinyudu e nos campos de treinamento.

Era por isso que eu estava feliz agora, sentado em um caminhão com um soldado que me falava sobre os campos de batalha. Finalmente estava indo para a guerra, em um lugar chamado Juba – uma cidade importante que o ELPS estava tentando conquistar. Muitos soldados iriam lutar, e, finalmente, eu ia também. A conquista de Juba seria uma grande derrota para os *jallabas* – era a capital do sul do Sudão, tinha um aeroporto e o rio Nilo passava por ela – e havia tantos de nós que eu estava certo de que conseguiríamos.

A noite caía enquanto seguíamos de caminhão. À medida que os quilômetros passavam, eu percebia cada vez menos civis na área, e cada vez mais soldados.

– Vou ficar feliz em ver os campos de batalha – disse.

– É mesmo? – ele disse.

– Sim. Eu sou nuer, o povo que os britânicos descreveram como alto e destemido quando vieram tentar nos conquistar. Não vou fugir dos árabes nos campos de batalha. Vou matar o maior número possível deles.

O soldado olhou para mim.
– Muito bem, pequeno *jenajesh* – ele disse, e então se virou e ficou olhando para a estrada à nossa frente.

Campos do exército árabe cercavam a parte central de Juba, enquanto as bases do ELPS eram mais para dentro da floresta. A maior delas, chamada Kurki 1, ficava perto da cidade, já Kurki 2 era menor e mais distante. Fui levado para Kurki 2, onde centenas de outros soldados também estavam esperando. Chegamos antes do sol nascer, e encontramos o campo completamente no escuro. Não havia fogo para cozinhar, cigarros brilhando avermelhados, ou luzes de qualquer tipo.

– Não podemos nos revelar para os *jallabas* – um soldado explicou. – Temos que ficar escondidos aqui no mato.

À medida que a noite se tornava cinzenta e clareava, pude ver melhor a base. Ficava próxima a um rio, e pequenos *tukuls* feitos de grama cercavam uma clareira. Jipes e caminhões estavam escondidos entre as árvores da floresta, e havia caixas de munição por todos os lados – algumas cobertas por lonas, outras enterradas em buracos, e mais algumas guardadas em barracas. Conforme o campo acordava, soldados feridos começaram a chegar pelo rio em barcos. Houve uma batalha na noite anterior, e uma pequena aldeia próxima a Juba fora capturada. Alguns homens foram carregados para fora dos barcos com ferimentos atados com panos, outros andavam com o sangue escorrendo pela cara, e outros ainda estavam imóveis, com as mãos ou os braços faltando enquanto eram carregados. Eu me senti sombrio por dentro. Podia sentir o cheiro da morte próximo.

– Vocês têm sorte – disse um oficial passando por nós. – A gente geralmente ganha um bombardeio de café da manhã. Está atrasado hoje.

Olhei para ele e fiquei pensando qual seria o gosto daquilo. Se ele não gostava, será que eu teria vontade de comer essa coisa?

– Lá há buracos para vocês usarem quando começar – o oficial continuou. – Não deve ser muito forte hoje. Nós fomos bem ontem à noite, os *jallabas* devem estar cansados.

Logo entendi que bombardeio não era um tipo de comida. Era o que eu conhecera na minha infância, quando pequenas bombas caíam nas minhas aldeias. Agora elas eram atiradas no nosso campo, e os pneus dos jipes explodiam com sons graves quando atingidos por bombas de fragmentos; vidros se estilhaçavam e *tukuls* queimavam enquanto a gente se escondia nos buracos. Depois deste dia, fiquei acostumado com bombardeios para o café da manhã.

No dia seguinte, fui transferido para Kurki 1 – ainda mais perto da linha de frente – e me deram um uniforme. Tive que cortá-lo para que coubesse em mim e desejei não ter perdido as minhas botas, muito tempo antes. Em vez de botas, eu tinha que usar *mutu khali* – ou morra-e-deixe –, sapatos feitos com pneus velhos que nunca ficavam gastos. Mas eu queria ter botas de verdade outra vez, como os soldados adultos. Finalmente estava de volta ao coração da guerra, e só conseguia pensar em lutar quando me deram uma arma. Tinha que mantê-la comigo dia e noite, exceto quando estava fazendo tarefas como cozinhar. Dormia com um olho aberto e o meu AK-47 ao lado.

Fiquei sem fôlego ao ouvir os soldados cantando para se prepararem para a batalha. Mas, enquanto as tropas se movimentavam para fora da base para lutar, fui escolhido para permanecer em Kurki 1 com outros *jenajesh*, para sermos guarda-costas do comandante do campo, John Kong. A frustração queimou dentro de mim quando ouvi minhas ordens. Não queria ficar ali, longe da guerra de verdade, e novamente com os comandantes. Achei que tinha deixado para trás todos aqueles meses de espera quando me mandaram para a batalha. Mas não discuti enquanto, junto com outros *jesh a mer*, ouvia nossas tarefas. Éramos cinco, em uma unidade de trinta e três homens que protegia *John Kong*. Se não havia combate, pegávamos água e lenha, lavávamos roupas, e enviávamos mensagens. Mas, quando o bombardeio começava, corríamos para os buracos que ficavam próximos ao que era coberto de cimento, onde o comandante se escondia. Todas as vezes eu ficava esperando que os *jallabas* tentassem entrar no nosso campo, para poder atirar com a arma que ardia em minhas mãos. O metal parecia pesado enquanto eu levantava os olhos para além das bordas do buraco e olhava para as árvores sombrias adiante, ouvindo o som dos tiros nos meus ouvidos.

Eu não queria mais amigos, agora que estava em Kurki 1. Às vezes, nadava no rio ou jogava futebol com outros *jesh a mer*, mas não falava como antes. Estávamos em uma zona de guerra, e não havia tempo para histórias, pois notícias sobre a batalha dançavam à nossa volta e feridos eram trazidos de volta para o campo todos os dias – alguns com braços e pernas faltando, outros com os ouvidos estourados. Depressa aprendi a olhar para essas pessoas sem vê-las. Apenas rezava para morrer quando finalmente fosse para a batalha.

Então chegou um menino com quem eu sabia que queria conversar, porque podia ver que era um soldado de verdade. Lam tinha quinze anos, e se juntou ao ELPS depois que seu pai foi morto por suspeita de espionagem. Ele já estava lutando havia bastante tempo até ser envolvido na violência tribal que ainda dividia o nosso exército após o rompimento entre John Garang e Riek Machar. Lam e o seu capitão, que eram nuer, tinham sido capturados pelos dinka do ELPS. Mandaram os dois cavarem um buraco antes que seus pés e mãos fossem amarrados e um facão fosse enfiado neles. Tudo o que Lam podia fazer era rezar, enquanto via seu capitão sendo enterrado vivo na cova que cavara para si mesmo. Mas Deus concedeu a Lam um milagre quando ele percebeu que o facão tinha cortado as cordas que o amarravam. Ele fugiu, coberto de sangue, e, depois que alguns aldeões cuidaram dele, veio para Juba.

Lam contou sua história a John Kong quando chegou, e eu sabia que ela deixaria o nosso comandante com raiva. Qualquer um sob o comando de John Kong sabia que nuer e dinka não deviam lutar uns contra os outros, e ele disse a Lam que poderia ficar como guarda-costas como eu até se recuperar dos seus ferimentos. Comecei a falar com Lam, e enquanto ele me contava suas histórias de guerra, eu olhava para os cortes de facão nos seus braços, pernas e tronco. Eles eram as verdadeiras marcas de um soldado.

– Eu matei muitos *jallabas* – Lam dizia. – Você fica assustado na primeira vez, mas depois não fica mais. É mais fácil do que capturá-los, porque aí eles se cagam de medo e choram como bebês pedindo piedade.

Lam parecia alto quando ficava ao meu lado. Era tão preto que parecia quase azul-marinho, e suas cicatrizes brilhavam com um tom rosa claro na sua pele.

– Você já esteve na guerra? – Lam perguntou, e eu senti vergonha.

– Sim, na Etiópia – disse em um só fôlego. – Onde existem mulheres-soldado que ficam com os peitos de fora enquanto atiram.

Lam riu.

– Etiópia? Onde nosso exército perdeu? Vocês não conseguiram vencer as mulheres?

– Mas você devia ter visto os peitos delas! A gente ficava olhando tanto para eles enquanto atirávamos que as nossas balas saíam fracas.

– Eu nunca deixaria uma mulher me vencer. – Lam contraiu a garganta como sempre fazia depois de mastigar *sawut*, uma barra de resina de tabaco que muitos soldados gostavam. – Não quero matar mulheres, quero é matar os homens delas. Eles levaram o meu pai, e mesmo que eu mate dez mil, não será o suficiente.

Eu me sentia mal quando Lam dizia coisas assim; a lembrança da minha mãe aparecia nas sombras da minha mente, seu sorriso se desfazia em algum lugar ao longe. Nem conseguia mais lembrar direito da imagem do rosto da minha mãe. Só sabia que a morte estava no meu coração havia tanto tempo que eu desejava encontrá-la cara a cara em breve.

John Kong suspirou enquanto um grande estalo encheu o ar.

– Você é bom nesse trabalho, soldado – ele me disse.

Estávamos sentados do lado de fora do *tukul* do comandante, e eu estava puxando os seus dedos após ele ter voltado da guerra. Em seguida eu continuaria com os seus dedos dos pés e os faria estalar também. Eu fazia esse trabalho frequentemente, e, às vezes, John Kong me dava um pouco de chá, se não tivesse visitas e o campo estivesse tranquilo.

O sol estava se pondo e o AK-47 do comandante estava pousado perto de mim enquanto eu trabalhava. Normalmente um fluxo de palavras saía de mim quando eu via John Kong, mas naquela noite a minha mente estava em outro lugar. Tinha encontrado Lam antes, e fiquei com raiva quando ele me mostrou suas botas novas. Ele estava lutando agora, porque seus ferimentos tinham curado, e eu olhei para os rasgos no seu uniforme.

– Gostou das minhas botas novas? – perguntou Lam. – Peguei de um *jallaba* morto.

Não conseguia parar de pensar no que ele disse enquanto ficava ali sentado em frente a John Kong.

– Eu quero ir para a linha de frente, senhor – disse de repente.

– Para a linha de frente? – perguntou John Kong. – Mas você já está na linha de frente, Jal. A cidade de Juba está tão perto que dá para sentir o cheiro dela, e os acampamentos dos árabes estão mais perto ainda. Você pode ouvir os tiros, não pode? Não consegue ver os aviões passando acima de nós, ou sentir o chão tremer quando os bombardeios começam? Para que outra linha de frente você quer ir?

– Para onde eu possa ver árabes todo dia e atirar neles.

– Mas você não fica só atirando com as armas, Jal. Lá tem tanques, e helicópteros também.

– Sei sobre eles – disse com raiva. – Já estive na guerra, na Etiópia.

– Eu sei, Jal, eu sei – John Kong disse com a voz baixa. Ele olhou para mim enquanto se sentava e um soldado lhe dava um pouco de chá. – Você continua sendo um garoto pequeno, um júnior, e um dia terá um futuro brilhante, quando mandarmos você para a escola. Precisamos que você chegue lá e aprenda coisas para tornar o nosso país grande.

Mas eu já não queria mais pilotar *nyanking*. Queria estar no chão junto com Lam, e não alto no ar olhando para baixo.

– Por que não posso lutar? – insisti. – Eu já ouvi os soldados grandes conversando. Eles têm medo dos *jenajesh*, porque a gente atira muito rápido. Também somos jovens e leves, podem nos usar para correr por campos minados e chegar à linha de frente.

O soldado sentado ao lado de John Kong me encarou.

– Então você acha que pode correr tão rápido quanto eu?

– É claro.

O soldado não disse nada enquanto me dava uma fileira de balas. Eu me senti pesado quando levantei e a prendi em volta da minha cintura.

– Olha só – eu disse.

O soldado se levantou também e segurou uma outra fileira de balas na minha frente. Eu a coloquei sobre o ombro. Ele me deu uma garrafa de água e um pequeno pote de biscoitos. Coloquei-os nos bolsos.

– Agora corra – disse o soldado.

Hesitei um pouco, tentando me mover. Devia haver pedras naquela fileira de balas. Era tão pesada. Não conseguia levantar as pernas.

– Mas eu não vou carregar todas essas coisas na batalha – gritei. – Não vou precisar delas.

– Vai precisar sim, quando as suas balas acabarem – respondeu John Kong.

Por que ele não me ouvia? Por que ele não me deixava fazer aquilo para o qual eu tinha sido treinado? Passei meses comendo lixo, marchando e sendo surrado. Fugi e fui para a prisão porque queria muito ir à guerra, e para quê?

– Você precisa ficar aqui – disse John Kong. – Se nós formos atacados, você pode defender. Mas até lá, você não vai a lugar algum, pequeno soldado.

## CAPÍTULO 15

Estávamos do lado de fora do *tukul* quando a mulher veio nos cumprimentar. Eu estava com Lam e quatro soldados grandes em uma aldeia perto do campo, e procurávamos por álcool. Não tinha visto aquela mulher antes, apesar de ter estado ali muitas vezes para comprar bebidas para os oficiais. Às vezes eu também pegava um pouco para mim, em troca de algumas balas. Com uma arma nas mãos, você consegue o que quer.

Pensei na vó Nyapan Deng ao beber pela primeira vez aquele líquido estranho. Ele queimou na minha garganta quando o engoli, e logo minhas pernas pareciam moles e os meus olhos ficaram confusos, mas gostei da sensação. Bebia um pote inteiro até meu estômago parecer que ia explodir e eu arrotar. Aí eu fazia músicas soprando folhas que segurava entre meus polegares ou marchava ao redor, fazendo o barulho de trompete com as minhas mãos, e os soldados grandes riam. No dia seguinte, tinha dor de cabeça, mas sempre queria mais álcool. Gostava de ir até a aldeia e ver o medo nos olhos das pessoas quando elas viam um *jesh a mer* com sua arma.

– Você tem álcool? – um soldado grande perguntou à mulher.

Ela olhou para nós.

– Vocês têm dinheiro?

– Sim, sim – o soldado disse, impacientemente. – Traga o que queremos e nós pagaremos.

Eu sabia que não pagaríamos. Os oficiais compravam álcool com dinheiro, mas a gente não podia fazer isso. Teríamos que pegar o que queríamos.

Pensei em Juba enquanto esperávamos a mulher. Hoje era uma sexta-feira – o dia de orações dos *jallabas*. Soldados haviam deixado o campo aquela manhã para irem lutar, e eu sabia que eles atacariam no momento em que os cantos religiosos dos nossos inimigos subissem aos céus. Os árabes ficavam fracos quando removiam suas botas, lavavam os pés e se ajoelhavam para falar com o seu Deus.

A mulher andou para fora do *tukul* carregando dois galões – um marrom, outro branco. Ela os entregou ao soldado e nos viramos para ir embora.

– E o dinheiro?

– Não temos nenhum – o soldado grande disse em voz baixa, quando viramos para ela.

– O quê?

– Não temos dinheiro.

O soldado encarou a mulher, levantando a arma. Sem uma palavra, ela virou as costas e começou a correr.

– Boom! – gritei para ela.

Olhei para Lam, e nós rimos. A mulher tinha corrido que nem uma galinha, mas dessa vez ela não tinha medo da guerra. Ela tinha medo da gente. Eu sorri para mim mesmo.

Kurki 1 era normalmente bombardeado duas vezes por dia, e nós estávamos tão acostumados com isso que só corríamos para nos esconder quando o bombardeio era realmente forte. Muitos soldados se feriam, mas os civis nas aldeias próximas eram os mais atingidos. Eu me cortei uma vez quando uma parte de uma bomba de fragmentos voou na minha perna, e, em outro dia, senti um vento quente soprar nas minhas bochechas quando um pedaço de metal fumegante passou voando na frente do meu rosto antes de se afundar em uma parede de barro.

Tentava não pensar nos bombardeios, mas, conforme o tempo passava, achava cada vez mais difícil dormir enquanto esperava o campo ser atacado. Dedos longos e gelados envolviam o meu coração quando pensava em todas as histórias que ouvia durante o dia. Havia boatos de que os ELPS em outros lugares estava fazendo coisas erradas com os aldeões próximos – pegando comida à força, matando pessoas que os atacavam, e pegando mulheres. Os soldados conheciam as nossas leis, mas as quebravam. John Kong era rígido demais para deixar essas coisas acontecerem em Kurki 1, e nós sabíamos que, se machucássemos os aldeões, o chefe deles viria falar com o comandante. Depois que roubamos álcool da mulher, o chefe dela veio ao campo, se queixou de nós para os comandantes, e fomos todos punidos.

As histórias nas quais eu mais pensava, no entanto, eram sobre o que os árabes faziam com os nossos soldados se os capturassem – derramando óleo fervente nas suas línguas, enfiando garrafas quebradas nas suas bundas, ou nos matando só por prazer. Quando eu deitava no escuro, ouvia os tiros a distância e pensava nos árabes, tão perto. Sabia que eu preferiria morrer de pé a viver de joelhos, implorando a um *jallaba* por piedade.

Conforme o tempo passava, eu não tremia mais tanto e o meu estômago permanecia tranquilo – mas a minha mente continuava agitada. Pensava em Deus frequentemente, e ficava cheio de perguntas. Todos nós tínhamos sido criados por Deus, mas se Deus sabia que Satã causaria tanto problema, então por que Ele não o matou? E quem tinha criado Deus? Sentia o meu coração pesado, e sabia que perguntas assim podiam causar sofrimento a um *jenajesh*, porque tinha visto uma vez um garoto que fazia muitas dessas perguntas.

– Esta terra é nossa? Deus ama a gente? – ele perguntava, sentado no chão, tremendo. – Como os árabes chegaram aqui? Por que estamos lutando? Qual o tamanho do mundo? Ele é mesmo redondo?

Soldados grandes haviam amarrado suas mãos e suas pernas, e ele ficava ali sentado, rindo para si mesmo.

– Nós todos vamos morrer – ele disse, olhando para mim com fantasmas nos olhos.

Disseram-me que perguntas assim não serviam para nada, mas eu sabia que o menino também era sábio em sua loucura. Ele foi levado dali, mas, algumas vezes, quando tentava dormir, eu pensava nele. Sabia que precisava controlar os pensamentos, que pareciam crocodilos mordendo dentro da minha cabeça, ou então ficaria como ele.

Aviões vinham frequentemente nos atacar, mas a primeira vez que vi um helicóptero foi numa manhã bem cedo. Um alarme tinha soado, e comecei a correr para me esconder em um buraco perto do rio. Quando cheguei à margem, ouvi uma pulsação grave no céu e um vento estranho correndo à minha volta. Virei a cabeça para olhar um abutre enorme no céu. Balas começaram a chover vindas dele, e os soldados corriam para se abrigar e atirar. Mas eu fiquei assustado demais. Não conseguia lembrar onde estava a minha arma. A pulsação grave do helicóptero estava cada vez mais perto. Ele estava vindo atrás de mim.

Alcancei o buraco. Dois corpos estavam estirados próximos a ele quando eu me joguei lá dentro. Um soldado com ferimentos à bala no rosto estava deitado no chão; outro gemia perto dele. Minha mão escorregou na terra, e eu a ergui para ver sangue correndo pela palma. Ninguém conversava ali, aquele lugar não era seguro. Coloquei minha mão para fora do buraco e olhei para o helicóptero. Ele tinha atravessado o rio voando, e fazia a volta a distância. Estava voltando na minha direção. Eu precisava encontrar outro lugar para me esconder.

Pulando para fora do buraco, corri até o rio. Se eu conseguisse ficar embaixo d'água tempo suficiente, talvez o helicóptero me esquecesse. Jogando-me no rio, mergulhei fundo para procurar uma planta da grossura do meu dedo polegar, que tinha um buraco dentro do caule e crescia próxima às margens. Eu já tinha usado essa planta certa vez para fazer bolhas em Bantiu. Agora ela iria me salvar do helicóptero.

Eu me agarrei a uma coisa qualquer que consegui sentir embaixo de mim. Formas marrons e verdes se moviam em frente aos meus olhos. Senti alguma coisa ceder e nadei de volta para a superfície segurando-a. Levantando o caniço, mas me agarrando às plantas que cresciam em volta para me manter embaixo d'água, coloquei a boca em torno de sua extremidade.

Respirei e senti o ar encher os meus pulmões.
A superfície da água brilhava esbranquiçada em cima de mim, e sombras negras voavam por cima dela. O som da minha respiração ressoava nos meus ouvidos, mas eu também conseguia ouvir explosões profundas. Tudo ficou calmo à medida que os minutos passavam e eu respirava através do caniço, até eu colocar minha cabeça para fora da água para ver se o helicóptero havia ido. Podia ouvir balas e risadas, e desci outra vez para baixo d'água. Tinha que ficar ali até tudo ficar em silêncio. Mas, de repente, o rio começou a se movimentar como uma onda; as plantas por todos os lados em volta de mim e eu fomos impulsionados para cima. Tossi enquanto saía para a superfície. Será que o helicóptero me veria? Será que atiraria em mim agora?
Enxuguei os olhos. Na minha frente estava o campo, mas o céu estava tranquilo. O helicóptero havia ido. Puxei-me para fora da água e comecei a andar de volta para a minha casa.
– Eles virão a pé nos atacar, agora que estamos enfraquecidos – um oficial me disse quando cheguei de volta, e estava certo.
Logo chegaram os árabes e começaram a nos atacar a partir da floresta. À minha volta, os rostos estavam fechados e os olhos eram duros enquanto procurávamos por eles. Ao lado de outros soldados, deitei em um buraco e fiquei atirando com minha arma contra as árvores várias vezes. As balas pareciam continuar para sempre, até que finalmente o inimigo ficou quieto. Depois eu saberia que Lam estava participando de um ataque lateral que acabaria com os soldados que as nossas armas não atingiram. Agora eu via os *jallabas* feridos encontrados na floresta sendo levados de volta para o campo. A maior parte deles estava em silêncio, e logo seria levada para campos próximos, onde trabalhariam para nós, cultivando comida para a base. Mas um deles não queria obedecer, e ficou parado de pé, com as mãos amarradas nas costas.
– Vocês nunca vencerão esta guerra – ele gritou, em árabe.
Um soldado foi até o árabe e deu-lhe um chute antes de levantar sua arma.
– *Allahu Akbar* – berrou o *jallaba*, um instante antes de um tiro perfurar o seu rosto.

Ele caiu no chão e eu olhei para ele. Um dia eu queria ser que nem o soldado grande – olhar dentro dos olhos do meu inimigo e atirar nele.

Gritos e tiros ecoavam pelas árvores enquanto nós andávamos, e eu estava assustado. Mais do que nunca, sabia que agora precisava ser corajoso. Um soldado tinha sido trazido de volta recentemente para a base para ser punido depois de tentar fugir da batalha. Chamaram-no de Mary, fizeram com que se comportasse que nem uma mulher – cozinhando, sentando com as pernas fechadas e usando uma saia –, e seus amigos ficaram rindo e dizendo que "ela" era uma boa esposa. Eu sabia que a guerra era como a cerimônia de *gaar* a que tinha assistido muitos anos antes; eu precisava ficar em silêncio, não importa o quão fundo o medo me perfurasse.

A tropa andava pela floresta até uma aldeia que estava sendo atacada pelos árabes. Mais cedo, tínhamos visto fumaça subindo no ar do outro lado do rio, e percebemos que eles estavam punindo os aldeões por nos ajudarem com mantimentos. Cerca de trezentos de nós tínhamos cruzado o rio e começado a caminhar, e chegamos logo a um lugar que havia sido atacado e abandonado. Estava deserto, exceto pela morte, deitada silenciosamente no chão – corpos enegrecidos, caveiras e ossos brancos, tudo amontoado na poeira. Imagens da minha aldeia encheram a minha mente enquanto olhava para aquilo.

Finalmente eu estava indo para a batalha, e dessa vez não haveria árvores ou helicópteros para os árabes se esconderem. Eles tentaram roubar nossas táticas de guerrilha pegando os aldeões de surpresa, e agora seríamos nós que a usaríamos. Cercaríamos a aldeia e a tomaríamos. Finalmente eu veria o meu inimigo cara a cara. Não os anyuak, não os etíopes, mas os árabes.

Eu me movia em silêncio, usando minhas habilidades de soldado para permanecer escondido, e segurando firme a minha arma. Havia encurtado a alça para ter certeza de que o meu AK-47 não ficaria batendo no chão enquanto eu andava, e, embora estivesse carregando apenas trinta balas, esperava poder usá-las bem.

Com um farfalhar repentino, um soldado mergulhou no chão. Ele ia tossir, e alguém ao seu lado cobriu sua cabeça para abafar o som. Estávamos nos aproximando da batalha. Eu me sentia corajoso por dentro. Meu estômago não se revirava mais, porque tudo o que eu conseguia pensar era na aldeia que acabara de ver, igual a tantas da minha infância. Hoje, a raiva dentro de mim seria finalmente descarregada nos *jallabas*.

Os estalos agudos de coisas queimando ficaram mais fortes quando as árvores foram se tornando mais finas e a aldeia pôde ser visualizada, à nossa frente.

– Abaixem-se e alinhem-se – um oficial disse, e nós nos espalhamos em posição de ataque.

Os habitantes da aldeia gritavam enquanto nós avançávamos, ainda escondidos pela floresta. Eu podia ver mulheres e crianças correndo, e homens amarrados no chão. Mas havia poucos árabes ali em comparação com a gente – cerca de cem – e embora alguns olhassem as árvores em volta para ver se não tinha ninguém se escondendo, a maior parte estava cercando os prisioneiros ou batendo neles enquanto ficavam sentados no chão. Os árabes pensavam que essa aldeia era deles agora.

Um RPG disparou acima de mim e eu senti um arrepio.

– U-*lu-lu-lu-lu-lu-lu-lu* – gritei, levantando-me para correr.

Tropecei na raiz de uma árvore e o chão apareceu na frente dos meus olhos. Olhei para cima – soldados continuavam correndo na minha frente enquanto eu levantava de qualquer maneira para segui-los.

A tropa continuou correndo enquanto tiros estouravam nas árvores. Soldados grandes corriam atirando, e miravam nos *jallabas*, que caíam quando atingidos; mas eu não conseguia correr e atirar ao mesmo tempo. Minha arma era pesada demais e eu podia atingir um companheiro se ela balançasse em minhas mãos enquanto eu a levantava. Cada vez que dava um tiro, tinha que parar – erguendo a minha arma e mirando no campo antes de seguir adiante.

Cheguei ao limite das árvores em uma longa linha de soldados, que seguia um oficial. Havia movimento, barulho e tiros por todos os lados, mas eu me forcei a ouvir enquanto ele gritava comandos. A linha estava se desfazendo com o começo da batalha. Meu coração disparou dentro de mim, minhas pernas pareciam fracas. Eu ia acabar tomando um tiro, ou pior, ficando ferido. Seria levado de volta para o campo como todos aqueles homens feridos que eu vira.

Ergui minha arma para começar a atirar. Em frente, podia ver um grupo de *jallabas* entre duas cabanas, e apontei minha arma para eles. Comecei a disparar, e um soldado grande ao meu lado fez o mesmo. Minha arma coiceava contra mim e fechei meus olhos enquanto cada tiro me balançava para trás e para a frente, a munição fluindo do AK-47 à medida que ele disparava.

*T-t-t-t-t-t-t-t-t*, a arma fazia, com um som estridente.

De repente, me senti forte e poderoso. Minha arma falava por mim, cuspindo balas. Minha arma se vingava por mim. O soldado grande e eu andamos alguns passos para frente enquanto continuávamos a atirar. Os *jallabas* tentavam se esconder atrás da cabana, mas nossas armas eram rápidas demais. Pude ver que um homem no grupo tinha caído, e logo outro caiu também. Por toda a aldeia, soldados avançavam atirando. Fragmentos de sons e luzes entravam na minha cabeça. Eu atirei ainda mais. Dois *jallabas* caíram, depois mais um, e, finalmente, dois outros foram feridos. Eles enfim ficaram quietos.

– Muito bem, Jal – o soldado disse, enquanto andávamos até os dois feridos estirados na poeira do chão. – Foram as suas balas que fizeram isso. – Ele moveu a sua arma para apontar os corpos no chão. – E isso também foram as suas armas que fizeram. Você é um garoto corajoso.

Olhei para baixo e vi os rostos caídos junto aos meus pés – olhos vidrados e sem visão, com sangue escorrendo dos ferimentos. Um homem tinha caído de costas, com o braço aberto, como se estivesse acenando; outro tinha sido atingido no peito, e seu uniforme estava tingido de preto com o sangue. O terceiro estava jogado contra a parede da cabana em chamas, com os olhos semicerrados, e o último *jallaba* estava deitado com a cara na poeira.

Os corpos estavam vazios, sem vida, que nem eu sempre sonhara que estariam. Os sons da batalha reverberavam dentro do meu peito enquanto eu olhava para baixo. As faces da morte flutuaram na minha frente enquanto eu olhava para elas. Meus olhos focaram por um instante. Eu me senti sem ar. Aqueles não eram rostos de árabes. Eram negros como o meu. Meu estômago revirou. Onde estavam os *jallabas*?

– Quem são eles? – perguntei, apontando para os corpos.

– Muçulmanos negros – o soldado grande disse. – A maior parte do exército em Juba é negra, só mais ou menos um terço é árabe.

Eu olhei mais uma vez antes de me virar para o soldado grande. A confusão fazia minha cabeça vacilar. Eu não entendia.

– Eles são *jallabas*, Jal, mesmo que a pele deles seja negra como a nossa. E são o pior tipo. São sudaneses que se uniram ao inimigo contra nós, adorando o Deus deles em vez do nosso. São do nosso próprio povo, e mesmo assim nos odeiam.

Uma voz gritou na minha frente. Um dos homens feridos estava se arrastando no chão, praguejando e nos amaldiçoando, enquanto tentava agarrar uma arma. O som de um disparo encheu o ar e ele caiu para trás.

– Viu? – disse o soldado grande ao meu lado. – Eles são piores que os árabes. E sabe por quê? Porque estão traindo o próprio povo, e por isso merecem morrer como cães.

Ouvi um gemido e me virei para olhar o outro homem ferido, sentando aos meus pés. Ele tinha sido atingido na perna, e suas mãos estavam erguidas acima da cabeça, em uma posição de rendição. Mas, ao olhar para baixo, eu não vi seus olhos africanos – tudo o que eu vi foi o seu coração árabe.

## CAPÍTULO 16

Depois daquele dia, desejei ir para a parte mais avançada da linha de frente – a área entre Kurki 1 e a cidade de Juba, onde havia muitas bases pequenas. Era ali que o ELPS e os árabes combatiam cara a cara para tomar campos e suprimentos, e onde a maior parte das batalhas pesadas acontecia. Finalmente tive a chance de ver como era quando comecei a carregar munição para lá junto com outros *jenajesh*, e estava feliz enquanto caminhava pela floresta à noite, carregando caixas de granadas e de balas. Pude ver que as coisas eram diferentes quando cheguei lá. Os soldados pareciam exaustos, o ar era pesado, e enquanto desempacotava as caixas que tinha carregado, ouvia os *jenajesh* conversando.

– Você viu quando os olhos dele explodiram? – um deles disse, rindo.

– Vi. Minha arma ficou até sem balas, porque matei muita gente.

Olhei para eles. Todos os *jesh a mer* que lutavam na parte mais avançada da linha de frente eram mais velhos do que eu – garotos com catorze anos ou mais – e eram maiores também. Eu continuava pequeno, e por mais que quisesse, minhas pernas não cresciam. Era por isso que os oficiais queriam me manter longe dali. Achavam que eu era pequeno demais para lutar.

– Logo você vai para a escola – eles me diziam. – Você é um menino inteligente, precisa ser educado para que possa ajudar o nosso país quando a guerra acabar.

Mas eu tinha doze anos agora. Já havia atirado em homens. Estava pronto para mais guerra, mesmo que a vida na parte mais avançada da linha de frente fosse dura. Em Kurki, dormíamos dentro de cabanas, em camas feitas de madeira; aqui, os soldados dormiam na floresta. Nós cozinhávamos comida para nós mesmos; aqui, traziam comida para os soldados, que estava fria quando eles a experimentavam. Em Kurki 1, eu tinha biscoitos, um uniforme, e os comandantes me poupavam de trabalhos duros como pegar lenha ou macerar milho com um enorme pilão chamado *fundok*. Em compensação, eu me certificava de que os divertia com minhas brincadeiras ou movimentos de xadrez, e trazia peixes do rio sempre que Lam e eu íamos até lá.

– Se você quer favores, então é isso que tem que fazer – Lam dizia, enquanto ficávamos de pé na margem do rio, com minhocas penduradas em anzóis pendendo na água.

Lam agora era guarda-costas de um dos mais importantes homens de John Kong, e seguia com o nosso comandante sempre que ele deixava o campo para ir à linha de frente. Às vezes ele ficava fora por dias, outras vezes por uma semana inteira, mas sempre que voltava, me contava suas histórias.

– Você sempre deve matar um *jallaba* com as suas próprias mãos – Lam dizia. – Nunca deixe que eles te enganem, e nem acredite nas suas mentiras. Você deve capturá-los, matá-los, acabar com eles.

Eu balançava a cabeça afirmativamente enquanto olhava para ele, pensando nos outros *jenajesh*, e, às vezes, perguntava a John Kong coisas sobre a guerra enquanto fazia tarefas para ele.

– Por que temos que nos esconder na floresta para lutar? – perguntava. – Por que lutamos desse jeito covarde? Nas aldeias, os homens se encaram, então por que não podemos lutar contra os árabes cara a cara?

– Porque o mundo mudou, Jal – John Kong dizia, rindo. – A nossa forma de lutar não é covarde, é a forma mais inteligente, porque em breve venceremos os árabes.

Eu esperava que, fazendo com que os comandantes gostassem de mim, eles ouvissem quando eu pedisse para ir a uma batalha de verdade. Mas eles não queriam me escutar, e nos dias em que não me mandavam carregar munição, eu me esgueirava para a parte mais avançada da linha de frente, em segredo. Geralmente era pego, mas continuava tentando. Queria me sentir sendo balançado por dentro enquanto os tanques se aproximavam, queria ouvir o barulho das armas quando abríamos fogo contra os *jallabas* que entravam nas nossas linhas, tentando nos atacar. Então, erguia minha arma junto com outros *jesh a mer*, sabendo que éramos admirados pelos soldados grandes, porque corríamos até a frente de batalha, tínhamos sorte ao passar correndo por campos minados, e nunca tomávamos prisioneiros, pois os *jenajesh* sempre matavam os árabes que encontravam.

Um dos dias mais excitantes foi quando um comandante reuniu todos nós e disse que faríamos um importante ataque. Helicópteros árabes atacavam os nossos campos todas as manhãs, e o oficial disse que tinha um plano. Logo depois, alguns soldados com RPGs e outros com AK-47s como eu nos escondemos em buracos ou árvores, ouvindo aquela pulsação grave. Quando eles vieram, atiramos juntos sem parar, até o helicóptero explodir em uma bola de fogo acima. Comemoramos muito enquanto ele caía do céu, sabendo que os helicópteros não viriam mais atrás de nós tão frequentemente.

O tempo que passei na parte mais avançada da linha de frente me ensinou apenas uma coisa nova sobre a guerra – o pior de tudo é quando ela acaba. Quando os campos de batalha caem no silêncio, apenas os gritos dos feridos podem ser ouvidos, e quando as armas param de atirar e o cheiro de fumaça se dissipa, o fedor de carne e sangue enche o ar. Eram sempre os *jenajesh* os que mais gritavam, e eu podia ouvi-los à noite, quando voltava a Kurki 1 para tentar descansar. Nunca dormia de verdade, mantendo sempre um olho aberto toda a madrugada, caso o nosso inimigo tentasse atacar, e sentindo o peso da minha arma ao meu lado. Quando a batalha na parte mais avançada da linha de frente tinha sido realmente ruim, ficava sem vontade de comer carne por vários dias, lembrando daquele cheiro. Ele me lembrava de quando eu era bem pequeno, e era tão forte que tinha certeza de que ficaria no fundo do meu coração para sempre, como naquele dia em que andei pela Estrada da Morte com a mamãe e Nyakouth. Eu me sentia dilacerado por dentro, sabendo que estava mais seguro em Kurki 1, mas, mesmo assim, sonhando em ver a cara de um *jallaba* no momento em que atirasse no seu coração.

Olhei para o capitão Yen Makuach. Ele era um oficial na parte mais avançada da linha de frente, e eu o havia conhecido durante as minhas visitas àquele lugar. Eu gostava dele. Sem cicatrizes tribais, e capaz de falar tanto dinka quanto nuer, o capitão Makuach era popular entre todos os soldados e, assim como John Kong, mantinha os *jenajesh* próximos a ele como guarda-costas.

– Quero participar de um ataque – disse, olhando para ele.

Os olhos do capitão Makuach eram difíceis de ler quando ele me olhou.

– Por que, Jal?

– Quero matar árabes.

Ele estava em silêncio enquanto eu ficava na frente dele.

Parei por um instante. Eu queria seguir para a batalha por outro motivo também. Agora já fazia meses que eu via soldados voltando com botas, roupas, rádios, lençóis ou qualquer outra coisa que pudessem tirar dos campos e dos corpos dos *jallabas* que matavam. Com Lam era a mesma coisa – ele frequentemente retornava para Kurki 1 com coisas novas, e eu desejava alguma coisa para poder exibir.

– Eu quero uma bicicleta – disse, olhando para o capitão Makuach.

A primeira vez que andei de bicicleta tinha sido nos meses em que passei viajando com os comandantes depois de ter deixado a Etiópia. Estava em Kafoeta quando vi uma bicicleta e pedi para o soldado grande que era dono dela me ensinar a andar.

– Você deve empurrar o pedal com os pés e controlar a direção com o guidão – ele disse, enquanto me levava até o alto de uma colina, de onde me soltaria. – Segure firme – ele gritou quando a bicicleta começou a se mover, devagar no começo, e então mais rápido, com o vento passando veloz pelas minhas orelhas.

O chão era irregular, e eu não sabia como conduzir a bicicleta, então simplesmente continuei descendo a colina cada vez mais rápido até a inclinação chegar ao fim, e comecei a pedalar para o outro lado. Podia ouvir pessoas gritando. Deviam estar me congratulando, ao ver como eu estava indo bem. Mas quando virei a cabeça para sorrir para elas, vi um bombardeiro no ar. Olhando para cima, senti a bicicleta virar e balançar, e caí no chão.

Nunca esqueci desse dia ou dos dias que vieram depois, quando pratiquei várias vezes. Preferia a bicicleta a um jipe que tinha tentado dirigir uma vez, porque me sentia como se estivesse voando. Mas perdi a bicicleta quando fui embora de Kafoeta, e pensava nela várias vezes quando via os soldados trazendo de volta seus prêmios de Juba.

O capitão Makuach olhou para mim.

– Você é pequeno demais para ir para a batalha, Jal. Lá há tanques, campos minados e armas grandes. Os *jenajesh* que lutam ali são maiores que você. Você é o menor por aqui, mas em breve vai ter crescido o suficiente.

– Mas eu quero matar os árabes. O *talemgi* disse que era isso o que eu devia fazer.

– Você já matou o suficiente – o capitão respondeu. – Você defendeu a base, e viu a batalha como qualquer outro soldado.

– Mas eu quero ver mais de perto.

– Por quê?

Eu olhei fixamente para o capitão Makuach. Eu não falava sobre a mamãe e a minha aldeia havia muito tempo, pois tentara fazer com que eu mesmo esquecesse o que tinha visto lá. Mas algo me fez falar, e contei a ele a minha história.

– Você viu muita coisa – ele disse quando acabei. – Mas a vingança não é a razão pela qual estamos lutando aqui. Nós lutamos pela nossa liberdade, pela nossa terra e pela nossa religião, não por vingança.

Eu não disse nada. O capitão Makuach falava de um modo diferente de tantos oficiais com quem eu tinha conversado ao longo dos anos – que reavivavam as chamas dentro de mim quando diziam para lembrar da minha família e do que fora feito com ela.
– Não posso mandar você para a batalha.
Olhei para ele, em silêncio.
– Mas vou trazer uma bicicleta para você.
– Vai mesmo?
– Sim, Jal.
A palavra do capitão valia mesmo. Uma bicicleta preta estava esperando por mim quando voltei. A felicidade tomou conta de mim quando olhei para ela. Agora podia dizer a Lam que também tinha trazido alguma coisa da batalha. Naquela tarde, voltei para a base pedalando pelo chão irregular, e embora as minhas pernas logo ficassem cansadas quando comecei a subir uma ladeira, sabia que seria capaz de continuar pedalando por tanto tempo quanto fosse necessário na minha bicicleta.
*Boom!* Uma bomba caiu perto de mim.
Pulei da bicicleta e comecei a empurrá-la, enquanto uma outra bomba explodia ali perto. Jogando a bicicleta no chão, corri para trás de uma elevação na grama. Esperei e esperei até que finalmente tudo ficasse calmo novamente, então levantei e peguei a bicicleta. Correndo muito, comecei a empurrá-la ladeira acima outra vez. Meus pés escorregavam e minhas pernas doíam enquanto eu corria, mas continuava segurando a bicicleta. Todo mundo em Kurki ia querer andar na minha bicicleta. Eu teria algo para trocar com eles. Diria a eles que a pegara durante um ataque.
*Boom!* Outra bomba explodiu. Os *jallabas* haviam me visto. Estavam atirando em mim. Aqueles filhos da puta queriam a minha bicicleta.
À minha frente, conseguia ver o topo da ladeira. Eu só precisava passar daquele ponto para ficar escondido. Enterrando meus pés no chão e me impulsionando para frente, continuei correndo. Sabia que iria mais rápido se deixasse a bicicleta para trás, mas as minhas mãos não queriam largá-la.

*Boom!*
E eu continuava correndo.
Apoiando-me na bicicleta e correndo ofegante, olhei para o alto da ladeira enquanto as bombas caíam à minha volta. Mais três passos, dois passos... Eu estava lá. Parei, olhando para a inclinação que ficava para trás, abaixo. Agora eu ficaria escondido e seguro. Mas, por um instante, virei e olhei para Juba. Em breve seriam os *jallabas* que atiraram em mim quem correriam. Aí, eu seria como os outros *jenajesh* que eu tinha visto na parte mais avançada da linha de frente.

Os oficiais estavam parados de pé sob uma árvore, conversando. Na frente deles, um mapa de Juba tinha sido desenhado na terra com giz branco, e o dr. Garang conversava com eles. Eu tinha ouvido de outros soldados que o assalto final a Juba logo começaria, e Garang estava aqui para discutir esse assunto. Não tenho certeza, mas acho que estava em Juba havia cerca de sete meses, e era o verão de 1992.

Eu olhava fixamente para o nosso líder enquanto ficava perto do grupo, segurando um pote de barro com água. Ele tinha perdido peso desde aquela noite, tanto tempo atrás, quando o vi em Pinyudu, e embora muitas vezes tivesse visto, à distância, John Garang com sua esposa, Rebecca, nunca tinha estado tão perto do nosso líder. Eu me sentia sem ar enquanto olhava para ele.

– O inimigo está fraco agora – ele disse para John Kong. – Temos que acabar logo com eles.

Enquanto os oficiais conversavam, eu ficava ali no canto do grupo, inseguro sobre o que fazer.

– Onde está a água? – ouvi John Kong perguntando.

– Aqui – eu disse, abrindo um caminho no meio dos guarda-costas para ficar entre ele e o dr. Garang.

O comandante John Kong estava de costas para mim enquanto olhava para o mapa.

– Nós temos que tomar o aeroporto – ele disse em voz baixa.
– Isso vai fazer com que parem de trazer comida, tropas e combustível. Esse ataque vai destruí-los.
– Sim – disse dr. Garang. – Mas primeiro precisamos reunir nossas tropas. A divisão entre os dinka e os nuer está ficando profunda demais, e nós não podemos aguentar essa fissura. Ainda mais agora, que chegamos tão longe. Nossas tropas precisam saber que a sua primeira lealdade é para com o ELPS se quisermos vencer esta guerra.
Eu ouvia enquanto enchia alguns copos. A batalha por Juba estava sendo longa e difícil, e os soldados estavam cansados. Nossos cantos já não eram mais tão altos e firmes quanto antes, quando cantávamos canções de guerra durante as manhãs.
Enquanto o dr. Garang, John Kong e outros oficiais conversavam, eu abria o meu caminho pelo grupo, dando de beber a cada homem, até ficar em frente a John Garang.
Meu coração batia forte quando ele olhou para cima e pegou o copo de água que eu estava segurando. Minha mão voou rapidamente para o lado da minha testa enquanto ele fazia isso, e meu pé bateu firme no chão.
– Senhor – eu disse alto, batendo continência.
O dr. Garang olhou para os oficiais ao seu lado com um sorriso nos olhos.
– Olá, soldado. Qual é o seu nome e o que está fazendo aqui?
Eu me senti como se mil abelhas estivessem voando em volta do meu cérebro. John Garang estava falando comigo. Fiquei pensando se conseguiria falar alguma coisa.
– Meu nome é Jal Jok, senhor, e eu sou *jesh a mer*, senhor.
– Muito bem, soldado, é bom ver que você está aprendendo aqui com o comandante John Kong.
– Sim, senhor.
O dr. Garang deu uns tapinhas na minha cabeça antes de se voltar novamente para o mapa. Eu fiquei ali por um instante, querendo falar muito mais, mas sabendo que não poderia. Os oficiais falavam com vozes baixas enquanto eu ia embora fazer as minhas tarefas.

Logo o dr. Garang teve que partir – havia espiões por todos os lados, e os árabes tentariam capturá-lo quando soubessem que ele estava em Kurki 1. Durante os dias que se seguiram, ficou claro que o grande assalto a Juba estava se aproximando. Reforços começaram a chegar, e balas, munição pesada, artilharia e jipes com armas em cima também foram trazidos. Logo o campo estava cheio de atividade, enquanto o comandante John Kong e muitos outros oficiais deixaram Kurki para se dirigirem ao ponto mais avançado da linha de frente com as suas unidades. Uma série de pequenos ataques foi iniciada contra os campos dos *jallabas* próximos a Juba, para ver o quão forte eles estavam, e logo chegaram notícias de que estávamos vencendo. Os soldados estavam certos de que Juba seria nossa desta vez – foram interceptadas mensagens dos árabes que mostravam o quanto eles estavam assustados.

Lam e eu conversávamos muito sobre isso enquanto os soldados fluíam para fora de Kurki. Sabíamos que ele logo partiria com sua unidade, e eu queria ir com ele.

– Você vai falar com o seu capitão e perguntar se eu posso ir com vocês? – perguntei a Lam certo dia. Eu tinha que estar lá quando os *jallabas* caíssem, mas ninguém havia me dado um trabalho para fazer ainda. – O comandante Kong deixou o campo, então ele não pode me impedir de ir. E os outros oficiais não vão falar nada se o seu capitão concordar que eu posso ir com vocês. Não quero ficar carregando munição e atirando se eles vieram até o nosso campo. Quero ir para a parte mais avançada da linha de frente. Por favor, Lam.

– Esta guerra vai ser diferente de tudo o que já vimos antes – ele disse. – Ela será dura e difícil como nenhuma outra.

Eu sabia que seria, e era por isso que eu queria vê-la.

## CAPÍTULO 17

Lam fez exatamente o que disse que faria. Eu estava agora em uma unidade de trinta e três pessoas, indo para a batalha junto com várias outras. A fila de soldados se alongava na escuridão enquanto a tropa andava pela floresta. Lam estava atrás de mim, mas nós não falávamos nada. Eu sabia que ele, assim como eu, não queria abrir a boca e deixar a morte escorregar lentamente para dentro enquanto conversávamos. Por toda a nossa volta estavam estirados corpos, que o sol esquentara durante o dia. Eles estavam por todos os lados – ossos, esqueletos e cadáveres frescos – e o seu cheiro podre pairava pesado no ar. Esta era realmente a parte mais avançada da linha de frente, e os abutres nem sequer voavam embora assustados quando nos viam. A morte era tudo por aqui, enquanto os vivos passavam despercebidos. Fiquei pensando se algum daqueles corpos ainda tinha vida, se algum dos nossos soldados jogados no chão não estava tentando sussurrar por ajuda. Eu sabia que nem todos que eram baleados morriam. Talvez alguém estivesse deitado perto de mim, com a vida escorrendo para fora de si, enquanto eu virava as costas para continuar caminhando pela floresta.

Cerca de dezoito pessoas da minha unidade eram *jenajesh*, mas não conseguia vê-los enquanto andávamos na escuridão entre centenas de soldados. Estávamos nos aproximando de uma base árabe, mas iríamos nos esconder antes de atacá-la quando a manhã chegasse. O nosso alvo era um campo próximo ao rio, que o ELPS precisava conquistar para mover nossas tropas até o centro de Juba. Os nossos soldados estavam atacando essa base havia vários dias, e era por isso que a morte nos cercava. Mas sabíamos que o campo dos *jallabas* estava enfraquecido, e tudo o que teríamos que fazer seria finalmente tomá-lo.

Meu pé escorregou no chão e eu senti algo se movendo dentro do meu sapato. Ofegante, levantei o pé para jogar aquela coisa fora. Olhei para baixo e vi uma mão putrefata sendo arrastada por larvas. O cheiro de carne era tão intenso que me fez ficar tonto. Balancei o meu pé, lutando contra o enjoo que contorcia o meu estômago, sabendo que devia continuar andando, não importava o que encontrasse naquele lugar sombrio.

A pele na minha nuca ficou arrepiada quando vozes e risadas vieram no ar. Estávamos próximos ao campo agora, e oficiais sussurraram para nós, dizendo para nos espalharmos em silêncio e nos escondermos durante a noite. Eu sabia que não devia me mover novamente depois de deitar ao lado de Lam. Haviam nos dito que os *jallabas* podiam atirar na floresta tentando nos surpreender. Eles queriam descobrir se alguém estava se escondendo, e se atirássemos de volta, saberiam que sim. Os árabes estavam na base deles, com munição guardada, enquanto nós carregávamos tudo conosco e não podíamos desperdiçar munição. Além de balas, eu carregava uma garrafa de água, e essas seriam as únicas coisas que teria comigo quando chegasse a manhã em que eu viveria ou morreria.

Meu coração batia com um som surdo, e uma suave onda de sangue corria nos meus ouvidos entre cada batida.

Uma árvore farfalhou acima, e eu olhei para o alto. Rostos vinham em minha direção na escuridão. Balancei a minha cabeça.

Ao olhar para cima, vi estrelas penduradas no céu lá no alto. Elas pareciam tão claras e pesadas esta noite, como se fossem cair e espalhar seu brilho prateado pela terra, começando a chover. Fiquei tenso quando ouvi um farfalhar no mato. Algo corria entre as árvores, e galhos quebravam enquanto aquilo vinha na nossa direção.

– Fiquem deitados – disse um oficial, com um chiado.

Uma voz abafada soltou um grito, e eu ouvi o ronco de um porco do mato. Segundos depois, balas foram atiradas da base à nossa frente.

– Não atirem de volta – mandou o oficial.
Uma série de tiros estourou no ar. O boom de um RPG soou ali perto, e luzes foram acesas. Eu me abaixei ainda mais e virei para Lam. Luzes de uma pequena explosão passaram pelo seu rosto. Eu podia ouvir um tanque se movendo na base, com o seu ruído profundo fazendo a minha barriga e a terra abaixo de mim pulsarem.
– Vamos mandar alguém agora para enganá-los – sussurrou Lam. – Os *jallabas* sabem que tem alguém aqui, então uns poucos vão atacá-los para que pensem que é tudo. Isso é bom para a gente. Vai enfraquecê-los antes de atacarmos.
Ele estava certo. Logo depois das balas silenciarem, mais armas começaram a atirar a distância. A munição cortava o céu noturno em linhas azuis, vermelhas e verdes. Usando a baioneta da minha arma, me enterrei ainda mais na terra úmida. A luta continuou por algumas horas, e eu tremia naquele buraco. Sabia que devia tentar descansar quando ela finalmente acabou, mas não conseguia. Meus dentes batiam e minha mente se confundia em seus pensamentos. E se o tanque viesse nos procurar? E se eu caísse em um campo minado?
Precisava aprisionar o meu medo, empurrá-lo para um lugar onde ficasse escondido. Eu sabia o que devia fazer.
Fiquei pensando no que me fazia seguir adiante: a mamãe gritando para eu correr, Nyaruach berrando enquanto soldados apareciam à distância, a fumaça subindo na aldeia de onde nós fugíamos, os corpos das crianças jogados no chão, o helicóptero voando acima de mim enquanto eu pulava na água para fugir dele, o rosto do Baba dizendo adeus.
"*Wakemale*", ele me disse. "Vá em paz."
Lembrei de Malual me chicoteando enquanto eu ficava deitado na poeira, dos *murahaleen* erguendo suas armas para atirar nos aldeões, das pessoas morrendo de fome deitadas ao sol esperando em Pinyudu, da mão do *talemgi* batendo na minha cara, dos hematomas na vó Nyapan Deng depois de o exército a ter surrado, dos homens no caminhão cujo ódio escorreu lentamente para dentro de mim enquanto eu estava sentado ao lado da mamãe.

Era por aquilo que eu estava esperando. Agora, finalmente, veria os *jallabas* cara a cara. Eu estava surdo para as palavras de Yen Makvach. Eu me vingaria de tudo o que fizeram com a minha família e o meu povo. O cantar de um galo dizia que a manhã estava próxima. Soldados que estavam dormindo ouviram também, e começaram a se esticar enquanto acordavam. Coloquei a mão no bolso e tirei um pouco de milho que tinha escondido ali. Enchi a boca e forcei a comida para baixo com um gole de água.

Em meio às árvores, eu podia ver o inimigo se movendo, à medida que o campo deles ganhava vida. Tentei me lembrar do que estava vendo – os buracos, as posições – para que quando eu corresse para a batalha, soubesse o que esperar. O som de cânticos vinha do acampamento. Os árabes estavam se dirigindo ao seu Deus. Logo eles não encontrariam mais paz em suas preces. Eu tinha esperado eternamente por este momento. Agora o medo não tinha lugar dentro de mim.

– Atacaaaaaaaar – um oficial gritou, enquanto um RPG disparava.

Uma bomba caíra perto de mim, e eu vi uma bola sangrenta voando pelo ar. Era uma cabeça. Um soldado ao meu lado se virou e começou a correr de volta para a floresta, para longe do campo inimigo. Olhei para trás. Um capitão estava na frente do soldado com uma pistola na mão.

– Para onde você está indo? – ele gritou. – Nada de voltar atrás, nada de se entregar.

A parte de trás da sua arma bateu no homem várias vezes, surrando o soldado e o colocando de volta na linha. Lam e eu nos viramos para seguir em frente.

– U-lu-lu-lu-lu-lu-lu-lu – gritamos juntos, começando a correr.

Parei para atirar com a minha arma antes de me jogar ao chão. Levantava, atirava, baixava, esperava; podia ver soldados caindo à minha volta. Eu atirava um-dois, um-dois. Tinha que ser cuidadoso com a minha munição. Tremia enquanto o meu AK-47 me impelia para mais perto da batalha. Eu dançava no seu ritmo, tremendo e me movimentando à medida que ele fazia pressão contra o meu corpo.

Mais à frente, pude ver o ELPS invadindo o campo e dois tanques se movendo para a floresta. Com soldados com metade do corpo para fora, os tanques derrubavam árvores e atiravam em nós. Alguns soldados grandes se viraram para fugir enquanto os tanques vinham se arrastando, mas eu era um *jenajesh* – e nós corríamos para a frente da batalha, instigados pelo barulho, e não amedrontados por ele. Então senti um tremor dentro de mim e uma vontade repentina de correr quando vi o tanque passar por cima de umas árvores pequenas, destruindo-as como se fossem gravetos, enquanto vinha na nossa direção. Um RPG voou por cima de mim e explodiu em chamas no alto do tanque. Pude ver um corpo pegando fogo e se debatendo. O outro tanque tentou virar, mas era tarde demais – atingido por um RPG, ele também explodiu. Nós venceríamos aquela batalha. Os soldados ficaram assustados com os tanques, mas agora sabíamos que eles tinham ido embora. Corri adiante novamente.

Lam e eu chegamos ao limite da floresta. Adiante, havia um amplo cinturão de lama e grama, um campo minado. As pessoas gritavam enquanto seguiam e o chão explodia embaixo delas. Corpos voavam no ar antes de atingirem o chão. A fumaça fazia meus olhos lacrimejarem. Eu piscava rapidamente, e olhei para um soldado deitado na terra escura. Suas pernas haviam sido arrancadas. Mas eu era pequeno e leve – essas minas não perceberiam quando eu corresse por cima delas, seus dentes não me pegariam.

Os soldados do ELPS se infiltravam na base, do outro lado do campo minado, e eu comecei a correr atrás de Lam. Não atirava. Queria poupar minhas balas, e, mais à frente, via alguns dos nossos soldados atirando nos *jallabas*. Eles nunca correriam rápido o suficiente para escapar.

Quando cheguei ao outro lado do campo minado, pude ver *tukuls* pegando fogo e corpos jogados por todos os lados. Ao longe, uma enorme chama brilhava na luz da manhã. Deviam ser os armazéns. Os últimos árabes que sobraram no campo estavam colocando fogo neles enquanto se retiravam. Tínhamos ganhado aquela batalha antes mesmo de começar, e eu sabia que os nossos soldados seguiriam os *jallabas* enquanto tentavam fugir. Os inimigos não deixariam o lugar simplesmente. Eles se esconderiam, incendiariam qualquer coisa que fosse preciosa, e ficariam deitados em silêncio para emboscar os nossos homens. Uma retirada não é rápida. É lenta e perigosa. Eles continuavam por perto, escondidos em buracos e esperando por nós nas árvores.

– Vão ao rio e tomem suas posições – um oficial gritou, apontando para o lado direito do campo.

Tiros eram disparados por todos os lados enquanto Lam e eu começamos a nos mover com a nossa unidade – um grupo de cerca de trinta soldados. O ELPS procurava *jallabas* escondidos em buracos, enquanto outros soldados arrancavam armas e roupas dos corpos. Lam e eu seguimos em frente, nos protegendo com as nossas armas, e olhando em volta para o caso de o inimigo nos surpreender. O barulho ressoava, uma fumaça densa fazia nuvens no ar, os gritos da batalha subiam acima de mim e explosões profundas surgiam a distância. Eu sabia que demorava dois dias para conquistar realmente uma aldeia. Só porque não conseguíamos ver os *jallabas*, isso não significava que eles tinham ido embora.

Começamos a andar pela grama alta até um pequeno grupo de árvores. Lam e eu não dizíamos nada um para o outro, apenas olhávamos para todos os lados para ver se o inimigo estava escondido em algum lugar ali perto. Dei uma olhada nas árvores. Podia ver alguma coisa se escondendo em uma delas. Olhei para Lam e seguramos nossas armas ainda mais firme. Será que os árabes estavam esperando por nós ali? Andamos lentamente, nos movendo em silêncio pela grama e observando as árvores o tempo todo. Aos poucos, fomos chegando perto, a forma escura se tornava maior, e eu apertei meus olhos, observando-a. O que era aquilo?

Um soldado na frente do nosso grupo soltou um grito quando parou e olhou para cima. Cheguei mais perto e levantei a cabeça para olhar nos galhos. Um corpo estava amarrado à árvore. Um corpo nu. Olhei para o rosto e percebi que algo estava errado.

Esse rosto era, de alguma forma, irregular, estranho. Então compreendi. Em vez de um nariz, havia apenas um buraco sangrento. Em vez dos olhos, apenas o vazio. Meu estômago se contorceu enquanto meus olhos baixavam. Cortes de facão cobriam os braços, marcas de chicote queimavam seu peito e filamentos brancos pendiam da virilha, que estava descoberta. Ela também havia sido cortada e desmembrada.

Olhei em volta. Ossos queimados estavam jogados em um buraco raso ali perto, e três corpos estavam deitados no chão, próximos ao buraco. Todos eles haviam sido surrados, dois tinham pernas faltando e, em um deles, faltava uma das mãos. Havia também poças de sangue onde antes ficavam os olhos, e cada boca estava cheia com um pênis e testículos. O enjoo queimou a minha garganta enquanto olhava para baixo. Os estômagos estavam inchados com gás. Estavam jogados ali havia bastante tempo. Olhei para eles novamente. Podia ver as marcas dos dinka na testa de um dos corpos. Eram do ELPS e tinham sido feitos prisioneiros.

– Aaaaaaaaaah – gritou outro soldado ao nosso lado, deixando escapar uma voz irregular.

Qualquer medo que eu pudesse ter sentido quando corri para dentro do campo agora tinha acabado. Tudo o que conhecia era uma ira tão forte que fazia meu corpo tremer e meu coração martelar. Onde estavam aqueles *jallabas* filhos da puta? Onde se escondiam? Eu tinha que encontrá-los. Tinha que vê-los cara a cara. Ver os homens que eram capazes de fazer uma coisa assim, os homens que queimavam aldeias, estupravam mulheres, roubavam crianças e destruíam seu próprio povo.

Uma bala passou zunindo perto de mim e uma granada explodiu. Dois dos nossos soldados foram lançados para o alto com a explosão; um terceiro foi atingido por um tiro na perna. Ele gemia enquanto olhávamos para uma fileira de árvores em frente.

– Eles estão ali – gritou uma voz.

– *Allahu Akbar* – outra voz gritou, ao longe.

Nós nos espalhamos, formando uma linha, alguns ajudando os homens feridos, outros tomando posição para procurar os *jallabas*. Onde eles estavam? Lam e eu continuamos atirando até alguma coisa se mover, no limite das árvores.

– Acertei um – gritou Lam, levantando-se e começando a correr.

Eu o segui. Levantei a minha arma, desesperado para atirar enquanto corríamos para as árvores. Dois outros *jenajesh* corriam conosco.

Então o vimos.

O árabe estava deitado na grama, com a perna sangrando no seu uniforme verde. Parecia um oficial. Com a mão ferida, tentou erguer sua pistola. Ela escapou do seu controle enquanto tentava atirar.

Ouvi alguém atrás de mim e me virei. O soldado grande que tinha sido o primeiro a olhar para a árvore estava de pé, olhando para o *jallaba*; por toda a nossa volta, outros soldados estavam entrando mais fundo na floresta para procurar pelo inimigo. Por um momento, ficamos em silêncio, enquanto eu, Lam, o soldado grande e os outros *jenajesh* olhávamos para o homem. Podia ver o medo em seus olhos enquanto ele nos fitava.

Com um grunhido, o soldado grande correu para frente e deu um chute na cabeça dele antes de pisar no seu peito. O homem gritou, e palavras escapavam da sua boca enquanto tentava alcançar a arma novamente.

Imagens. Imagens na minha cabeça.

– *Allahu Akbar* – ele gritou novamente.

Eu. Uma criança. A poeira subindo no ar enquanto os árabes atiravam em nós.

– Qual é a melhor forma de fazer esse desgraçado sofrer? – gritei para Lam.

– A gente tem que cortá-lo – respondeu ele.

Nós nos olhamos por um momento e a raiva que sentíamos nos encarou de volta através do olhar do outro. Virei a cabeça para o *jallaba*. Seus olhos imploravam para mim, abrindo esbugalhados de sua pele pálida. Os olhos de Lam estavam negros de ódio. Olhei para a minha mão, que segurava um facão com sua pele negra. Lam e eu éramos marcados pela nossa cor escura, que havia feito dos *jallabas* os nossos inimigos. Não pensei no meu Deus naquele momento, que também havia nos marcado um contra o outro. Ele estava perdido para mim agora.

Andei até o homem, erguendo o facão na minha mão enquanto chegava mais perto, com os outros *jenajesh* ao meu lado. Eles também carregavam facões, e os olhos do nosso inimigo agora nos imploravam por piedade, enquanto ele gemia e chorava.

Levantei meu facão ao mesmo tempo em que os outros meninos levantavam os seus, e o enfiei no *jallaba*. O sangue respingou na minha cara.

Imagens. Imagens na minha cabeça.

Acertei o homem duas outras vezes. Ele soltou murmúrios e caiu para trás. O sangue escorria do seu rosto enquanto se contorcia no chão. Ele não tinha morrido. Os outros garotos também o haviam cortado, mas por que o *jallaba* não morria?

– Deixem-no – o soldado grande gritou de repente. – A gente deveria levar esse *jallaba* prisioneiro. Se descobrirem o que fizeram, vocês serão punidos.

– Mas ele se recusou a se render – disse Lam. – Estava tentando atirar. O que a gente podia fazer?

Lam se virou para o outro lado e posicionou o árabe com a perna antes de enfiar a sua baioneta no estômago dele. O homem gritou, e Lam levantou a sua arma. O disparo de uma bala soou e olhei para baixo. O sangue correu dentro de mim.

– Ele está morto, deixem-no – o soldado grande disse para nós.

Lam, os outros garotos e eu olhamos para o corpo. Ele ainda se movia, tremendo deitado no chão. Estaria mesmo morto? Ou será que viria atrás de nós?

– Andem – o soldado grande ordenou, e Lam e eu nos viramos para correr.

Entramos mais fundo na floresta. Tiros estavam sendo disparados próximo ao rio que ficava ali adiante, e os nossos olhos vasculhavam o mato denso em busca de rostos inimigos. Eu desacelerei e comecei a caminhar. Não conseguia falar nada.

Imagens. Imagens na minha cabeça.

Um barulho de galhos quebrando. Um *jallaba* parado à nossa frente. As mãos levantadas diante dele. Estava se rendendo. Desta vez, a pele era mais escura. Era um árabe miscigenado. Africano e árabe em uma só pessoa.

Lam e eu erguemos nossas armas. Atiramos juntos nas pernas do homem, e ele caiu no chão.

Andamos até ele.

Imagens. Imagens na minha cabeça.

Primeiro, atiramos nas mãos. Tínhamos que nos certificar de que havíamos acabado com ele. Era mais forte que nós, e mais rápido. Ele chorava, deitado no chão. Lam ergueu seu facão e olhou para mim. Eu ergui o meu. Juntamos as nossas mãos. As lâminas desceram de uma só vez.

O sangue cobria as minhas pernas e o meu short. Senti meu peito pulsar e a minha garganta se contrair. Ia vomitar. Tudo ficou confuso. Ouvi uma risada enquanto respirava fundo, puxando o ar para os pulmões para impedir o meu estômago de se revolver. Olhei para Lam e fiquei em silêncio por um instante, para depois começar a rir também até não conseguir mais parar.

A batalha havia finalmente acabado e os soldados estavam cantando e dançando para comemorar. Eu estava sentado junto com Lam, descansando. Sentia-me bêbado enquanto olhava em volta para os soldados vestidos com as roupas que haviam tirado dos *jallabas*, ou carregando bolsas de comida que haviam conquistado como troféus pela vitória.

– Vou pegar algumas coisas – Lam disse, ficando de pé. – Não deve ter sobrado muito, mas vou dar uma olhada. Você quer alguma coisa?

– Sim – respondi, cansado demais para ir com ele.

– O quê?

– Uma bicicleta.

Aquela que tinham me dado na parte avançada da linha de frente estava quebrada, e agora eu queria outra para mostrar que participara da batalha.

Lam saiu andando. Olhei à minha volta mais uma vez, levando um pouco de milho à boca. Por um momento, mastigava sem pensar em nada, mas então o gosto amargo de pólvora se espalhou na minha língua. Cuspi a comida antes de me deitar para descansar. Minha mente estava vazia quando o sono finalmente tomou conta de mim.

## CAPÍTULO 18

— N*yigat* – o soldado dinka disse em voz baixa para um combatente nuer. – Ladrão.

O homem nuer não disse nada, mas seus olhos estavam cheios de raiva enquanto ia embora.

— Você não me ouviu, seu *nyigat*? – insistiu o dinka.

O silêncio pairou no ar quando o soldado nuer parou e se virou. Todos estavam olhando para ver o que faria. Agora a situação estava assim em Kurki 1, porque alguns dias depois de Lam e eu voltarmos da batalha, o ELPS fora forçado a se retirar de Juba. A munição e os suprimentos acabaram após vários dias de intenso combate, e teríamos que atacar novamente para conquistar a cidade. Eu tinha certeza que John Garang conseguiria motivar soldados exaustos a lutarem mais uma vez, mas alguns estavam furiosos por tantos homens terem morrido por nada. Agora eles se voltavam uns contra os outros, à medida que os problemas entre os dinka e os nuer pioravam. As tropas estavam chegando a Kurki depois de serem atacadas a facão, e ouviam-se histórias de que alguns haviam sido alvejados por seus próprios companheiros durante as batalhas.

Assisti aos dois soldados caindo um sobre o outro na minha frente, lutando e dando socos, tentando alcançar suas armas, na defesa de suas tribos. Eles foram rapidamente separados, e Lam e eu não dissemos nada e voltamos ao nosso jogo de dominós quando fizeram com que aqueles soldados marchassem para fora dali. Eu me sentia calmo por dentro, esperando pela minha próxima batalha, e Lam e eu conversamos sobre o dia do ataque. Sabíamos que deveríamos ter deixado os *jallabas* vivos e que poderíamos arrumar problemas se nos descobrissem, mas, às vezes, não conseguíamos controlar as nossas línguas.

– A gente matou os *jallabas* de um jeito muito fácil – Lam dizia. – Devíamos tê-los machucado mais.

– Acorde – uma voz sussurrou ao meu ouvido.
Abri rapidamente um olho, pronto para lutar. Os árabes estavam atacando?
Olhei para cima e vi Lam sobre mim.
– Vamos lá. Estamos indo embora.

Como fazia todas as noites, eu dormia com a minha camisa e meu short cáqui, então simplesmente levantei, peguei minha arma e segui Lam para fora do *tukul*. Os soldados se moviam silenciosamente na escuridão, como formigas. Amarrar sacos de milho, enrolar fileiras de bala em volta da cintura, carregar bolsas nas costas – todo mundo tinha uma tarefa a fazer.

– O que está acontecendo? – perguntei a Lam enquanto andávamos até um armazém. – Para onde estamos indo?
– Shhh – ele disse.

Olhei para o saco pendendo sobre o seu ombro. Ele devia estar partindo também. Não queria que Lam fosse à batalha sem mim.

– Peguem estes – disse um soldado quando chegamos ao armazém, e me entregaram milho e munição.

As armas nunca saíam daquele armazém. Talvez aquilo tivesse alguma coisa a ver com Wang Chouk, um importante comandante que chegara a Kurki naquela mesma noite. Mas agora eu estava aprendendo a ficar quieto quando devia, e não disse nada enquanto prendia a alça do meu AK-47 em volta do ombro.

Não conseguia carregar o grande saco de milho que me deram, e corri para pegar a minha bicicleta, para apoiá-lo nela. Quando os soldados começaram a marchar em linha até o rio, me juntei a Lam. Adiante, podia ver Yen Makuach, o oficial responsável pela parte mais avançada da linha de frente, que tinha pegado para mim a minha primeira bicicleta. Fiquei me perguntando por que ele estava ali com a gente, e não na batalha.

Chegando à margem do rio, esperamos na escuridão enquanto a tropa se movimentava para um grande barco de madeira, usado para transportar soldados e mantimentos. Éramos muitos, e o barco não conseguia levar todo mundo, então tivemos que atravessar em grupos. A noite estava negra enquanto eu esperava parado na margem, mas quando Lam e eu chegamos mais para frente, consegui ver um soldado deitado no chão. Ele era o encarregado de guardar o barco, mas suas mãos haviam sido amarradas juntas, sua boca, amordaçada, e uma arma era segurada sobre ele. Olhei para Lam, mas ele olhava em frente, sem me ver.

Entramos no barco e, mais uma vez, tudo ficou em silêncio enquanto nos movíamos pela água. Lam continuava sem dizer nada, mas chegou uma hora em que não consegui mais controlar a minha língua, quando desembarcamos e ficamos esperando o resto dos soldados cruzar o rio.

– O que está acontecendo? – sussurrei.

Lam apenas levou o dedo aos lábios, enquanto três guardas ELPS responsáveis pelo rio eram arrastados até um oficial. Eles também haviam sido amarrados e amordaçados.

– Onde estão os seus rádios? – o oficial disse duramente. – Precisamos deles. Deem-nos os rádios.

Os guardas ficaram olhando para o oficial até um deles balançar a cabeça. Uma arma bateu na sua têmpora, e o homem hesitou um instante quando a ordem de seguir foi gritada acima de nossas cabeças. Quando deixamos os guardas para trás, ouvi tiros soando à distância. Um. Dois. Três.

Não entendia nada. O que estava acontecendo? Por que tiros foram disparados contra os nossos companheiros do ELPS? Eram espiões?

– Para onde estamos indo? – perguntei a Lam novamente.

Ele olhou para mim.

– Desertar – ele disse, em voz baixa.

Olhei fixamente para ele. Como assim? Deixar Kurki? Deixar John Kong e as batalhas que sabíamos estarem nos esperando lá?

– Vamos nos juntar ao dr. Riek Machar. Não podia contar antes, Jal, porque sabia que você nunca ficaria em silêncio. Lembrei-me do homem que encontrara havia tanto tempo em Itang. Naquela época, ele era um dos amigos mais importantes de John Garang, mas agora era seu inimigo, do mesmo modo como os soldados dinka e o nuer do ELPS estavam se tornando inimigos bem diante dos meus olhos.

– Nós não estamos seguros aqui – continuou Lam. – Você tem visto o que vem acontecendo com soldados nuer como nós. Somos parte do ELPS, mas estamos sendo mortos por nossos companheiros. Aqueles guardas teriam avisado os outros se nós não os tivéssemos capturado primeiro. Eu já cavei a minha própria cova uma vez antes, não vou esperar aqui até que isso aconteça novamente.

– Mas onde está Riek?

– O campo dele é em Waat. Ele reuniu um novo exército lá, chamado de ELPS Nasir, e vamos marchar para nos juntarmos a eles. John Garang não vai aceitar nada diferente da vitória sobre todo o Sudão, e travará essa guerra para sempre. Mas Riek quer autonomia para o sul do Sudão, longe dos *jallabas*, e isso é algo que podemos conseguir. É melhor para nós assim.

Olhei fixamente para Lam. Waat era bem longe ao norte, entre Leer, a área onde Riek e Baba tinham nascido, e a fronteira com a Etiópia.

– Você não vai poder levar a sua bicicleta – Lam disse.

Meu estômago se contorceu. Deixar a minha bicicleta? Deixar Kurki? Deixar todas as coisas que eu tinha juntado durante os longos meses que passei lá – um mosquiteiro, um lençol, dois shorts?

– Não se preocupe – disse Lam, lendo os meus pensamentos enquanto eu olhava para frente, cheio de raiva. – Eu peguei quase todas as suas coisas. Embrulhei para você.

Meu corpo relaxou por um instante. Lam era meu amigo. Ele estava certo. Eu não entendia o que estava acontecendo, mas o seguiria.

\* \* \*

Primeiro marchamos por colinas e florestas, muitas vezes viajando à noite, para evitar o ataque dos árabes ou de outras forças do ELPS, enquanto um soldado com uma bússola nos indicava a direção a seguir. Quando a marcha acabava, comíamos um pouco de milho antes de deitarmos nas esteiras de dormir. Havia muitas coisas para olhar enquanto caminhávamos – pássaros, flores, frutas e árvores – e também bastante comida. Matamos animais e comemos goiabas, mangas e bananas que encontrávamos crescendo em árvores. Mas o terreno nem sempre nos era favorável, e campos minados pegaram alguns de nossos soldados enquanto passávamos. A perna de um menino explodiu a poucos metros de mim, e ele teve que ser deixado para trás, aos cuidados de aldeões. Mas, na maior parte do tempo, a marcha seguia em paz, e Lam caminhava ao meu lado. Eu continuava sem questionar para onde estava indo. Se Lam e Yen Makuach achavam que o que fazíamos era certo, eu os seguiria. Nós nos juntaríamos a Riek e encontraríamos a guerra novamente. Mataríamos os *jallabas* como antes.

Rapidamente tínhamos feito um novo amigo, chamado Lual, que eu já tinha visto em Kurki, mas com quem nunca tinha conversado. Lual nos disse que tinha quinze anos e era de Bahr al-Ghazal, uma das áreas mais atingidas pela guerra, porque era onde ficavam os campos de petróleo. Agora ele era guarda-costas de Wang Chouk, o comandante que liderava a nossa deserção. Ele, Lam e eu ficamos conversando enquanto andávamos. Tanto Lual quanto Lam sonhavam em voltar para as suas aldeias algum dia, e eu logo comecei a sonhar com isso também. Havia muito tempo que não pensava na minha casa, mas longe do campo de batalha, na tranquilidade do interior, as memórias apareciam na minha cabeça como moscas caindo na água.

– Vamos procurar o seu pai – o capitão Yen Makuach me disse quando avancei nas nossas linhas para encontrá-lo. – E se ele estiver vivo, você vai poder voltar para a sua aldeia.

Eu me sentia dividido por dentro quando pensava no Baba, mas conforme os dias se tornavam semanas e caminhávamos por horas e horas, lembrei de Nyagai, Nyakouth, Nyaruach, Miri e Marna. Onde eles estariam atualmente? Será que continuariam seguros em Luaal? Nyakouth devia ser uma mulher agora. Será que Nyaruach continuava falando tanto como sempre? E Miri e Marna deviam ser garotos, em vez dos bebês de que me lembrava.

Fiz muitas perguntas aos oficiais enquanto andávamos, e eles me contaram por que escolheram deixar o ELPS. Era difícil para mim entender aquilo quando lembrava das lições do *talemgi* sobre lealdade.

– Não escolhemos, fomos levados a isso – diziam. – John Garang não quer que ninguém o questione, e os dinka dizem que o ELPS é deles. Costumávamos lutar com um só espírito, mas agora os nuer são chamados de ladrões. É por isso que devemos nos juntar a Riek e lutar por um sul do Sudão independente.

Aprendi a concordar com eles à medida que pensava no que diziam. Não queria lutar contra meus companheiros soldados, nem gastar energia com discussões entre as tribos, se tudo o que desejava era matar *jallabas*.

Quando a floresta começou a ficar mais rala e a savana seca se estendeu à nossa frente, as coisas mudaram. Depois de cerca de um mês de marcha, o nosso milho começou a acabar, e nos mandaram comer o pouco que ainda tínhamos sem cozinhar, porque dessa maneira enchia mais.

Wang Chouk nos exortava a seguir todos os dias.

– Estamos a menos de uma semana de Waat – ele dizia, mas eu sabia que os soldados acreditavam que o nosso comandante havia trazido consigo má sorte, porque sua esposa era a única mulher entre nós. Todos sabíamos que ela se recusava a carregar uma pedra para afastar maus espíritos, porque Lual colocava escondido a pedra no bolso do seu vestido ou das suas calças todos os dias, e ela sempre jogava fora.

À medida que a comida foi rareando, os oficiais nos disseram para usarmos nossas habilidades de soldados, e passamos a procurar plantas que pudéssemos cozinhar ou folhas de árvores para comer. Elas não tinham gosto bom, mas eu aprendera muito tempo antes, na marcha para a Etiópia e em Pinyudu, a pegar comida em qualquer lugar que pudesse encontrá-la. Algumas pessoas se envenenaram por comerem coisas erradas, outras foram ficando mais fracas enquanto continuávamos andando, e as suas barrigas cresceram arredondadas, ao mesmo tempo em que ossos começaram a aparecer como varas sob a pele fina.

Lam, no entanto, se recusava a comer o que encontrávamos, dizendo:

– Não sou um animal. Eu como milho e carne, e não as folhas das árvores. Logo estaremos em Waat, e eu vou comer tudo o que quiser.

O garoto ficou deitado embaixo da árvore enquanto a fileira de soldados ia embora, deixando-o para trás ao marchar para dentro da savana poeirenta. Ele sabia que logo estaria sozinho naquela planície, deitado sob um céu vazio, que parecia não acabar nunca.

Lam, Lual e eu nos viramos para observá-lo. O menino era um pouco mais velho que eu, e ficara febril após ferir suas pernas. Os soldados grandes o haviam carregado, mas agora só tinham forças para erguer seus próprios membros naquela dura jornada. Deixaram o menino sentado embaixo da árvore com um mosquiteiro, uma esteira de dormir, e um G3.

– Disseram que vão voltar para buscá-lo quando chegarmos a Waat – Lam disse baixo.

A voz do menino soava fraca como um sussurro enquanto pedia aos soldados que passavam para carregá-lo.

Eu, Lam e Lual não dissemos nada, parando de andar.

– O que devemos fazer? – perguntou Lual.

– Esperar com ele – eu disse.

Os garotos mexeram a cabeça afirmativamente, olhando para mim. Todos sabíamos que, se qualquer um de nós fosse deixado embaixo de uma árvore como aquela, íamos querer alguém ao nosso lado, esperando que voltassem com a ajuda.

*Filho da Guerra*

– O que vocês estão fazendo? – um soldado grande disse enquanto estávamos ali parados conversando. – Comecem a andar e continuem seguindo.

Lual, Lam e eu nos olhamos, incertos sobre o que fazer. Queríamos ajudar o menino, mas tínhamos que cumprir ordens.

– Façam o que estou dizendo e não olhem para trás, ou serão punidos – disse o soldado.

Seus olhos nos diziam que não podíamos argumentar. Deixamos o garoto para trás. Tínhamos que andar. Continuar seguindo.

Senti medo quando comecei a caminhar. Se aquele garoto estava sendo deixado para trás porque era fraco demais, então o que aconteceria comigo se também ficasse fraco? Será que Lam e Lual seguiriam adiante enquanto eu ficava ali parado?

Um tiro foi disparado no ar e eu me virei para olhar para trás. Ao longe, consegui ver o corpo do menino caído contra a árvore. Metade da sua cabeça tinha sido destroçada, e a arma estava pousada no chão, ao lado dele.

Andar, continuar seguindo, foi isso o que o soldado disse, então foi isso o que eu fiz, mas sabia que nunca esqueceria o que estávamos deixando para trás.

Um corpo pode gritar pedindo comida ou água, mas a mente sempre esperneia mais alto. À medida que as semanas poeirentas na savana passavam e a nossa marcha continuava, eu via meninos e homens serem levados à loucura por causa da fome e da sede. Soldados lutavam por fragmentos de ossos, isso se conseguíssemos encontrar animais para matar, e fiquei em silêncio quando um *jenajesh* apontou sua arma para um garoto mais novo e ameaçou atirar se ele não mijasse em um copo. Muitos homens atiravam em si mesmos quando percebiam que não conseguiriam mais avançar, enquanto outros simplesmente deitavam no chão e nunca mais levantavam. Havia também discussões entre os sobreviventes depois que o soldado com a bússola desapareceu, e ninguém sabia em que direção continuar viajando. Wang Chouk usava o sol e as estrelas para se guiar, mas alguns se recusaram a ouvi-lo e se separaram do nosso grupo.

À noite, e de manhã cedo, acordávamos e lambíamos o sereno das plantas – as gotas do líquido reavivavam nossas línguas, e ficávamos ofegantes, desejando mais. Mas quando o sol subia mais alto no céu e os seus raios batiam em nós, meus ossos pareciam novamente tão secos quanto a terra embaixo dos meus pés. Às vezes, comíamos as hienas e os abutres que seguiam as nossas fileiras e eram abatidos quando lutavam para pegar rapidamente os corpos deixados nos nossos rastros. Mas logo até eles desapareceram, sabendo que, se chegassem perto demais, a morte os levaria tão certamente quanto estava nos levando. Fiquei acostumado a ouvir os tremores e ruídos da última respiração dos homens, quando sussurravam silenciosamente e morriam no chão, ao meu lado. Lam, Lual e eu ficamos mais magros e fracos. Quando olhava para eles, via a mim mesmo: ossos se projetando e piolhos andando pelos cabelos e pele.

A vida estava sendo lentamente drenada de mim. Meu estômago ardia e eu apertava cada vez mais o cinto em volta do meu short para diminuir a dor. O sol batia escaldante na minha cabeça, e a sede fazia a minha língua parecer pesada. Meus pés ficaram arroxeados e um dos meus pequenos dedos dos pés infeccionou. Logo ele começou a se putrefazer, e ri uma noite quando a ponta dele caiu na mão de Lam, que o massageava. No íntimo, fiquei assustado porque sabia que, se não continuasse andando, morreria. A única coisa que nos dava força eram as palavras de Wang Chouk, que nos encorajava a seguir adiante. Sabíamos que logo chegaríamos a Waat.

– Só mais alguns dias – Lam me dizia. – Então estaremos lá.

– E aí vamos ter todo o leite que quisermos beber e cabras para comer – Lual acrescentava.

Deitado sob uma árvore, eu podia ouvir o feiticeiro chamando a chuva. Era um soldado que chamávamos de À Prova de Balas, e todos sabiam que ele usava feitiçaria para se proteger das armas.

Virei a cabeça para olhar quando ele jogou conchas no chão. Sua voz soava abafada e indistinta, como se meus ouvidos estivessem cheios de água depois de eu ter nadado em um rio, e eu podia ver dois dele de pé à minha frente. Lam e Lual estavam em silêncio ali perto. Fracos demais para conversar ou nos mover, estávamos descansando, e eu sabia que vários no nosso grupo nunca se levantariam novamente. Agora já fazia muitas semanas que estávamos sem comida adequada, e dias sem água.

Olhei para cima, para o sol claro. Pontos negros e vermelhos surgiram queimando nos meus olhos, e imagens apagadas da minha casa apareceram com flashes na minha frente: Nyakouth batendo com as mãos em uma pequena bola feita de folhas de palmeira, antes de correr em volta de um campo com oito buracos enquanto jogávamos *kurai*; Nyaruach gritando e eu a perseguindo um dia depois de descobrir que ela havia contado histórias sobre mim novamente; a barriga inchada da minha mãe e eu lhe perguntando de onde tinha vindo quando era bebê. Ela me disse que tinha me encontrado no mato, e fiquei imaginando se Baba também me daria um irmão ou uma irmã quando pensei na sua barriga gorda.

O feiticeiro continuou a cantar suavemente. Eu sabia que os soldados à minha volta estavam rezando para os seus deuses trazerem chuva. Pensei no Deus da mamãe, que eu já tinha esquecido havia muito tempo. Estava cansado da guerra, da luta entre os homens, dos companheiros se voltando uns contra os outros com as suas armas em meio à poeira. Queria voltar para casa para morrer com a minha família.

Algo se agitou dentro de mim. Pensei novamente no Deus da mamãe.

– Por favor, traga chuva para nós – rezei.

Lambi meus lábios e senti uma grossa cobertura sobre eles. Minha garganta estava seca. Eu não conseguia engolir. Minha cabeça ficou confusa e leve.

Uma sombra se estendeu sobre mim, enquanto algo caía na minha pele como o toque da ponta de dedos frios, mais um toque, mais um, e outro. Baixei os olhos e vi uma tinta escura carregando a poeira clara do meu braço. Ergui a mão e a lambi. Água.

– Está chovendo – ouvi alguém gritar.

Soou o estrondo de um trovão, o estalo de um raio, e os homens gritaram de alegria quando a chuva começou a cair; alguns ficaram de pé, com a boca aberta, outros deitaram, rindo, na lama que logo se formou. Sentando-me, agarrei a terra com as mãos. Sabia que devia cavar um buraco e colocar a minha esteira de dormir ali dentro para guardar essa chuva, que viera como um milagre para nos salvar. À distância, a savana estava seca como sempre – a chuva só caía sobre a árvore onde estávamos. Por toda a minha volta, os soldados afirmavam que tinha sido o Deus deles que trouxera a chuva, enquanto outros agradeciam ao feiticeiro. Fiquei imaginando se não tinha sido o Deus da mamãe que fizera aquilo.

"Ele sempre cuidará dos que acreditam", lembrei das suas palavras, enquanto olhava para a água que se acumulava no buraco que eu cavara.

Depois daquele dia, a savana seca deu lugar a uma terra mais úmida, onde andamos entre pântanos, brejos e ilhas de papiro, com a nossa pele ficando esbranquiçada e murcha à medida que entrávamos e saíamos da água. Caramujos, ratos e sapos infestavam aquele ambiente cheio de água, e, à noite, preparávamos um banquete com eles depois de fazer fogo com mato e pólvora. Mas Lam continuava se recusando a comer. A única coisa que carregava agora era a sua arma. Sua bolsa era pesada demais para ele erguer enquanto bambeava sobre as pernas magérrimas.

– Quer um pouco? – perguntei a ele, tirando um pedaço de rato do fogo.

– Não – insistia Lam. – Estamos bem perto de Waat. O que vou dizer às pessoas na minha aldeia se comer uma coisa dessas?

Pensei nos homens que morriam com os seus orgulhos de leão, recusando-se a comer qualquer comida que conseguíssemos agarrar nesse lugar de fome. Eu não era como eles. Caramujos enchiam o meu bolso porque eu sabia que logo voltaríamos para o cemitério da savana. A morte veio ao nosso encontro mais uma vez quando isso aconteceu, porém continuei andando. Continuar seguindo. Sem olhar para trás. Algo dentro de mim me mantinha de pé enquanto eu via soldados grandes e *jenajesh* vacilarem e caírem no chão sob o sol do meio-dia.

Devia restar cerca de quarenta de nós quando histórias sobre o feiticeiro começaram a ser sussurradas de ouvido em ouvido. Diziam que ele sobrevivia porque cometia um pecado. O pior pecado que uma pessoa pode cometer. Um pecado que entrava em você, se tornava parte de você, e nunca mais o deixaria. A carne se tornando carne – o feiticeiro, exatamente como os abutres que nos seguiram antes, estava comendo os mortos.

Uma noite me levantei e ergui a cabeça para olhar para ele à distância. Pude ver o feiticeiro agachado sobre um formigueiro em frente a uma fogueira queimando alaranjada na escuridão. Alguma coisa estava jogada no chão à sua frente, e ele a levou às chamas. Virei minha cabeça para o outro lado.

O rosto de Lam estava contraído e seus ossos se projetavam do corpo. Lual e eu tentávamos alimentá-lo com um mingau feito de sementes de *buaw*. Espalhando a comida dentro da boca dele, fechei seus lábios antes de passar a mão na sua garganta. Mas a boca de Lam se abriu e a massa mole do mingau caiu na minha mão. Ele tinha que comer.

Afundei minha mão no mingau novamente e peguei mais um pouco. Enfiei na boca dele, estiquei meus dedos até o fundo da sua garganta – qualquer coisa para botar e manter a comida dentro dele. Mas o mingau caiu da boca de Lam novamente. O desespero queimou dentro de mim. Sentia-me fraco e cansado.

Uma mão tocou o meu ombro, olhei para trás e vi Wang Chouk parado de pé.

– Deixe-o – ele disse.

Olhei de novo para Lam. Sua respiração estava irregular e superficial, seus olhos tremiam enquanto eu pegava mais um pouco de mingau e levava à sua boca.

– Ele não consegue comer agora – disse Lual. – Está fraco demais.

Minha mão estava parada e meu coração desacelerou até que ouvi o som que tinha aprendido a conhecer tão bem – um chiado baixo, e então o silêncio. Levei a minha orelha à boca de Lam. Nada. Sem respiração, sem vida.

Mais tarde, naquela mesma noite, Lual e eu pedimos a Yen Makuach para nos ajudar. Sabíamos o que devíamos fazer. Os soldados estavam matando e comendo as hienas que vinham atrás dos corpos. Lam nos ajudaria agora. A lua iluminava o terreno seco enquanto nós três carregávamos o seu corpo para a savana. Podíamos ouvir as hienas no mato, rindo juntas como mulheres e começando a caçar. Em silêncio, Yen Makuach nos mostrou como prender granadas de Uganda ao corpo de Lam. Tirando os pinos e apertando bem o botão de segurança, amarramos uma corda em volta da sua barriga, da garganta e das pernas, antes de prender a granada nela. As hienas puxariam a corda quando viessem atrás de Lam e acionariam os explosivos. Então poderíamos comê-las.

Não olhei para trás, para o meu amigo, quando o deixamos na savana escura. Não sentia nada enquanto voltava para deitar na minha esteira de dormir, e esperava as horas escorrerem lentamente até que o som das granadas começou. Eu me sentia como se fosse desaparecer de repente, enquanto meu corpo se enfraquecia.

Quando a explosão finalmente veio, eu me mexi para levantar. Minha cabeça parecia pesada, puxando-me para baixo quando tentava levantá-la. Minha pele estava cinzenta e os ossos da minha bacia se projetavam dos dois lados do meu corpo. Lentamente, levantei um pé e comecei a me mover. Vacilei um pouco, e o meu short escorregou, revelando ovos de piolhos que enchiam a altura da minha cintura.

Andei devagar. Só tinha que me apoderar da hiena morta, me alimentar e dar a mim mesmo energia suficiente para seguir adiante. Continuar andando. Seguir em frente. Não olhar para trás.

Mas, quando cheguei ao lugar onde tínhamos deixado Lam, senti a raiva bater forte na minha barriga. Não havia nada onde a gente o havia deixado deitado. As hienas levaram a melhor sobre nós – depois de terem se enchido, deixaram a gente com fome.

Logo após aquele dia, Lual também morreu. Estávamos deitados juntos embaixo de uma árvore por vários dias, fracos demais para andar adiante, esperando o sobrinho do Yen Makuach nos salvar. Ele havia nos deixado duas semanas antes para procurar aldeões com quem pudesse trocar armas e balas por comida. Agora não nos restava mais forças para continuar andando, e ficávamos descansando por várias horas seguidas.

Estava escuro quando olhei para Lual e percebi que ele também me deixaria em breve. A morte estava vindo rapidamente para ele, correndo pela noite enquanto o dia desaparecia. Eu não estava surpreso. Sabia que ela podia vir em um instante quando escolhia você.

Baixei minha cabeça e pousei o nariz contra a dobra do braço de Lual. Sua pele estava quente, macia. Tinha cheiro de carne ressecada. A saliva encheu a minha boca.

Será que eu podia fazer como o feiticeiro?

Afastei a minha cabeça, virando o rosto para o outro lado.

Mamãe, cadê você? Mamãe, você está por aqui?

Houve um chiado baixo antes que o silêncio de Lual enchesse o ar à minha volta.

Ele estava morto. Tinha partido.

Será que Lual poderia me salvar, ao contrário de Lam?

Fechei meus olhos, e sombras dançaram no fundo da minha mente. Ouvi sons...

Mamãe cantando hinos, as vozes na igreja se levantando juntas, em louvor.

Mamãe rezara durante a guerra, e as bombas nunca nos atingiram.

Rezei embaixo da árvore e a chuva caiu.

Eu sabia que, se Deus não me salvasse, eu comeria pela manhã. Lual estava tão perto. Seu corpo continuava quente e eu sentia o seu cheiro em minhas narinas. Precisava dele. Eu morreria também se ele não me ajudasse.

Mas será que eu conseguiria fazer aquela coisa horrível?

Meus olhos tremeram ao se fecharem e eu rolei para o outro lado, afastando-me de Lual.

Eu o sentia tão perto, sentia seu cheiro entrando dentro de mim e agarrando o meu estômago. Era tão bom. Tão doce.
*Socorro, mamãe.*
*Deus, se você está aqui, então me mostre o caminho.*
As horas da noite escorreram lentamente enquanto eu ficava deitado ao lado de Lual. Minuto a minuto, hora a hora, permanecia acordado com meu corpo e mente travando uma guerra dentro de mim, até que disse a mim mesmo que, se Deus não me salvasse pela manhã, eu comeria. Esperaria só mais um pouquinho para ver se Ele ouviria minhas preces.
*Pai nosso. Ajudai-me.*
*Pai nosso. Que estás no céu. Santificado seja o vosso nome.*
*Pai nosso. Perdoai as nossas ofensas.*
Quando o sol brilhou quente na minha pele e a luz preencheu o céu, virei a cabeça para olhar para Lual deitado ao meu lado. Deus não tinha me ouvido.
Eu sabia o que devia fazer agora.
Olhei para o céu e uma sombra negra passou no canto do meu olho. Um corvo. Alcancei a minha arma. Se conseguisse matar o pássaro, me alimentaria com ele. Sobreviveria com a sua carne. Não cometeria um pecado que mancharia minha alma para sempre. Mas meu braço estava fraco demais para erguer o pesado AK-47, e meus dedos se fecharam suavemente sobre ele.
*Pai nosso. Que estais no céu. Onde o senhor está agora?*
De repente, um tiro estalou no céu e eu vi um menino à minha frente desabar no chão com a sua arma. Eu sabia que ele havia atingido o pássaro, porque um monte de penas pretas caiu no chão. O menino não se movia, nem o pássaro. Lentamente me coloquei de joelhos e comecei a me arrastar até o corvo. Comida. Deus fizera o que eu tinha pedido. Ele me livrara do mal. E logo Ele me salvaria novamente.

## CAPÍTULO 19

Eu marchava em uma fileira de soldados, com a minha arma alta ao meu lado. Já estava em Waat havia várias semanas – era um entre cerca de uma dúzia que sobrevivera à jornada pelo deserto partindo de Juba. O pássaro que comi no dia em que Deus me salvou me manteve vivo por tempo suficiente para que eu fosse encontrado pelo sobrinho de Yen Makuach, que acabou voltando com os aldeões que ele fora procurar quando nos deixou. Depois de trocarmos com eles a arma de Lam por uma perna de bode, um aldeão me impediu de encher demais a minha barriga, amarrando-me e me alimentando com pedaços pequenos o suficiente para que meu estômago retraído conseguisse digerir. Outros garotos não tiveram tanta sorte, e morreram naquela noite, depois de comerem demais e muito rápido.

Wang Chouk, sua esposa e Yen Makuach também estavam entre os que conseguiram atingir o campo de Riek Machar, e, quando chegamos, descobrimos que a fome estava levando os aldeões de lá do mesmo modo como levara os nossos companheiros. Na parte mais afastada do campo, achei uma criancinha esquelética agachada de quatro com a cabeça apoiada no chão, enquanto um abutre bicava as fezes que escorriam do seu corpo. A mãe da criança estava jogada ali perto, fraca demais para fazer qualquer coisa, exceto bater suavemente com um graveto no chão, tentando assustar o pássaro para longe. Ao correr para persegui-lo, eu sabia que tanto a mãe quanto a criança em breve seriam levadas.

Muitos se recusavam a comer abutres, que se alimentavam da morte, mas eu comia a carne deles para sobreviver em Waat.

A fome deixara sua marca em mim, e a dor me despedaçava por dentro quando eu enchia o meu estômago; mesmo assim, não queria parar de comer. Eu tremia quando via a comida e a pegava, mas as coisas melhoraram quando os *khawajas* nos trouxeram comida de refugiados. Assim como em Pinyudu, os funcionários de ajuda humanitária não sabiam que os sudaneses que os assistiam distribuindo comida eram frequentemente soldados, agora pertencentes ao terreno de Riek. Fomos bem recebidos lá após a nossa longa jornada, e logo descobri uma maneira de me tornar popular, usando a escrita que eu aprendera no campo de refugiados para fazer uma lista de nomes enquanto os soldados distribuíam comida.

Aos poucos, fui ficando mais forte, mas, hoje, a arma pesada ao meu lado ainda me puxava para o chão enquanto eu marchava. Estávamos voltando para o terreno após distribuirmos comida, e eu podia ver duas mulheres *khawajas* paradas ao sol na minha frente. Sabia quem era uma delas. Ela se chamava Christine, e eu a encontrara no lugar de distribuição de comida logo após chegar a Waat, mas não reconhecia a outra mulher. Christine era baixa e tinha os cabelos da cor da grama seca da savana, já a mulher ao lado dela era alta e morena.

– *Khawajas* – gritei, enquanto passava marchando. – *How are you?*

Elas sorriram e vieram na minha direção, falando com aquelas vozes estranhas que eu ouvira em Pinyudu.

– Você quer ir para a escola? – a *khawaja* morena perguntou, inclinando-se para olhar para mim.

– Sim, escola, escola – respondi com um sorriso e parei.

Ela apontou para mim, e então para a minha arma.

– Você vai para a escola. Essa arma fica aqui.

– Sim, sim, escola, escola.

Christine e a outra mulher riram e começaram a andar novamente.

– Você Estados Unidos? – perguntei, me lembrando de Mary.

– Não, não, Inglaterra – a *khawaja* morena respondeu.

Enquanto as mulheres conversavam, embora eu não conseguisse entender as palavras, podia perceber que estavam discutindo e olhando para mim.
– Quem vencer? Eu vou escola – eu disse, com uma risada.
A *khawaja* morena se inclinou mais uma vez para falar comigo. Seus olhos eram bondosos quando ela segurou minhas mãos poeirentas. Ela não tinha medo de tocar em mim. Que nem a Mary.
– Você quer ir para a escola? – ela perguntou.
Olhei de volta para ela. Já fazia tanto tempo que não pensava na escola. Tinha esquecido todos os meus sonhos de aprender a pilotar *nyanking*. Mas quando abri a boca para falar, uma voz começou a gritar, e eu me virei para ver um soldado grande do ELPS correndo na minha direção.
– Você – ele gritou. – O que está fazendo com essas *khawajas*? Afaste-se delas e volte para o terreno.
Quando eu estava me virando para começar a correr, um oficial andou até o soldado e disse:
– O que você está fazendo? Deixe essas mulheres em paz.
– Mas elas estavam tentando falar com o Jal – o soldado respondeu.
– Bem, elas podem fazer o que quiserem.
– Por quê? Essas *khawajas* não deviam ficar falando com os nossos soldados. Estão aqui para distribuir sua comida, só isso.
– Não essa mulher – o oficial disse, apontando para a *khawaja* morena.
– Como assim? – perguntou o soldado.
– Ela é diferente.
– Por quê?
O oficial olhou para a mulher alta e orgulhosa, e disse:
– Porque ela é esposa de Riek Machar.
Eu olhei para a *khawaja* por um momento antes de me virar e começar a ir embora. Havia algo peculiar nela. Eu podia ver fogo em seus olhos.

\* \* \*

Eu via a esposa *khawaja* frequentemente após aquele dia. Ela se chamava Emma, e, para qualquer lugar que ela fosse, seu cachorro vermelho e branco chamado Come On a seguia. Deram esse nome a ele porque era isso que Emma sempre dizia ao cachorro quando andava e ele vinha trotando atrás.

Logo ela começou a me ensinar inglês. Eu sabia pouco sobre ela, além de que era uma *khawaja* com muitos sorrisos e com os bolsos cheios de biscoitos. Mas depois eu aprenderia mais sobre Emma McCune. A inglesa havia se apaixonado pelo Sudão durante uma visita em 1986, e voltou três anos depois para ajudar agências humanitárias a estabelecer escolas. Nada, nem mesmo a guerra, seria capaz de detê-la. Emma viajou por desertos e zonas de batalha para conversar com aldeões e entregar mantimentos, e milhares de crianças foram educadas graças aos seus esforços. Destemida, independente e, às vezes, inconsequente, era diferente de qualquer outro agente de ajuda humanitária, e logo conquistou fama entre eles por não seguir as regras. Mas Emma não se importava, tudo o que queria era levar educação para um povo que desejava isso desesperadamente. A guerra, no entanto, era um inimigo constante em sua luta, e após ficar frustrada por comandantes do ELPS não permitirem que entrasse em certas partes do país, requisitou uma audiência com Riek Machar, em janeiro de 1990.

– Você tem ideia de como é frustrante quando as crianças que estou tentando educar têm que marchar para o mato para se tornarem meninos-soldados? – disse a ele.

A próxima vez em que Emma viu Riek foi um ano depois, após ter viajado mais de dois mil e quinhentos quilômetros – e conseguido atravessar dezoito quilômetros de uma floresta de acácia – para chegar onde ele estava. O comandante do exército ficou apaixonado por aquela *khawaja* aventureira, e o casal se casou em junho de 1991. É claro que aquela união era controversa. Os que apoiavam John Garang viam Emma como uma espiã, e ela perdeu o seu trabalho porque as pessoas acreditavam que não conseguiria mais ser imparcial na entrega da ajuda humanitária.

Mas Emma era querida pelo povo de Riek, e se envolveu em todos os aspectos da vida tradicional nas aldeias – aceitando, inclusive, a existência da primeira mulher de Riek, Angelina, que vivia na Inglaterra, porque ele a mandara para lá, para estudar em uma universidade. Emma sabia que um homem nuer tinha direito de ter mais de uma mulher, e não era apenas a sua mente aberta e a sua figura alta e magra que a faziam quase uma sudanesa branca. Seu coração era pleno, e vivia sem reclamar com o meu povo, entre a malária, a falta de comida e a violência das zonas de guerra.

Talvez Emma tenha me escolhido, ou talvez eu tenha escolhido Emma – não tenho como ter certeza agora –, mas eu sabia que alguma coisa em mim fazia com que ela se importasse firmemente. Talvez fosse porque ela estava tentando mudar a maré de desesperança da guerra havia tanto tempo que queria ter a certeza de que salvara pelo menos uma pessoa, ou talvez porque, em mim, as paixões da sua vida – crianças, educação, Sudão e Riek – estavam unidas. Como qualquer outra criança do sul do Sudão, eu já fora desesperado para ser educado um dia, e Emma reviveu esse sonho em mim. Eu também era parte da família de Riek, o que nos unia. Descobri, logo depois de chegar a Waat, que eu era parente de Riek por intermédio do Baba, porque ambos os homens tinham vindo da região de Leer. Nas amplas famílias africanas, isso significava que Emma e eu estávamos ligados um ao outro por parentesco.

Uma parte de mim gostava daquela mulher *khawaja*, que me trazia biscoitos e me dava remédios quando eu ficava doente. Eu me certificava de fazê-la rir com as minhas piadas como tinha feito com os *khawajas* em Pinyudu e os comandantes em Kurki, mas não entendia por que ela me escolhera. Ela nunca me disse, e também nunca me perguntou sobre a minha vida no ELPS. Em vez disso, conversávamos sobre o Sudão, seu povo e seus costumes. Emma me chamava de Emmanuel, um dos nomes com que me batizaram em Pinyudu, e que eu gostava porque alguém me disse que significava "Deus está conosco", e também porque o nome dela era Emma, e o meu, Emma-nuel.

Outra parte de mim, no entanto, não confiava naquela *khawaja* estranha, que se irritava com coisas que eu estava acostumado a fazer, como pegar comida dos lugares onde eu sabia que ficava escondida.

– Você não pode roubar – Emma me dizia, depois de eu ter encontrado *tahnia* em uma caixa de plástico no terreno dela. – Basta pedir, que eu dou.

Ela também não gostava quando eu chegava atrasado para as aulas.

– Se você quiser aprender melhor inglês, então precisa vir me ver – dizia. – Você tem que reservar tempo para isso.

Mas eu não lhe dava ouvidos, e na vez seguinte inventava outra história para explicar por que tinha me atrasado novamente.

Todos os dias Emma conversava comigo sobre a escola. Eu escutava enquanto ela falava, pensando na *nyanking* que eu sonhara um dia pilotar, e sabia que Riek também queria que os *jesh a mer* fossem educados. Ele chegou a Waat cerca de um mês depois de termos acabado a nossa marcha pelo deserto, promoveu Wang Chouk e mandou o comandante e Yen Makuach de volta para a batalha. Mas Riek não faria o mesmo com os *jenajesh*, e fiquei com medo quando conversas sobre o campo de refugiados de Kakuma chegaram aos meus ouvidos. Sabia que havia escolas por lá, mas não queria ficar lutando novamente pela comida dos *khawajas* e esperando. Preferia voltar para a guerra.

– Vou levar você comigo – Emma disse para mim, e eu sorri, pensando na terra das pessoas brancas.

Talvez, se eu fosse para lá, finalmente conseguisse aprender as coisas que precisava para me vingar dos *jallabas*. Riek podia não querer que eu voltasse para a batalha, mas isso não significava que eu tivesse parado de querer matar árabes. Queria a minha vingança tanto quanto sempre quis, e o ódio continuava a arranhar o fundo da minha garganta à noite, quando me deitava e pensava em tudo que tinha visto. Desde o ataque a Juba com Lam, percebi que precisava encontrar uma nova forma de lutar, porque percebera como os árabes eram bem equipados; e quando Emma falava comigo, perguntava a mim mesmo se ir para a escola em uma terra de brancos poderia me ajudar.

– Você é pequeno demais para viver na guerra, novo demais para ver as coisas que viu – Emma me disse. – Vou me certificar de que você vai para a escola.

Mas como eu poderia deixar o Sudão com essa mulher *khawaja*? Será que era isso que Deus queria para mim?

– Confie em mim, Emmanuel – Emma dizia em voz baixa. – Vou levar você para longe daqui.

Ela cumpriu sua promessa depois de Riek concordar. No começo de 1993, um pequeno avião aterrissou em Waat indo para o Quênia, e, escondido entre as malas que quatro guarda-costas grandes do ELPS carregavam, subi como pude uma escada para dentro do avião e me afundei entre as bagagens, enquanto Emma mantinha o piloto ocupado com risadas e brincadeiras. Rapidamente senti meu estômago se desfazer enquanto a terra ia ficando abaixo de nós, e me arrastei para frente, para onde ela estava sentada. Subindo em um assento ao lado do dela, sorri quando ela me olhou. Não sabia para onde estava indo nem o que estava acontecendo – tudo o que sabia é que a guerra tinha me ensinado a pegar qualquer caminho que conseguisse encontrar.

– Disse a você que conseguiríamos – Emma comentou, apertando a minha mão. – Eu disse.

Olhei à minha volta, para o quarto branco, até meus olhos pousarem em Emma. Ela estava segurando alguma coisa nas mãos.

– Isso é sabão.

Peguei aquela coisa das mãos dela e levei ao nariz. Tinha cheiro de fruta, e eu abri a boca.

– Não, Emmanuel, não – ela disse, tentando segurar minhas mãos.

Mas a fruta já estava na minha boca, e, de repente, um gosto tão estranho que fez minha garganta apertar se espalhou pela minha língua, e eu tossi.

Cuspi aquela fruta.
- Isso não é bom.
- Eu sei. Você não deve comer isso, Emmanuel. Isso é sabão. Você usa para se lavar.

Pensei na planta que crescia no rio e que eu usava às vezes na minha aldeia. Este lugar chamado Quênia era muito diferente, apesar de ser cheio de gente negra.

Depois de ter chegado a Nairobi, mais cedo naquele dia, fomos ficar com uma amiga de Emma, que se chamava Sally. Olhei bem para a cidade enquanto seguimos de carro a partir do aeroporto – havia prédios altos e mais luzes do que eu já tinha visto na minha vida, coloridas de azul, verde, vermelho e amarelo. A casa de Sally era grande, com flores no jardim, e observei em silêncio enquanto ela falava a seus cachorros para sentarem. Emma não era a única *khawaja* que falava com cachorros como se fossem gente. Mas Emma e Sally não percebiam que eu observava enquanto elas chiavam e riam juntas.

- Emmanuel? – Emma disse, e olhei para ela.

Ela estava apontando para uma grande cadeira branca, que ficava em um quarto que tinha um nome especial – banheiro. A cadeira parecia uma cabaça em cima de um tambor, e tinha uma tampa em cima. Com gestos e mímicas, Emma me mostrou como levantar o assento, sentar e fazer o que eu precisava antes de pegar um pouco de papel branco em um gancho ao lado.

- Isso é papel higiênico – disse.

Olhei fixamente para Emma. Como podia um quarto tão limpo ser usado para algo tão sujo, que eu sempre fazia no mato? Como alguém podia usar papel para se limpar, em vez de gravetos ou folhas? Mas, antes que eu pudesse perguntar, ela apertou a alavanca de metal que ficava ao lado da cadeira branca, e eu vi a água descendo com um ruído por ela. Como o rio chegava àquele quarto?

- Agora é a sua vez – Emma disse delicadamente, saindo dali.

Baixei meu short, olhando para a cadeira branca antes de sentar nela. Senti seu toque frio na minha pele, e fiquei pensando no que aconteceria se uma cobra viesse me morder saindo do rio.

Levantei. A cadeira era perigosa.
Silenciosamente, subi na cadeira, colocando um pé de cada lado, antes de me agachar em cima do buraco. Olhando por entre as pernas, fiquei feliz por agora poder vigiar e evitar que as cobras me pegassem.

Emma e eu ficávamos juntos todo o tempo naquelas primeiras semanas no Quênia. Ela me levou para ver seus amigos, comprou-me roupas, dormiu ao meu lado, e me deu papel e lápis para desenhar. Ela me mostrou como usar garfo e faca, me deu minha primeira escova de dentes, e, silenciosamente, limpou as manchas pretas cobrindo o banheiro branco quando eu usei carvão para limpar meus dentes, como sempre tinha feito.

Mas várias perguntas enchiam a minha cabeça quando olhava para Emma. Por que ela era tão boa para mim? Será que ia me vender, como eu tinha ouvido que algumas pessoas brancas que levavam crianças faziam? Eu sabia que cometia vários erros naquele lugar estranho. Quando me deram um copo, o quebrei; quando comi na mesa, joguei ossos de galinha por cima do meu ombro no chão; e quando brincava com crianças brancas, eu as fazia chorar.

Emma e eu tínhamos brigas terríveis às vezes. Eu não dava ouvidos a ela, ou fazia coisas erradas para testá-la. Mas Emma nunca ria ou gritava comigo.

— Você é meu irmão pequeno agora — dizia. — E é por isso que estou cuidando de você, que nem todos os sudaneses cuidam das suas famílias. Quero que você vá para a escola, para ter um futuro.

— Mas você não tem seus próprios filhos? — eu perguntava.

— Não.

— As mulheres no Sudão têm seus próprios bebês quando têm um marido.

— Eu sei, e quando chegar a hora certa, vou ter filhos com Riek, mas agora estou cuidando de você.

Então eu aceitava sem pensar o que Emma e as outras pessoas em volta dela davam, porque esquecera o que era amar. Sempre feliz e sorrindo, Sally tomava conta de mim também, e era como uma outra mãe. Logo depois de termos chegado ao Quênia, a mãe de Emma, Maggie, também veio ficar conosco, e eu a chamava de vovó, exatamente como haviam me dito para fazer. Gostava daquela mulher com olhos brilhantes que me deu uma coisa que eu nunca tinha comido antes, chamada chocolate, que deixava a minha boca espessa e cheia enquanto eu comia, além de uma bola de futebol de verdade. Mas nada era suficiente naquele lugar cheio de coisas novas. Quando vi um Game Boy pela primeira vez, na casa de um amigo, gostei tanto que voltei sorrateiramente para pegá-lo, e quando Emma me colocava para dormir, à noite, eu saía da cama e voltava para junto dos adultos, porque tinha feito o que queria durante muito tempo.

– Você é um menino pequeno – Emma dizia, me colocando para dormir de novo. – Precisa dormir e crescer.

Eu ficava com raiva quando ela dizia essas coisas. Eu não era um menino. Era um soldado, e, durante a noite, meus sonhos me perseguiam mais do que nunca. Via imagens na minha cabeça – facões cortando, bocas gritando, helicópteros atirando – e acordava coberto de suor, tremendo na escuridão. Às vezes, Emma tentava me acariciar, mas eu não gostava daquilo. Ela era uma mulher, e não devia ver o meu medo.

– Não tem guerra aqui – ela sussurrava no escuro. – Você está seguro agora.

Mas eu sabia que não estava, e continuava dormindo com um olho aberto, para ter certeza de que poderia ver o meu inimigo. Sentia falta do meu AK-47, e queria uma pistola para ficar seguro. Não entendia por que todos os *khawajas* não carregavam armas, e, deitado acordado durante a noite, pensava em voltar para o Sudão. Agora tinha visto com meus próprios olhos o que fora tirado do meu povo. Por toda a minha volta estava uma vida que os árabes não queriam que tivéssemos – comida, carros, escolas e paz – e prometi a mim mesmo que aprenderia tudo que pudesse na escola antes de destruir os *jallabas*. Alguns dos amigos de Emma que vinham nos ver eram muçulmanos, e embora ela tenha explicado que eles não eram os árabes do meu país, ficava observando eles enquanto jantávamos, olhava para a minha faca, e sentia vontade de cortá-los.

Eu me perguntava se eles sabiam o que eu estava pensando, porque assim como eu aprendera, no Sudão, a sentir o cheiro da batalha quando ela se aproximava, sentia que algumas pessoas ali não me entendiam, da mesma forma como eu não as entendia. Uma noite, fomos a um churrasco na casa de outros amigos de Emma, e enquanto as pessoas comiam e escutavam música, vi um *mawuna*. Será que os *khawajas* ali usavam aquilo para lançar bombas, que nem a gente fazia no Sudão?

Andei até o *mawuna* e, me esticando para cima, coloquei meu olho nele. A lua brilhou branca e enorme. Eu podia ouvir o vento que passava nos meus ouvidos. Uma bomba devia estar para cair a qualquer momento. Cobrindo as orelhas e virando para o outro lado, fechei os olhos.

– Bang – gritei.

Abri meus olhos outra vez e vi os *khawajas* olhando para mim, a comida deles parada no caminho das suas bocas.

– É um telescópio – ouvi uma voz dizendo.

– Não, é *mawuna* – respondi.

Mas eu podia ver que aquelas pessoas brancas não entendiam, e, às vezes, os ouvia conversando em voz baixa com Emma:

– O que você está fazendo? – eles diziam. – Você vive em uma zona de guerra, mal consegue se manter viva, e por que trouxe esse menino para cá, tão longe de tudo o que ele conhece? Você está perdendo seu tempo. Simplesmente deixe o menino em um campo de refugiados e visite-o quando puder. Ele é selvagem demais.

– Não, ele é brilhante, ele é especial – Emma respondia. – E vou me certificar de que vai para a escola.

Corri pela grama, segurando minha arma na mão e atirando.

– T-t-t-t-t-t – gritei, enquanto as balas passavam voando pela minha cabeça.

Os árabes estavam ali perto, se escondendo no mato e esperando para atirar em mim. Mergulhei no chão e fiquei em silêncio, levantando um pouquinho a minha cabeça para olhar para o jardim.

Sabia que podia ser um soldado enquanto Emma e Sally estivessem fora. Elas não gostavam quando eu me escondia no escuro e gritava para pegá-las de surpresa ao acenderem a luz, ou quando eu apontava para qualquer coisa que se movesse e fingia atirar. Achei muito chato quando fomos a um parque olhar os animais – eu já tinha visto todos eles antes, e só conseguia pensar em atirar neles. Emma também não gostava dos desenhos que eu fazia de jipes, tanques e casas pegando fogo, em vez de hipopótamos, pássaros e crocodilos.

– Você tem que desenhar coisas bonitas – ela dizia.

Olhei pela grama mais uma vez, e comecei a me mover para frente, segurando a arma na minha frente. Eu podia vê-la, apesar de ela não estar ali – o cano preto, a empunhadura marrom, uma pequena caixa de balas reservas em uma bolsa amarrada na minha cintura. Arrastei-me em silêncio para a frente, até chegar nos arbustos. Olhando bem para eles, vi que os árabes tinham partido. Por hoje.

Voltei para a casa silenciosa, e sentei em uma cadeira na sala de estar. Era chato ficar esperando a Emma voltar para casa, e logo o gato começou a passar pelos meus pés. Mas eu não o persegui e o expulsei como tinha feito da primeira vez que cheguei ali. Naquela época, eu não gostava de gatos, que eram gordos enquanto meu povo morria de fome, mas Emma explicou para mim:

– As pessoas têm bichinhos de estimação para amar – ela disse um dia. – Você deve cuidar e tomar conta deles.

Depois daquele dia, aprendi a ser amigo dos bichinhos de estimação – jogando uma bola para o cachorro ou fazendo carinho no gato – e agora eu olhava para baixo e via o gato se esfregando em mim. Ele era muito peludo, e seus bigodes eram longos, então fiquei pensando que podia ajudá-lo quando olhei para ele. Alguns dias antes, tinha olhado para o espelho e não tinha gostado do que vi. Minhas sobrancelhas pareciam aranhas se arrastando no meu rosto, então peguei uma lâmina para cortá-las fora. Agora eu observava o gato. Ele também estava feio.

Alcançando o gato e levantando-o nos meus braços, fui procurar uma tesoura. Cortaria os seus pelos para mostrar que o amava. Peguei o gato, que ronronou enquanto cuidava dele. Ele não ia saber que ficaria com uma boa aparência quando eu acabasse, mas Sally e Emma saberiam. Pequenos pedaços de pelo caíram no chão à minha volta enquanto eu cortava e tirava o bigode do gato.

– O que você está fazendo? – ouvi uma voz dizer, e me virei para Sally.

– O gato está feio. Estou fazendo ele bonito.

Mas Sally ficou com um olhar estranho quando me encarou. Eu tinha feito algo errado novamente. Levantei e saí para o jardim, para vigiar contra os *jallabas*. Não entendia aquele mundo e nunca entenderia.

## CAPÍTULO 20

— Estamos quase no mar — Emma disse para mim, enquanto seguíamos de carro pela estrada. Tínhamos deixado a casa de Sally e íamos para a casa de outros amigos de Emma, em um lugar chamado Mombasa.
— O que é o mar? — perguntei.
— É um lugar grande, com muita água, por onde você pode navegar para encontrar outros países.
— O mar é maior que um rio?
— Sim.
— Tem crocodilos e hipopótamos?
— Não. Mas tem um monte de peixes para comer.

Ouvi o som das ondas do mar antes de vê-lo, um ruído baixo que começava como um sussurro de chuva e crescia até se tornar o rugido de uma tempestade. Olhando em frente, vi areia branca se estendendo ao longe, e, do outro lado, mais água do que eu já tinha visto na minha vida — uma água que dançava e se movia em ondas brancas, uma água que brilhava azul ao sol.

Podia ver gente em barcos ou nadando no mar, outros deitados na praia com suas famílias. Mas era o som que mais me chamava a atenção — o ruído que parecia uma batida lenta enquanto a água se lançava na areia e recuava. Fiquei olhando e imaginei quantos peixes havia ali, e quantos dias demoraria para cruzar aquele mar.

— Qual é a distância para o outro lado? — perguntei a Emma.
— É muito longe.
— O mar vai até o final do mundo?
— Se atravessar este mar, você vai parar na Índia.

– O que é Índia?
– É outro país, que nem o Sudão e o Quênia são países.
Eu me virei e olhei para o mar. Senti seu ritmo dentro de mim, encantando-me e desacelerando a minha mente, fazendo os pensamentos que se agitavam e colidiam dentro de mim encontrarem seus lugares. O barulho do mar fazia eu ficar silencioso por dentro.

Fiz outra coisa errada logo depois de chegarmos a Mombasa. A casa onde estávamos hospedados tinha um botão de segurança, e Emma me disse que ele só podia ser usado quando houvesse um problema. Mas, assim que fiquei sozinho, apertei o botão, e os agentes de segurança chegaram. Minha desobediência custou três mil *shillings* quenianos – ou cerca de trinta libras – para ser resolvida, e percebi que Emma estava irritada quando veio falar comigo sobre aquilo.

– Você sabe quando isso custou, Emmanuel? Pedi para você não tocar no botão, e tivemos que pagar um monte de dinheiro, porque você o usou da forma errada.

Eu olhei fixamente para ela. O único dinheiro que eu já tinha visto fora na Etiópia.

– Tivemos que pagar um montão de *shillings* – Emma disse, em voz baixa.

Eu não entendia.

– Custou três *bathdor* – Emma acrescentou.

Eu prendi a minha respiração. Na minha tribo, os números só iam até mil, e a palavra para isso era *bathdor*. Aquilo significava um número perdido na vastidão, tão grande que você nunca conseguiria achar o fim.

A princípio, não me senti mal por dentro quando Emma me disse aquilo. Não senti nada, apesar de saber que agira mal na casa da Sally e estava agindo mal outra vez. Mas, naquele dia, alguma coisa em Emma me deixou confuso. Por que não me bateu? Por que não gritou comigo? Por que não me chutou para fora da sua casa?

– Você precisa entender que quando eu peço para não fazer alguma coisa, não estou de brincadeira – Emma disse suavemente. – Você está em um lugar diferente agora, e precisa deixar que eu mostre como as coisas funcionam aqui.

Não disse nada enquanto ela falava comigo, mas não conseguia parar de pensar naquele dia em que Emma me deixou na casa de amigos e foi fazer compras. Em poucas horas, escapei pelo jardim e comecei a andar de volta para a casa onde estávamos hospedados. Embora muitos pequenos caminhos levassem da praia às diferentes casas, como soldado eu aprendera a lembrar do que tinha visto, e segui o mar até encontrar o caminho certo. A caminhada durou umas duas horas no calor do meio-dia, mas eu não me importava. Emma, no entanto, ficou surpresa quando descobriu o que eu tinha feito.

– Emmanuel, como você voltou?
– Vim andando – disse a ela.
– Mas você podia ter se perdido. Você não pode simplesmente deixar algum lugar e não dizer a ninguém onde está indo.

Olhei para Emma enquanto ela falava comigo. Seus olhos eram suaves e sua voz doce. Sabia que o que eu queria era encontrá-la.

Dentro de semanas após ter chegado ao Quênia, fui enviado a uma escola chamada Sawa Sawa Academy, em um lugar que se chamava Meru, no centro do país. Emma me levou para lá com uma grande caixa de metal, fechada com um cadeado, dentro da qual botei minhas novas roupas. O uniforme que tive que vestir era composto de um short preto, uma camisa branca, um agasalho preto e sapatos. As roupas ficaram pequenas, os sapatos apertavam, e pensei nos sapatos morra-e-deixe e no short que tinha usado por tanto tempo. Tentava não pensar na guerra agora que estava indo para a escola. Sabia que não contaria a ninguém de onde eu tinha vindo, porque não queria ver aqueles olhares que tinha visto em Nairobi. No meu coração, eu continuava sendo um soldado, mas manteria o meu segredo bem guardado.

Estava escuro quando Emma e eu ficamos parados, do lado de fora da secretaria da escola, para nos despedirmos. Prédios estavam espalhados por uma colina abaixo de nós. Eu finalmente estava ali. Ia mesmo para a escola. Tinha esquecido o quanto quisera estudar antes, mas agora os sonhos que me fizeram continuar marchando para a Etiópia de repente foram reavivados. Podia ver como a escola era boa. Emma não estava me mandando para um lugar qualquer, mas para uma boa escola, onde crianças ricas eram educadas.

– Trabalhe duro – ela disse, sorrindo para mim. – Vou telefonar e virei te ver nas férias, quando voltar do Sudão. Mas quero que você estude enquanto eu não estiver aqui e se comporte bem.

– Eu prometo.

Lembrei de quando ficava sentado ao lado da mamãe recitando o ABC e do *tukul* em Pinyudu onde aprendi minhas primeiras lições. Esse lugar era tão diferente, tão distante, e agora Emma estava partindo também.

Ela se inclinou para me dar um abraço e eu fiquei parado.

– Cuide-se – ela disse, pegando a minha mão.

Eu puxei a mão de volta. Meu coração estava tremendo dentro de mim, mas eu não queria que Emma visse. Eu tinha que ser forte. Um soldado.

Naquela noite, dormi em um dormitório cheio de camas, e, no dia seguinte, fui testado em matemática e em inglês. Sabia que não iria bem quando olhei para baixo, para as marcas no papel que eu não entendia, mas quando uma professora me disse mais tarde que me colocariam em uma turma com crianças de cinco anos de idade, implorei para que não fizesse isso. Eu tinha treze – se continuasse no Sudão, logo receberia a *gaar* – era grande demais para ficar com aqueles bebês.

– Coloque-me em uma classe mais alta – pedi. – Se eu não for bem no primeiro período, tenho certeza de que passarei no próximo.

No final, colocaram-me na classe quatro, com meninos de oito e nove anos, mas as outras crianças da minha idade ainda riam de mim.

– Você é idiota? – elas perguntavam, se reunindo em volta da mim.

Eu sabia que era diferente delas. Meu corpo era longo e magro, meu cabelo tinha clareado por causa de todos os anos sem comida adequada, e meu rosto era da cor de grãos de café tostados – diferente das crianças quenianas, com sua pele cor de avelã.

– Olha só para você – eles diziam, rindo. – O seu cabelo é mais claro que o seu rosto, e a sua pele é tão preta que você deve precisar de uma autorização especial para beber leite.

Não gostava de um menino em particular, Abdul. Ele era da Tanzânia, e o seu nome muçulmano e a sua pele clara me fizeram detestá-lo ainda mais.

– Você é tão preto que se ficasse parado em um sinal à noite, tudo o que daria para ver seriam seus olhos vermelhos – ele dizia rindo, e minhas mãos coçavam, querendo bater nele.

Dizia a mim mesmo que estava na escola para estudar, mas aí veio uma noite em que os garotos maiores organizavam uma luta no dormitório. O vencedor ganharia um pedaço de pão, e todo mundo ficou animado quando viu o prêmio em cima da mesa. Abdul me desafiou a lutar com ele, mas eu não queria.

– Você está com medo, garoto do Sudão? – Abdul disse, rindo.

Garotos nos cercaram e começaram a cantar baixinho:

– Vai, vai, vai – entoavam.

Olhei para Abdul. Ele não estaria rindo se soubesse o que eu podia fazer. Não sorriria se tivesse visto os *jallabas* que eu matei. Continuei parado enquanto ele andou até mim e me deu um tapa na cara. Sua mão caiu dura na minha pele, e ouvi um estalo amargo, como aquele que o *talemgi* fazia tantos anos antes. Ele me deu um soco e levantei o braço para bloqueá-lo. Ele tentou outra vez. Eu bloqueei novamente, antes de dar um soco nele. Mas Abdul era grande demais para se mover com um soco meu, e bateu em mim novamente. Dessa vez não consegui impedi-lo e caí no chão.

A raiva correu dentro de mim em ondas ferventes, fazendo meu coração bater mais rápido e a respiração ficar superficial. Levantei e Abdul me socou novamente. Sabia que aqueles garotos nunca me respeitariam, a menos que eu lhes mostrasse quem realmente era e provasse àquele menino muçulmano que poderia bater nele.

Abdul riu quando eu pulei para cima e fiquei de costas para ele.

– Já levou o suficiente, garoto preto? – gritou de modo zombeteiro, enquanto eu corria em direção a uma parede.

Forçando meus pés a correrem, pulei no meio da parede e, usando um pé para me impulsionar no ar, girei e chutei Abdul com o outro. Coloquei toda a força na minha perna enquanto voava na direção dele, e meu sapato acertou bem forte no seu nariz. O sangue correu pela cara dele.

– É isso aí – os garotos gritaram, excitados, enquanto Abdul caía no chão.

Por um momento, senti uma onda de medo me tomar enquanto ele não se movia e fiquei pensando se o havia matado. Mas a felicidade me invadiu quando ele tossiu e gemeu, porque eu sabia que ninguém ia querer brigar mais comigo. Depois daquele dia, fiquei mais popular e comecei a fazer alguns amigos, mas eu continuava me sentindo um estranho – tão diferente daquelas crianças ricas cujos pais vinham buscar nos feriados. Quando eu voltava para Nairobi, ficava com uma família sudanesa, e novamente o meu caminho se cruzou com o de Fathna, que eu tinha visto pela última vez no campo de Itang, e que agora estava refugiada no Quênia como eu. Ninguém queria tomar conta de mim nos feriados, mas Fathna concordou em fazer isso.

– Jal – ela dizia com um grito agudo quando me via. – Eu sempre soube que você era um garoto forte, e aqui está você.

Fathna era gentil como sempre, mas logo percebi, quando voltei para Nairobi, que não eram apenas os amigos brancos de Emma que não confiavam em mim.

"Garoto Perdido, *jenajesh*, estranho", os olhos da comunidade sudanesa em Nairobi diziam silenciosamente para mim.

Durante uma viagem, Fathna me levou a uma grande cerimônia em uma escola, onde um dos filhos do seu vizinho receberia um prêmio. O encontro acontecia em um parquinho, com um microfone para garantir que todos ouviriam. Enquanto eu olhava para os fios e caixas que levavam até o microfone, um menino me abordou.

– Você quer ser um herói? – ele perguntou. – Quer que a cidade fique falando sobre você? Quer aparecer na TV? Bem, tudo o que você tem que fazer é mexer nesse botão para dar superenergia, que nem nos desenhos.

Eu tinha visto desenhos na televisão e pensei nos animais de cores brilhantes e nas pessoas que pulavam muros e caíam de prédios ao apertar o botão. A multidão ficou confusa e nervosa quando o sistema do microfone parou de funcionar, e alguém logo me encontrou ao lado dele. Policiais foram chamados para garantir que eu seria punido, e eu podia ouvir vozes que lhes diziam:

– Ele era um menino soldado, é maluco – diziam, e a polícia ficou olhando para mim antes de ir embora.

Emma era a única pessoa que não me julgava. Viajando entre o Sudão e o Quênia, vinha me ver sempre que podia; às vezes me levava por alguns dias para ver amigos, ou então telefonava para a escola.

– Você tem que seguir as regras – dizia, depois que eu me metia em problemas outra vez. – Sei que é difícil, mas você precisa ser humilde com as pessoas que estão te ensinando. Se quiser ajudar o seu povo no futuro, então precisa ser um bom estudante e uma criança como todas as outras na escola. Se você for bem, um dia vou te levar para estudar na Inglaterra, que nem Riek fez. Ele foi para a universidade lá e veja ele agora: virou um líder importante.

Enquanto ouvia Emma falar, uma voz continuava me dizendo para não ser fraco, mas, às vezes, eu me sentia nervoso, quando pensava nela em meio à guerra que eu deixara para trás. Emma ficava com Riek o máximo possível, mesmo na parte mais avançada da linha de frente, e eu sabia que ameaças de morte tinham sido feitas a ela. Em abril de 1993, eu a visitei no hospital depois que ela fugiu descalça de um ataque e ficou muito ferida nos pés e nas pernas por espinhos que os cortaram. O seu guarda-costas, chamado Quarenta-e-seis, a salvara.

– Foi um ataque duro, mas estou feliz por continuar viva – Emma disse para mim, com um sorriso. – Ainda bem que o Quarenta-e-seis estava lá para me carregar com uma mão.

Quando voltei para a escola, tentei mais uma vez me concentrar em aprender, e logo tanto o meu suaíli quanto o meu inglês melhoraram. Gostava de aprender coisas novas, como sabia que gostaria quando Emma me levou para a escola, e me divertia com as aulas de ciências, geografia e artes. A única matéria que eu não gostava era música, quando a professora tentava me mostrar como escrever notas no papel. Por que a música tinha que ser escrita? A música era uma coisa que você aprendia na sua aldeia, algo que te preenchia enquanto você marchava nas filas do exército, e não uma ciência. Eu não parava de pensar nas músicas de liberdade que eu cantara no exército, e sabia que nunca as aprisionaria no papel.

Apenas uma coisa colocava em risco a minha aprendizagem – uma menina chamada Janet. Era um ano mais velha, e eu a notara um dia enquanto ela cantava no coral da escola, na igreja. Eu tinha esquecido de Deus mais uma vez agora. Sabia que Ele havia me salvado no deserto, mas por vários anos antes daquela noite ao lado do corpo de Lual, Deus não ouvira minhas preces.

Mas me via pensando cada vez mais em Janet. À noite, sonhava em dançar com ela, e, durante o dia, meu coração batia mais rápido quando passava por ela no corredor. Ela fazia minha cabeça ficar estranha, como se eu estivesse parado na beira de um rio, vendo a água correr. Pensava muito sobre isso, tentando entender como apenas uma pessoa conseguia fazer eu me sentir tão diferente, até que percebi o que estava acontecendo. Janet havia me enfeitiçado. Eu tinha que fazê-la parar com aquilo. Não podia me fazer de bobo assim. Eu não gostava daquela sensação.

– Ei, você! – Eu gritei para ela um dia, enquanto a esperava depois da aula. – Eu vim para esta escola para estudar, não para ficar pensando em garotas.

Janet parecia chocada.

– Do que você está falando, Emmanuel?

– Você – eu gritei outra vez. – Você é uma feiticeira.

Por um instante seu rosto ficou imóvel, até que começou a rir.
— Não seja idiota — disse, entre risadas, olhando para mim.

Eu avancei para dar um tapa nela, mas, de repente, um pé me passou uma rasteira e perdi o equilíbrio, enquanto mãos começaram a me bater. Eu as afastei e vi Janet segurando um pedaço de madeira, com um dos seus amigos ao seu lado.

— Deixe-me em paz, garoto refugiado — ela disse baixo, olhando fixamente para mim.

Mais tarde, contei a uma professora o que tinha acontecido.

— Pagaram um monte de dinheiro para me ajudar a estudar, mas aquela garota me enfeitiçou. Quando vou dormir, sonho em casar com ela; quando vou comer, fico sem fome.

A professora sorriu para mim:

— Mas Emmanuel, essa garota não é uma feiticeira — disse com um sorriso. — E ela certamente não enfeitiçou você. É simples. O que você está sentindo se chama amor.

Olhei fixamente para a mulher. Amor? Eu tinha que reprimir aquele sentimento, prendê-lo dentro de mim que nem tinha feito quando era um menino pequeno e a guerra tirou tudo o que eu tinha. Eu sabia como o amor tinha feito eu me sentir antes.

O sorriso de Emma estava brilhante quando eu abri a porta do carro e fiquei ao seu lado. Era novembro de 1993, e eu viera para Nairobi no ônibus da escola.

— Tenho boas notícias — ela disse. — Você não vai mais precisar ir a qualquer outro lugar quando voltar da escola, porque vai morar comigo. Eu tenho uma casa, Emmanuel, uma linda casa.

Era verdade. Emma encontrara uma casa, que resolveu chamar de Casa da Paz, e eu fiquei animado quando a vi. Tinha um grande jardim, com árvores altas, cômodos para os empregados, e uma varanda onde você podia ficar deitado para se proteger do sol. Emma tinha até reservado um quarto para mim e comprado um tabuleiro da xadrez para que eu pudesse jogar com os guarda-costas.

– Tenho outra novidade, Emmanuel – ela me disse naquela mesma noite. – Vou ter um bebê.
Olhei para Emma. Nunca tinha visto uma pessoa meio branca e meio negra.
– Qual vai ser a cor do bebê?
– Ele será dourado. E você, irmãozinho, estará aqui comigo para vê-lo crescer.
Eu podia ver o quanto Emma estava feliz, e nos poucos dias que se seguiram, ficamos juntos todo o tempo, como tínhamos ficado logo depois de eu ter chegado ao Quênia. Mas, cerca de uma semana depois, Emma deixou a Casa da Paz uma tarde para ir visitar o seu amigo Roo, e eu não fui junto, porque queria acabar a partida de xadrez que estava jogando.
– Tudo bem – ela disse, baixando os olhos para mim. – Vejo você mais tarde.
Uma sensação estranha, como um toque frio na minha espinha, caiu sobre mim enquanto ela saía do quarto. Parecia uma sombra por dentro, porque eu normalmente ia a qualquer lugar que Emma fosse. Mas reprimi a sensação e me virei para voltar à partida. Quando a acabei, tomei um banho e fui me sentar na varanda para ver TV com os guarda-costas. Gostava de ficar com eles e queria ouvir suas histórias de soldado enquanto esperava Emma voltar para casa. Mas a tarde foi se tornando noite, e ela continuava sem chegar.
Então o sobrinho de Riek, Kuany, veio me ver.
– Aconteceu um acidente.
Quando olhei para o seu rosto, pude ver lágrimas marcando suas bochechas, e algo se retorceu bem dentro de mim. Kuany estava chorando. Um homem não devia mostrar as suas lágrimas.
– Como assim? – perguntei, olhando fixamente para Kuany.
– Foi com a Emma.
– O que aconteceu com a Emma?
– Seu carro foi atingido por um ônibus. Eles dizem que ela não vai sobreviver.

Minha mente disparou enquanto eu olhava para Kuany. Como assim? Aquilo não podia ser verdade. Emma estava feliz e sorrindo, ela ia ter um bebê, estava morando aqui na Casa da Paz comigo. Emma era o meu lar agora.

Em silêncio, fui para o meu quarto e fiquei esperando por mais notícias. Quis ir ao hospital, mas alguém me disse que eu não podia, e pensei em Emma sozinha naquele lugar branco. Queria ficar com ela, que nem tinha ficado quando ela machucou os pés. Mas quando a noite ficou mais negra e as estrelas se esconderam na escuridão, Kuany veio ao meu quarto.

– Ela foi um presente para nós – ele disse chorando, enquanto olhava para mim. – Ajudou o nosso povo, as nossas crianças, e era a mãe da nossa comunidade.

– O que está acontecendo? – perguntei, nervoso. – Onde ela está? Quando vai voltar para casa?

– Ela não vai voltar – Kuany disse, soluçando. – Emma morreu.

Minhas pernas ficaram fracas quando ouvi aquelas palavras. Emma não podia ter partido. Não podia ter sido tirada de mim. Não estávamos em guerra ali. Estávamos seguros. Kuany estava mentindo.

Mas percebi que ele não tinha mentido quando, na manhã seguinte, mulheres sudanesas começaram a chegar à Casa da Paz, chorando e se jogando no chão. Elas acreditavam que Emma havia sido assassinada pelos inimigos de Riek, que odiavam a força que ela dava ao povo dele. Ela era um anjo que as havia ajudado, da mesma forma como me ajudara, e agora tinha partido. Enquanto olhava para aquelas mulheres, lembrei-me de quando, muitos anos antes, outras tinham feito o mesmo pela minha mãe. Os gritos, as lágrimas, os corpos contorcidos com a tristeza escorrendo deles – era exatamente como tinha sido tanto tempo atrás. Mamãe fora tirada de mim, e agora Emma também era. Eu estava sozinho novamente.

## CAPÍTULO 21

Seis anos depois, fechei a porta de um quarto na Casa da Paz e desliguei a luz. Sentando-me no chão, puxei meus joelhos ao peito, coloquei os braços em volta das pernas, e me encolhi como uma bola. Sentia uma dor no meu estômago, algo pressionando os meus pulmões e empurrando o ar para fora de mim até eu mal conseguir respirar, jogando-me para dentro de mim mesmo, enquanto a escuridão me cercava. Minha pele parecia fria, e uma linha de suor sobre ela me fazia tremer, apesar de a noite estar quente. Um gemido irregular escapou da minha boca e eu prendi o ar para impedir que outro saísse. Minha mente disparou quando alguém do lado de fora acendeu uma luz e uma fresta amarela brilhou por baixo da porta. No seu caminho, eu podia ver a pistola que havia pegado na loja de armas. Será que eu devia matá-lo? Será que devia usar a arma para destruir o futuro que eu sabia não ter, seis longos anos após a morte de Emma? Encarei firmemente a arma enquanto memórias enchiam a minha mente. Fechei os olhos.

Tenho quinze anos e faz dois anos que Emma morreu. Estou agarrado às costas de um menino que balança e gira, tentando me atirar dali. Eu me agarro a ele enquanto ele se debate, e afundo meus dentes no seu ombro. Mordendo com toda a minha força, o ouço gritar. Ele joga as mãos para trás para me bater, e mordo o seu dedão. Ele vira a cabeça e meus dentes mordem as suas bochechas.

– Aaaah – grita o garoto, enquanto eu afundo meus dedos nos seus olhos, exatamente como me ensinaram a fazer no campo de treinamento.

Sei que nunca vou conseguir bater nesse garoto briguento com socos. Continuo magro demais, e ele é grande e gordo como um menino rico. Por várias vezes o mordo, para ensinar-lhe uma lição que nunca esquecerá.

– Garoto preto, menino gorila, refugiado – ele e outros meninos ficavam zombando, enquanto riam das minhas roupas e da minha pele.

Sinto mãos me puxando e me agarro ainda mais às costas do garoto. Mais uma vez meus dentes afundam na sua pele.

– O que você está fazendo? – grita um professor, quando finalmente me arranca dali.

O garoto briguento chora como um bebê, agora que está sangrando.

– Leve esse menino para o hospital – o professor diz. – E você, é melhor vir comigo, Emmanuel. O que o diretor vai fazer com você dessa vez?

Eu tenho dezoito anos, e o meu amigo Daniel está parado na minha frente.

– Vai se foder, vai se foder – ele grita para os homens que nos perseguiam.

Coloca a mão dentro do cinto da calça, e eu sei que está fechando os dedos em volta do seu ferro nesse momento. Seu ferro, sua arma, a coisa que esses homens não sabem que temos, quando perseguem os Garotos Perdidos pelas ruas. Querem nos mandar embora, nos banir da sua igreja. Têm medo dos garotos do Sudão que lutaram em guerras e mataram. Querem distância dos Garotos Perdidos, que agora vagam pelas ruas de Nairobi comigo.

O padre dá um passo para frente. O tráfego passa barulhento nas ruas à nossa volta, como *matatus* buzinando e caminhões roncando. Vejo a mão de Daniel entrando mais fundo no seu bolso, antes que comece a tirá-la de lá. A arma.

– Não – grito. – O padre não.

Seguro a mão de Daniel, e nós lutamos por um momento, até que a arma dispara, e uma bala acerta a beira do meu sapato enquanto as pessoas começam a correr. Olho para elas. Cada uma corre para um lado, que nem quando eu era a criança e uma aldeia era atacada.
– Corram – eu grito, e me viro para sair dali.
Daniel e os outros garotos me seguem. Temos que fugir. A polícia logo virá, e não podemos deixar que nos encontre. Somos Garotos Perdidos, não valemos nada, e se existe um lugar onde seríamos esquecidos ainda mais completamente, esse lugar é a cadeia.

Poucos meses depois, vejo o meu passado se levantar para me cumprimentar em uma sala na casa de Riek, em Cartum. Desde a morte de Emma, eu me mudava de um lugar para o outro, e agora estava ali, até me mudar novamente para algum novo lugar.

Baba está na minha frente. Ele não é tão grande quanto eu me lembrava. Parece menor, mais baixo, agora que está com roupas civis – uma camisa cinza, calças e sandálias. Perdeu peso. Parece velho. Tem cabelos brancos na cabeça.

Ele não está aqui para me ver. Veio visitar Riek, que, junto com líderes de outros grupos rebeldes, tinha assinado um acordo de paz com Cartum. As pessoas estão chamando Riek de traidor, porque dizem que a promessa de Cartum de um acordo de paz não vale nada. O acordo supostamente vai permitir que o sul do Sudão governe a si mesmo, como Riek vinha lutando para conseguir, mas os seus oponentes dizem que ele só serve para dar aos árabes permissão para extrair petróleo. John Garang não assinou o acordo, porque quer conquistar o Sudão inteiro, e seus partidários odeiam Riek pelo que fez.

Já estou em Cartum há vários meses e odeio cada momento ali. Posso sentir os árabes ao meu redor, vê-los nas ruas, e observar como as pessoas que têm a pele da minha cor vivem em barracos de papelão. Vejo garotos pequenos pedindo esmolas, mulheres lavando roupas nas ruas para ganharem o suficiente para comer, sudaneses do sul açoitados à luz do dia enquanto os árabes passam em bons carros, e favelas cheias de milhares de refugiados abandonados, com a pele negra como a minha. Estar aqui mudou alguma coisa dentro de mim, e só sei de duas coisas: que um dia vou ajudar meu povo lutando novamente; e que continuo querendo matar *jallabas*.

Agora estou parado na frente do Baba, tantos anos depois de ele ter me mandado embora. Ele é atualmente um comandante do exército.

– Meu filho, meu filho – ele diz, me puxando para si.

Faz onze anos que não o vejo, e meus olhos estão na mesma altura dos do Baba quando ele olha para mim. Comer regularmente me fizera crescer desde que deixara o Sudão.

– Você ficou grande e forte – ele diz. – Como você parece saudável! Eu ouvi Riek falar sobre você. Você me deixou orgulhoso.

Não digo nada enquanto o Baba fala. Minha mente está me dizendo para responder alguma coisa, mas meu corpo não quer ouvir. Eu apenas olho fixamente para ele, em silêncio.

Ele olha para mim.

– Jal, você não me entende? Estou orgulhoso de você.

Por um instante, a raiva toma conta de mim enquanto olho para o Baba. Estou de volta ao galpão depois do acidente com o barco, esperando ele vir me ver, com esperança de que me leve para casa, para os meus irmãos e irmãs. Mas, em vez disso, ele me deixou completamente sozinho, como tenho estado desde então. A raiva morre quase ao mesmo tempo em que surge, e então não sinto nada. Meu pai está na minha frente, e meu coração está gelado.

Eu me mudei de um lugar para o outro nos anos após a morte de Emma, lutando para sobreviver. Primeiro, voltei para a Sawa Sawa Academy depois que Riek vendeu o carro de Emma para pagar as mensalidades da minha escola cara.

– Não temos dinheiro, mas temos o carro da sua mãe, e vamos vendê-lo – me disse.

Mas retornei para a Casa da Paz quando o dinheiro acabou, cerca de um mês depois. Riek não estava lá, e logo fui expulso dali pelos sussurros e olhares dos soldados, que me chamavam de "garoto do mato" e batiam em mim. Naquela época, eu tinha começado a ir à igreja, sabendo que encontraria boas pessoas lá, que dividiriam o pouco que tinham comigo, e estava certo. Quando deixei a Casa da Paz, fiquei com a mãe de um dos meus amigos da igreja, John Paul. Ela se chamava Petrolina, e morava em um quarto com a sua família de oito crianças, em uma favela chamada Kangemi.

– Você sobreviveu ao pior, e Deus está contigo – Petrolina me dizia, mas eu não acreditava nela.

Em Kangemi, abundavam todas as tonalidades da vida – suas ruelas eram cheias de nascimentos, mortes, e tudo o que existe entre as duas coisas, além de barulhos, poeira e sujeira. A maior parte das pessoas vivia com um dólar por dia; mas embora Petrolina e sua família também vivessem na pobreza, eu podia sentir o amor na casa dela como uma brisa soprando ao meu redor. Nos anos seguintes, eu ficava com ela de modo intermitente, ou então voltava para a casa de Fathna por alguns dias. Às vezes, também retornava à Casa da Paz, que Riek resolveu manter após a morte de Emma, porque todos os mais altos comandantes do ELPS tinham casas em Nairobi. Soldados do ELPS Nasir e outros Garotos Perdidos moravam lá, e eu continuava ficando de guarda quando era preciso. Algumas vezes, roubava uma arma de lá e exibia para as crianças ricas das redondezas. Seus olhos ficavam esbugalhados enquanto a olhavam, e eu ria daquelas crianças molengas, junto com os Garotos Perdidos que eram meus amigos. Havia centenas, se não milhares de nós vivendo em Nairobi, e, de certo modo, éramos como uma família uns para os outros. Mas também sabíamos que garotos iam e vinham, e nunca nos aproximávamos demais.

Comparado a vários outros, eu tinha sorte, porque os amigos de Emma tentavam tomar conta de mim, e usavam dinheiro de um fundo estabelecido em seu nome para me mandar de novo para a escola. Mas eles estavam acostumados com a África e com crianças que vagavam livremente como eu, e nem sequer ficaram surpresos quando fui expulso da minha próxima escola por brigar. Foi sempre o mesmo durante esses anos em que cresci e deixei de ser um garoto para virar um rapaz – eu ia a uma boa escola e era expulso, ou simplesmente a abandonava para vagar por aí novamente. Tentei o máximo que pude estudar, às vezes passava nos exames, mas achava difícil me concentrar e nunca conseguia alcançar as crianças da minha idade.

Eu sabia que era diferente, porque tinha sido um soldado, e embora as outras crianças nunca soubessem do meu segredo, acho que conseguiam sentir de algum modo. Eu tinha sonhos durante as noites que me faziam tremer e suar quando a guerra enterrada dentro de mim ganhava vida novamente. Via mãos sendo cortadas, bebês destroçados e helicópteros voando e atirando uma chuva de balas. Meus sonhos me perseguiam, e notícias da guerra no Sudão alimentavam o meu ódio, porque sabia como o meu povo estava sofrendo. Sobreviver consumia toda a minha energia – encontrar comida para comer, um lugar para dormir, e ar para encher meu corpo quando o desespero tomava conta de mim. Eu tinha úlceras no estômago, dores nas costas e conjuntivite. Tudo o que sentia por dentro era ódio – se os *jallabas* não tivessem destruído meu país, eu não seria um refugiado de quem as outras crianças caçoavam, chamando de preto, feio e inútil. Se o Deus da mamãe fosse forte, teria ouvido as preces dos sudaneses do sul, mas, em vez disso, Allah permitia que o seu povo oprimisse o meu e nos forçasse a ser escravos, como eles acreditavam que estávamos destinados a ser. Por que eu deveria adorar o Deus da mamãe no meu coração quando ia à igreja? Nunca deixaria que Ele entrasse em mim. Em vez disso, sabia que devia lutar contra a loucura que tentava roubar a minha mente, pois sentia a esperança finalmente morrendo, assim como sentira a vida escapando de mim no deserto.

\* \* \*

Tenho dezoito anos e estou deitado em um colchão na varanda da Casa da Paz. É noite, e eu estivera dormindo – sonhando com balas e helicópteros, armas e fogo. Abro meus olhos quando uma luz clara brilha acima, e baixo a cabeça para me proteger do seu resplendor, sentindo o temor tomar conta de mim. De repente, uma imagem vem à minha cabeça – gente viajando, seguindo a luz. Sinto medo e me encolho, querendo que a luz se apague. Ela está tomando toda a minha força, enquanto uma sensação de vergonha me varre. Não vou conseguir seguir a luz. Vou para o inferno.

"Perdoe-me", digo, dentro da minha cabeça.

De repente eu me levanto e, sem saber por quê, dou um passo à frente. Vejo um homem diante de mim, vestindo um manto longo, cujas cores brilhantes fazem meus olhos arder. Dois homens estão como ele, um de cada lado. A paz me invade quando o vejo, e caio de joelhos. Ele coloca a mão na minha cabeça.

"Eu te abençoo", uma voz diz dentro da minha cabeça.

"Em nome do Pai, do Filho e do Espírito Santo", respondo em silêncio.

Nós repetimos essas palavras três vezes, até a voz me dizer: "Fique tranquilo."

Eu estou em silêncio.

"Eu te abençoo em meu nome", ele diz.

Ondas de alegria se elevam em mim, atingindo o meu coração.

"Como vou viver sem você comigo?", pergunto.

"Tudo o que você precisa foi lhe dado no início", Jesus me diz.

Eu olho para cima. Estou só novamente.

Abri meus olhos para olhar para a arma mais uma vez enquanto as memórias se desfaziam. Era outubro de 1999, e eu podia ouvir as botas dos soldados do lado de fora enquanto eles andavam para dentro e para fora da Casa da Paz. Minha cabeça doía, e meu peito estava contraído enquanto eu ficava sentado no escuro, lembrando, tentando conter meus sentimentos, o desespero que me fazia amaldiçoar o dia em que nasci.

Será que devia matá-lo? Pensei nisso enquanto as palavras que o professor gritara para mim naquele mesmo dia ecoavam na minha cabeça.

Eu começara na escola depois de voltar de Cartum, e me esforcei muito depois daquela noite em que vi Jesus na escuridão. Aos poucos, fui me tornando mais popular e descobri que gostava tanto de ciências que até ganhei prêmios de física e química pelos meus trabalhos. Aí, depois de vencer os dois valentões mais temidos da escola em uma luta, fui escolhido pelos alunos para ser representante. Mas os problemas me encontraram novamente depois que os estudantes entraram em greve, colocando condições para a escola, e alguns chegaram ao ponto de vandalizar a casa do diretor. Ele colocou a culpa em garotos que eu sabia não serem responsáveis, então tentei lhe dizer que estava cometendo um erro. Mas, olhando nos olhos do diretor, pude ver meu passado enquanto ele gritava comigo. Não importa o quanto eu me saísse bem, ele sabia que eu era um *jenajesh*, e nunca esqueceria aquilo.

– Você é a causa dessa rebelião – ele disse. – É obra sua o mau comportamento desses garotos.

– Mas eu não tenho nada a ver com isso, e nem eles. Senhor, eles são inocentes. O senhor precisa me ouvir.

– Fique quieto – o diretor gritou. – Isso não tem nada a ver com você. Sou eu quem manda aqui, não você.

Fiquei louco naquele momento. Quem era aquele homem para me desrespeitar? Eu era um soldado. Eu era um homem. Tinha dezenove anos agora.

– O senhor está errado – gritei de volta, empurrando meu rosto para junto do dele. Podia sentir minhas mãos formigando, meu corpo querendo se atirar no dele e surrá-lo. – O senhor está punindo garotos inocentes – continuei. – Por que o senhor não reconhece que estou dizendo a verdade?

– Porque não é o seu papel me questionar. Sou o diretor aqui e já aguentei o suficiente da sua atitude. Não está vendo? Você nunca vai ser nada, nem chegará a lugar nenhum. Você está apenas desperdiçando o seu tempo aqui. Você não é nada, só problemas. Você é rude, desobediente, e agora está até incitando os outros alunos contra mim.

Olhei para o diretor.

– Já aguentei o suficiente – ele disse. – E agora vou expulsar você de qualquer jeito.

Soltei um gemido silencioso enquanto a lembrança ficava mais vívida. Apertei ainda mais os meus joelhos, sentindo um filete frio de sangue correndo do meu nariz para a minha boca. Tinha acontecido naquele momento, sem aviso, enquanto eu lutava para manter meus sentimentos sob controle, como se meu corpo tentasse expulsar toda a pressão do seu interior. Como o diretor podia fazer aquilo comigo, agora que eu finalmente ia bem na escola? Quanto eu teria que lutar mais antes que a sorte viesse ao meu encontro? Eu estava cansado de lutar, cansado de viver uma vida sem ninguém para olhar por mim, cansado de ficar sozinho. Petrolina havia se mudado e eu a perdera. Sentia que não tinha ninguém para cuidar de mim agora.

As pessoas que eu conhecia na escola eram de um mundo diferente. O Fundo de Emma tinha pagado para eu estudar em bons lugares, mas ninguém lá poderia entender o que eu havia visto. Eu era um soldado.

Minhas mãos tremeram quando pensei novamente no diretor. Eu nunca seria admitido em outra escola agora que havia sido expulso. Nunca teria a educação que precisava para ajudar o meu povo. Eu não tinha nada agora, porque o diretor tirara tudo de mim.

Olhei fixamente para a arma. Queria matar aquele homem, pegar a pistola e viajar na escuridão para encontrá-lo. Sabia que poderia fazer isso sem que ninguém ficasse sabendo, porque tinha sido treinado para tanto. Eu o encontraria e veria o medo em seus olhos quando erguesse a arma para ele. Ele deveria saber quem eu era, ver que eu era um soldado, entender que eu tinha um poder sobre ele que sequer poderia começar a entender. Então, ficaria como todos os outros, chorando e implorando no momento em que a arma fosse levantada para o seu coração, e perceberia que a sua vida iria acabar.

Dei um chute no chão e uma dor – aguda e longa como uma baioneta – percorreu a minha perna. Eu sabia o que a estava causando. Um velho ferimento. Meu pé fora enfraquecido no dia do ataque a Juba, e nunca ficou forte novamente. Agora eu pressionava o meu tornozelo para aliviar a dor que me perseguia de tempos em tempos. Uma dor que me dizia que eu nunca deixaria para trás o meu passado.

Tenho doze anos, e Lam e eu corremos na direção do rio. Tínhamos deixado o segundo árabe no lugar onde ele caiu e íamos nos juntar novamente à nossa unidade. Sabíamos que eles estavam se dirigindo ao rio, e eu vejo *tukuls* próximos à água quando saímos do meio das árvores. Soldados da nossa unidade estão de pé perto deles, e vários outros homens também estão ali. Eles são magros, parecem doentes, e, quando chegamos perto, vejo que alguns foram surrados, enquanto outros têm dedos faltando. Eram soldados do ELPS que tinham sido torturados. Eu lembro do corpo na árvore, e a ira sobe em mim novamente.

– Precisamos varrer e vasculhar essa área para nos certificarmos de que a conquistamos – um soldado grande nos diz. As tropas se espalham, e Lam e eu começamos a andar.

Estou tremendo. Minha cabeça gira, minha respiração se acelera, minha mente está vazia. Segurando firme a minha arma, olho para baixo e vejo sangue nas minhas pernas e braços. Por um instante, os rostos dos dois *jallabas* que acabamos de matar vêm à minha mente, mas eu afasto essa imagem. Temos que avançar lentamente. Não podemos correr. Uma retirada é lenta como um jogo de xadrez. Precisamos esperar para ver que movimento os *jallabas* farão.

Uma arma dispara e um soldado próximo cai no chão. Dois outros o seguem, enquanto Lam e eu nos jogamos ao chão e começamos a atirar. Ergo meus ombros e vejo cabeças espiando de dentro de um buraco, perto do rio. Os *jallabas* estão ali, estão próximos agora. De repente, três figuras caem no buraco e nós percebemos que temos uma chance. Enquanto uma granada explode, Lam e eu ficamos de pé e começamos a atirar.

Corremos até o buraco, berrando o nosso grito de guerra:
– U-*lu-lu-lu-lu-lu-lu-lu-lu-lu* – grito, e o som me dá coragem e energia novamente. Sou leve, rápido, sou a minha bala, e a minha bala sou eu. A minha bala é o meu povo, e o meu povo sou eu.

Os árabes tentam correr enquanto nos aproximamos, e os soldados se dividem para caçá-los. À minha direita, posso ver um *jallaba* mancando, tentando chegar às árvores próximas ao rio, e Lam e eu corremos atrás dele. Ele tenta atirar, mas nenhuma bala voa. Ele é nosso agora.

Nós o alcançamos na beira do rio. Lam atira em uma das suas pernas; eu dou um tiro na outra, antes de nós dois dispararmos balas em uma das suas mãos. O homem está chorando agora, jogado no chão. Ele me olha, como se tentasse me conhecer, e eu sinto uma corrente sendo bombeada pelo meu corpo enquanto o encaro. Virando a minha arma, dou uma coronhada na nuca dele.

Imagens. Imagens na minha cabeça. Minha aldeia, minha família, meu país...

Lam puxa a arma da mão dele.
– Não, deixe que eu faço – grito.
Olho para baixo, para o *jallaba*, enquanto levanto a perna esquerda para chutar a sua cabeça. Todo o resto de força que ainda tenho voa para o meu pé quando ele se choca contra a sua têmpora. Mas, de repente, uma dor que parece um choque elétrico corre pela minha perna, e algo estala no meu tornozelo. O sangue corre do seu nariz e da sua boca

enquanto dou um passo para trás, hesitante. A dor vem como uma onda novamente quando piso com o pé esquerdo, e ele cede sob mim. A exaustão toma conta do meu corpo repentinamente enquanto olho para Lam.
— Ele é meu agora — ele grita, e ergue a sua arma.
A bala acerta o árabe na cabeça e eu olho para ele. Não sinto nada agora. Um, dois, três... três *jallabas* cujas vidas tomei em troca de todas as pessoas que tinha perdido. Sem dor, sem desapontamento, sem arrependimento, sem culpa. Tudo o que sei é que quero matar mais e mais.

Meu coração batia surdo dentro de mim quando abri meus olhos e olhei fixamente para a arma. Será que devia usá-la agora, como tinha feito tantos anos antes? Será que devia permitir que ela aliviasse o ódio que sentia dentro de mim por aquele homem que, mais uma vez, tirou tudo o que eu tinha? Inspirei profundamente. Minha mente estava em disparada, minha cabeça doía.

Olhei para a escuridão e vi rostos diante de mim – mamãe e Emma, como fantasmas na escuridão. Os minutos se tornaram horas enquanto eu olhava para dentro da noite, os pensamentos voavam pela minha cabeça, até que finalmente se aquietaram, e meu coração ficou calmo.

Levantei-me e olhei para baixo. Será que eu devia voltar a ser um soldado?

Fiquei silencioso por dentro.

Não estava mais em uma guerra. Aquele homem não era um soldado atirando em mim durante uma batalha. Ele era um civil, um homem comum, não meu inimigo em um combate.

Chutei a arma para longe e caminhei na direção da porta.

## CAPÍTULO 22

Era fim de tarde, e meu amigo Andrew e eu andávamos para casa juntos. Eu o encontrara na escola, após começar a estudar novamente, quando a mãe de Emma, Maggie, me deu uma última chance.

– Vou ajudá-lo a fazer seus exames – Maggie me disse, em uma visita a Nairobi. – Mas, depois disso, você vai precisar arrumar um emprego e aprender a se sustentar, Emmanuel. Está chegando a hora em que o Fundo de Emma não poderá mais pagar por você.

Fiquei grato à Maggie e gostei da minha nova escola, que se chamava Arboretum College, apesar de continuar atrás das outras pessoas da minha idade, porque tinha vinte anos, e ainda estava me preparando para os exames finais do ensino médio. Fiquei amigo de Andrew, que era um ano mais novo que eu e estava para fazer seus exames de admissão para a universidade, e a gente conversava enquanto seguia o mesmo caminho indo e voltando da escola.

– Quer ir lá em casa comigo? – ele perguntou uma tarde, no começo do ano 2000, e eu concordei. A poeira dançava no dourado intenso dos raios do sol quando chegamos ao exterior de uma casa de pedras cinzas. Sabia que o pai de Andrew era professor de pesquisa médica na Universidade de Nairobi, e sua mãe professora de escola, por isso a casa deles era tão bonita. Do lado de fora, havia um abacateiro, um pequeno jardim e uma torneira, e, do lado de dentro, eu podia ver uma sala de estar com sofás e uma mesa com cadeiras em volta.

– Oi, mãe – Andrew disse enquanto entrávamos, e eu vi uma mulher sentada no sofá, lendo a Bíblia.

Ela era rechonchuda, pequena, e seu rosto se abriu em um grande sorriso quando nos viu.

– Este é o Emmanuel – Andrew disse a ela. – E esta é a minha mãe, sra. Mumo.

– Bem-vindo, bem-vindo – disse a sra. Mumo, levantando-se.

– É bom conhecer você, Emmanuel. Venha sentar aqui comigo. Eu sempre gosto de conhecer os amigos do Andrew. Você quer um pouco de chá, ou talvez algo para comer?

Andrew deixou a sala para pegar algo para bebermos.

– Então, Emmanuel, fale-me um pouco de você. Como você veio para Nairobi? Quais são as matérias que está estudando na escola?

Olhei para a sra. Mumo. Não estava acostumado com pessoas perguntando coisas e querendo saber quem eu era, porque eu não era ninguém. Mas os olhos daquela mulher brilhavam com sorrisos quando sentou ao meu lado.

– Sou do Sudão, e estou refugiado aqui.

– Aah – disse a sra. Mumo, em voz baixa. – Essa é uma vida difícil para qualquer jovem.

Olhei para ela novamente. A vida é dura na África, e a minha história era apenas uma gota em um oceano de milhares de lágrimas. Mas, à medida que as perguntas foram fluindo da sra. Mumo, eu lhe contei que tinha sido trazido ao Quênia por uma britânica que trabalhava com assistência humanitária, e esperava acabar logo a escola e passar nos meus exames. Também falei sobre os outros Garotos Perdidos de Nairobi e sobre a organização que eu começara para tentar nos ajudar, após entender, naquela noite em que fiquei olhando para a arma, que nunca conseguiria deixar meu passado para trás se ficasse sentado sem fazer nada, permitindo que ele tomasse conta de mim. Como todos os outros Garotos Perdidos, eu precisava de educação se quisesse um dia voar em uma *nyanking*, me tornar um comandante do ELPS ou um médico, para ajudar o meu povo. Então, nos meses antes de saber que o Fundo de Emma me mandaria de volta para a escola, formei um grupo chamado Associação de Consolidação dos Jovens Sudaneses do Sul – ou CASSY, na sigla em inglês – para tentar arrecadar dinheiro para pagar mensalidades. Eu podia sentir que estava desmoronando por dentro, mas os outros Garotos Perdidos me viam como um sortudo, porque eu era parente de Riek e porque os *khawajas* tinham me ajudado, então me procuravam pedindo conselhos, e foi assim que o CASSY surgiu.

As primeiras pessoas que procuramos foram os americanos, através da sua embaixada, mas eles nos mandaram embora. Aí fomos a outras embaixadas e a grandes organizações de ajuda humanitária que tínhamos conhecido em Pinyudu, mas ninguém nos ajudava. A frustração cresceu em mim novamente. Os outros garotos estavam me procurando e pedindo ajuda, mas não podia ajudá-los. Tudo o que conseguíamos encontrar eram alguns trocados, que ganhávamos fazendo trabalhos irregulares, e que nunca seriam o suficiente.

Enquanto eu contava essa história para a sra. Mumo, no entanto, percebi que estava me acalmando. Ela era cheia de vida, e a bondade dentro dela brilhava.

– O seu futuro será brilhante – ela disse, olhando para mim quando finalmente paramos de conversar. – Você é um garoto inteligente e vai se dar bem na vida, tenho certeza. Você já está demonstrando que é um líder, e ficarei feliz em ajudá-lo com o seu trabalho.

Olhei fixamente para a sra. Mumo. Não ouvia ninguém falar coisas tão boas sobre mim desde Emma e os comandantes do ELPS.

– Espero que você nos visite novamente, Emmanuel – disse a sra. Mumo, quando me levantei para partir. – Você é um bom menino, e de agora em diante será como um outro filho para mim; venha para cá se quiser comer, e venha também se quiser relaxar um pouco. Você é bem-vindo para ficar conosco se quiser.

Não conseguia acreditar no que ela estava dizendo. Ela não sabia nada sobre mim ou quem eu era, caso contrário nunca me convidaria para a sua casa.

– Como assim?
– Quero que você trate a nossa casa como se fosse sua, e se sinta em casa aqui.

Tive vontade de rir enquanto olhava para ela. Ela devia ser louca. Aquela mulher nem me conhecia, e estava me convidando para ficar em sua casa? É claro que é comum na África dividir o que quer que você tenha, mas, mesmo assim, a sra. Mumo estava sendo mais generosa que a maioria das pessoas.

– Mas por quê?
– Porque vejo que a sua vida é tumultuada e que você não sabe o que encontrará pela frente – a sra. Mumo disse com um sorriso. – Mas sei de uma coisa: Deus tem grandes planos para você.

Fitei-a novamente. A sra. Mumo era realmente pirada.
– A senhora sabe o que está dizendo? – perguntei, lentamente.
– Sim.
– A senhora sabe que eu não venho sozinho? Existem muitos garotos refugiados aqui, sem suas mães, então, se você me aceitar, terá que aceitar todos nós?
– Sim.

No sábado seguinte, fui ver a sra. Mumo com mais uns dez Garotos Perdidos, e ela deu comida para nós todos. Aí voltei com mais amigos ainda, e ela nos recebeu novamente. Este era o jeito de ser da sra. Mumo. A casa em que ela vivia com seu marido, Jasper, e os seus filhos, Andrew e Michael, estava sempre cheia – os quartos e as salas sempre lotados de adolescentes e órfãos, que vinham procurar ajuda. Viciados também apareciam no meio da noite, e a sra. Mumo os alimentava e rezava por eles. Durante o dia, ela levantava dinheiro para o orfanato de sua igreja, e ia até as favelas para conversar com os líderes de gangues sobre Deus.

– Ele está aqui para ajudar a todos nós, se estivermos dispostos a ouvi-lo – a sra. Mumo dizia para mim.

A partir do momento em que a encontramos, a sra. Mumo começou a ajudar os Garotos Perdidos e a CASSY. Ela parecia uma máquina impulsionando a vida para frente, e logo ficou conhecida como Mamãe CASSY. Com a ajuda dela, começamos a levantar dinheiro para as mensalidades das escolas, lavando as casas das pessoas ou consertando suas cercas em troca de pagamento. Ela também me ajudou a escrever cartas gentis pedindo para as pessoas nos ajudarem. Dentro de semanas, tínhamos ganhado o suficiente para pagar pelos uniformes dos Garotos Perdidos que tinham conseguido bolsas para irem à escola, e convencido o Arboretum College a aceitar dois meninos. A sra. Mumo também convenceu um amigo seu que trabalhava em um colégio em Nairobi a permitir que quatro sudaneses estudassem lá.

– Temos apenas que trabalhar duro, e o caminho de Deus se abrirá diante de nós – a sra. Mumo me dizia, e com certeza ele se abriu.

Depois de fazer meus exames de nível médio em junho de 2000 – passando em duas matérias com notas baixas e ficando reprovado em outras três –, fui morar a maior parte do tempo com a sra. Mumo. Continuava andando por aí e, às vezes, voltava para a Casa da Paz, mas gostava de ficar na casa da sra. Mumo porque ela me tratava como um filho. Agora ela já sabia um pouco da minha vida como *jenajesh*, e, às vezes, eu ficava pensando se ela conseguia ver as sombras dentro de mim. Mas parecia que nada que eu pudesse dizer chocava a sra. Mumo. Para retribuir sua bondade, comecei a ir à sua igreja, a Igreja da Comunidade Kileleshwa, porque sabia que isso a faria feliz. Não podia deixar Deus entrar no meu coração, mas, enquanto ouvia o que diziam na igreja, pensei em como Ele me ajudara no deserto. De diversas maneiras, queria acreditar Nele, porque a alegria no rosto da sra. Mumo enquanto rezava me fazia lembrar da mamãe. Embora minha vida tivesse mudado depois da noite em que fiquei olhando fixamente para a arma, minha raiva não desaparecera. Rezava com a minha mente, não com o meu coração, e era a fé da sra. Mumo que me levava adiante, e não a minha fé em Deus. Cravada fundo em mim, a lança do ódio continuava ardendo, e, às vezes, pensava que ela irromperia para fora de mim. A guerra no Sudão continuava sendo travada, meu povo estava morrendo, e as notícias que chegavam sempre faziam o meu coração pesar. Por que Deus colocara o meu povo em uma situação tão desesperadora? Por que os Garotos Perdidos eram obrigados a bater nas portas e implorar por ajuda mesmo depois de terem escapado da guerra? Isso continuava me deixando deprimido, e eu me perguntava se conseguiria algum dia deixar essa amargura para trás.

Eu olhei para as imagens em preto e branco na televisão. Um homem falava, e a sua voz era cheia de paixão enquanto as pessoas o ouviam. O seu nome era Martin Luther King.

– E quando isso acontecer – ele disse –, quando deixarmos a liberdade soar, quando a deixarmos soar em cada aldeia e em cada vilarejo, em cada estado e em cada cidade, conseguiremos adiantar o dia em que todos os filhos de Deus, brancos e negros, judeus e cristãos, protestantes e católicos, serão capazes de unir suas mãos e cantar as palavras da velha canção espiritual negra: "Livres finalmente! Graças a Deus, todo-poderoso, estamos livres finalmente!"

A multidão aclamava e aplaudia, milhares de pessoas se estendendo a distância, e quando Martin Luther King finalizou seu discurso havia rostos cheios de alegria e olhos brilhando de fé. Seus gritos ecoaram dentro da minha cabeça enquanto a sra. Mumo andava na direção do vídeo e o desligava.

– Viu, existe muita gente com uma vida cheia de lutas como a sua, e outras pessoas sofreram do mesmo modo que os sudaneses – ela disse, virando-se para mim. – Esse homem era descendente de escravos na América, pessoas que foram tiradas de terras por toda a África e transportadas através do oceano em condições terríveis. Alguns morreram durante a viagem, e o resto foi vendido quando chegou à América. Apenas os mais fortes sobreviveram à brutalidade.

Pensei em Martin Luther King e na multidão ouvindo as suas palavras, rostos brancos e negros voltados para cima como flores ao sol. Antes disso, eu não sabia que outras pessoas no mundo tinham problemas como os meus – até mesmo em lugares como a

América. As únicas histórias assim que eu conhecia eram sobre garotos do sul do Sudão sendo levados pelos árabes.

– Martin Luther King será lembrado para sempre por sua mensagem de que a paz, e não a guerra, é a melhor maneira de vencer as batalhas – disse a sra. Mumo, olhando para mim enquanto eu ficava sentado em silêncio no sofá. – Ele sabia que vivia em um país no qual as diferentes tribos eram desiguais, mas não deixou que a amargura envenenasse o seu coração. Ele era um homem santo, que entendeu que a luta pacífica seria a única que poderia vencer, e estava certo. Negros e brancos agora vivem como iguais na América.

Olhei para a sra. Mumo. Será que ela sabia da luta dentro de mim? Será que acreditava, como todos os outros antes dela, que eu estava manchado no fundo da minha alma?

– Martin Luther King escolheu a arma mais poderosa no mundo, o amor, para romper os grilhões do ódio – disse a sra. Mumo suavemente. – Ele sabia que a amargura por pecados do passado destruiria a ele e a seu povo a partir de dentro. Ele tinha um sonho... E você, tem um sonho?

"Olhe só para os outros líderes sobre quem temos conversado: Mahatma Gandhi e Nelson Mandela. Nenhum desses homens pregava o ódio, e todos acreditavam no perdão.

"Lembre-se do que a Bíblia diz, Emmanuel: 'Perdoando os homens quando eles pecam contra você, o Pai divino o perdoará. Mas, se você não perdoar os pecados dos homens, o Pai não perdoará os seus pecados.'

"E a oração do Senhor diz o mesmo: 'Perdoai as nossas ofensas, assim como nós perdoamos a quem nos tem ofendido.'

"Você é um rapaz agora, e já está na hora de perceber que essa é a maior lição que aprenderá em sua vida."

Eu não disse nada para a sra. Mumo naquele dia, enquanto pensava se seria capaz de fazer o que ela me dizia. Vivia com o ódio há tanto tempo que ele era parte de mim, marcando os meus ossos e deixando cicatrizes no meu coração. Mas, enquanto ficava ali sentado e pensava no que ela tentava me ensinar, podia ouvir uma voz sussurrando para mim.

"Não nos deixe buscar satisfazer a nossa sede de liberdade bebendo no copo da amargura e do ódio", Martin Luther King havia dito. "Por várias vezes, nós devemos nos erguer às alturas majestáticas da união da força física com a força espiritual."

A música estava por toda a minha volta no Quênia, com as pessoas cantando na igreja ou em encontros de preces na casa da sra. Mumo. Nas ruas e na escola, comecei a ouvir outras canções, que também significavam algo para mim. O ritmo suave de Bob Marley trazia de volta lembranças dos comandantes em Juba, que ouviam suas músicas; as batidas pesadas de Tupac e Ice Cube faziam meu peito pulsar; os ritmos africanos modernos de Kofi Olumide e Kanda Bongo Man lembravam a minha infância; e o R&B de artistas como Mary J. Blinge, LL Cool e Chaka Khan me davam vontade de dançar. A primeira vez que ouvi "I'm Every Woman", em um baile na escola, fechei meus olhos e pulei acompanhando os ritmos, enquanto meus amigos olhavam para aquele garoto do mato ouvindo música *disco* pela primeira vez.

Embora gostasse de músicas de quase qualquer tipo, nunca tinha pensado em fazer a minha própria música até o dia em que ouvi uma canção de Puff Daddy. Eu estava em um ônibus, indo até uma favela para um encontro da CASSY, e a minha mente estava pesada. Continuávamos angariando dinheiro para os garotos irem para a escola, mas não havia como pagar as minhas mensalidades ainda. Eu passara por escolas britânicas caras no Quênia, e embora quisesse fazer os meus exames finais e ir para a universidade, não havia recursos suficientes para pagar por mim. Minhas chances de conseguir ajuda do Fundo de Emma haviam chegado ao fim, e, enquanto ficava ali sentado no ônibus, sabia que teria que encorajar os caras da CASSY a pensarem de modo positivo, embora não me sentisse assim.

Uma música começou a tocar no rádio enquanto eu olhava pela janela, para as ruas que iam ficando para trás. Era uma música de Puff Daddy.

*  *  *

Fiquei surpreso enquanto ouvia aquelas palavras. Eu já havia ouvido *rappers* americanos e também músicas *gospel* na igreja, mas nunca tinha pensado que os dois poderiam se misturar. Puff Daddy estava dizendo que Jesus o ajudara. Aquilo era diferente de tudo o que eu já ouvira antes, e fiquei pensando na mamãe enquanto a música continuava.

"Deus ama a todos, Jal", ela me dizia, enquanto corríamos durante a guerra. "E Ele perdoa os seus pecados."

Pensei em todos os testemunhos que ouvira na igreja, nos sorrisos nos rostos das pessoas enquanto contavam como Deus as ajudara, e agora Puff Daddy estava dizendo o mesmo. Enquanto as ruas de Nairobi passavam rapidamente pela janela, lembrei de quando estava sentando embaixo da árvore no deserto e do pássaro que caíra do céu no momento em que eu estava deitado ao lado de Lual. Será que conseguiria acreditar de verdade em Deus novamente? Será que eu conseguiria deixar que Ele entrasse no meu coração?

Eu vinha pensando sobre o perdão cada vez mais desde que a sra. Mumo começara a me ensinar sobre grandes homens como Martin Luther King. Eu sabia que aquilo não era como uma luz que pudesse ser ligada a qualquer instante – era algo que crescia a cada dia, a cada semana, a cada mês –, mas algo estava mudando dentro de mim agora, durante as horas em que eu sentava sozinho e tentava acalmar meus sentimentos. Uma semente fora semeada, e eu sentia que, do mesmo modo como encarei uma escolha sobre se devia ou não usar a violência, na noite em que fiquei olhando fixamente para a arma, eu agora tinha uma outra escolha: permanecer preso na amargura do passado ou encontrar a paz no presente. Sempre pensei que ajudaria o meu povo lutando novamente pelo meu país um dia, mas agora começava a ver um caminho diferente – uma trilha para a paz, como Martin Luther King havia acreditado.

Pensava nas histórias de homens como Gandhi, Mandela e King, que lia nos livros que a sra. Mumo comprara para mim. Todo dia ela me falava sobre o amor de Deus e sobre a sua mensagem de perdão, e quando eu olhava em volta em Nairobi, via muçulmanos e cristãos vivendo juntos, casando-se uns com os outros, trabalhando lado a lado. Havia garotos muçulmanos na escola que queriam ser meus amigos, apesar de eu rejeitá-los. Se as pessoas aqui conseguiam viver em paz, então talvez devesse aprender com elas.

– Tudo o que você precisa é de Jesus – a sra. Mumo sempre me dizia, e pensei nela agora que a canção tinha acabado.

Olhei pela janela novamente. *Tudo o que precisamos é de Jesus Cristo*, disse para mim mesmo, enquanto notas começaram a soar na minha cabeça. Eu podia ouvir frases e sons à medida que as palavras começaram a se formar na minha mente.

*Tudo o que precisamos é de Jesus Cristo*
*Porque ele morreu por você e por mim*
*Venha se alegrar, porque ele está vivo*
*Não existe nada difícil demais para Jesus.*

Quando a viagem de ônibus acabou, eu já tinha um plano sobre como ajudaríamos a CASSY. Eu escreveria a minha música e formaríamos um grupo musical para arrecadar dinheiro. Andrew concordou comigo, e logo encontramos outros garotos para se juntarem a nós. O nosso nome era JAEEEM – as primeiras letras nos nomes dos membros do grupo, que eram Andrew, Emmanuel, Edward, Eedo e Mark – e também da pessoa sobre quem estaríamos cantando, Jesus. Os garotos gostavam de música tanto quanto eu, e, a partir do dia em que começamos, as letras inundaram a minha mente, enquanto lembrava da tia Nyagai e das palavras que eu tinha escrito com ela para as competições de rap na minha aldeia.

*Deus nos ama, pois Ele nos mostrou*
*Como viver do modo certo, como imitar Cristo*

*Você quer ser como Jesus em todos os sentidos?*
*Tentar viver do modo certo e rezar todo dia?*

Todos os garotos do JAEEEM sabiam que a CASSY precisava do máximo de dinheiro que pudéssemos conseguir e ficavam felizes em ajudar. Para que o nosso som ficasse o melhor possível, encontramos um amigo chamado Junior, que mixava as nossas batidas em um teclado e as controlava, para que pudéssemos fazer rap em cima delas. Eu não era o melhor cantor – os outros garotos eram mais altos, mais bonitos, e achavam mais fácil fazer rap – mas o meu inglês era melhor, e, conforme as semanas passavam, sentia cada vez mais palavras vindo à minha mente. Pensava nelas quando deitava na cama, ou então as ouvia dentro de mim enquanto andava pela rua.

A sensação que tive desde o momento em que comecei a escrever músicas era diferente de tudo o que já tinha experimentado antes. Sempre me esforcei na escola, mas nunca consegui me concentrar de verdade. Com as músicas era diferente, e eu gostava do que estava fazendo. Nós ensaiamos até nos sentirmos capazes de tocar para as pessoas, e aí começamos fazendo shows na nossa igreja ou em clubes jovens. De repente, eu estava ocupado novamente. Não tive muito o que fazer depois de acabar os meus exames, mas agora minha mente estava completamente preenchida, e quanto mais ocupado eu ficava, mas calmo me sentia – meus sonhos diminuíram e a minha sensação de frustração começou a enfraquecer. Agora, depois de conhecer a Inglaterra e os EUA, aprendi que isso se chama musicoterapia, mas, no Quênia, tudo o que eu sabia é que a música me deixava feliz de um modo como nunca tinha me sentido antes. Era uma linha contínua que atravessava toda a minha vida – desde que eu era uma criança vendo minha mãe no coral da igreja, passando por ouvir o povo das aldeias celebrando a vida, até cantar os hinos de soldado para trazer coragem ao meu coração –; a música, junto com os ensinamentos da sra. Mumo, preencheu algo dentro de mim que me trouxe paz.

No inverno de 2000, tocamos em uma das melhores escolas do Quênia, a Brookhouse International School. A sra. Mumo dava aulas lá e falou com o diretor, que permitiu que tocássemos para a Christian Union. Fomos lá em um domingo, e me senti feliz e triste quando entrei na Brookhouse; feliz porque estava levantando dinheiro para a CASSY, mas triste porque olhava para as crianças nos seus uniformes e ficava pensando se algum dia eu iria para a escola novamente. A Brookhouse era linda, com um campo de futebol, crianças descansando sentadas na grama, à sombra de jacarandás, prédios limpos e funcionários bondosos. Eu desejava ir para um lugar assim.

– Vou pedir ao diretor para lhe dar uma bolsa nessa escola – a sra. Mumo disse, logo após a nossa visita.

Sorri enquanto olhava para ela. A sra. Mumo gostava de pensar grande, mas isso era demais até mesmo para ela. Eu tinha vivido no Quênia por sete anos correndo nas ruas e sobrevivendo a cada dia. Abandonei várias escolas, passando com dificuldades em quaisquer exames, e não tinha dinheiro nem para comprar um uniforme. Não sabia o que faria da vida agora, mas duvidava de que voltaria à escola, independentemente do quanto o quisesse.

– Sim, sra. Mumo – disse, enquanto ela me olhava com um ar sério.

– Tudo o que precisamos fazer é confiar em Deus, e Ele ouvirá.

Os olhos do homem branco estavam sérios quando me sentei em frente a ele. O senhor Mantz era o diretor da Brookhouse. Antes, naquele mesmo dia, eu havia feito alguns testes com ele e sabia que não tinha ido bem. Podia conseguir cantar um pouco de rap, mas o meu inglês não era forte o suficiente para os testes do sistema britânico, e não entendi boa parte do que estava sendo perguntado. Agora eu estava sentado no escritório do sr. Mantz, uma sala tão cheia de livros e troféus como eu nunca tinha visto antes.

– Então, o que você quer ser quando terminar a escola? – ele perguntou.

— Não tenho certeza. Talvez médico, ou piloto. Tudo o que sei é que quero ajudar o meu povo.
— E por que você quer vir para a Brookhouse?
— Porque quero ter a melhor educação possível, e sei que é isso que vocês oferecem aqui.

O sr. Mantz continuou me fazendo perguntas, e eu tentei respondê-las da melhor forma que podia. Mas eu sabia que tinha sido reprovado nos testes e que nunca me adaptaria àquele lugar, onde os alunos vinham das melhores famílias do Quênia.

— Receio que suas notas sejam baixas demais para que você frequente esta escola, e os seus resultados nos testes foram ruins também, Emmanuel — o sr. Mantz disse, enfim. — Creio que será um desperdício de tempo para você vir para cá. Talvez seja mais adequado para você fazer carpintaria em um colégio, ou então outro curso que o prepare para exercer uma profissão.

Balancei a cabeça concordando enquanto ele falava. Até mesmo a fé da sra. Mumo não seria o suficiente dessa vez. Mas o meu coração parecia pesado quando deixei o escritório e contei à sra. Mumo o que o sr. Mantz havia dito.

— Aquele lugar não é para mim. Vamos ter que encontrar outra escola para eu ir.

— Emmanuel! — ela insistiu. — Isso é apenas o demônio tentando fechar a porta.

A sra. Mumo se recusou a aceitar um não como resposta, e voltou lá para pedir novamente ao sr. Mantz que me desse uma bolsa. Mas ele disse que não poderia se arriscar com um garoto como eu, com um passado como o meu, um aluno que provavelmente não respeitaria a autoridade.

— Emmanuel é um bom menino agora — a sra. Mumo disse, com firmeza.

— Sinto muito, mas não podemos ajudá-los — respondeu o sr. Mantz.

Mesmo assim, a sra. Mumo não queria escutar. Voltou no dia seguinte para falar com o sr. Mantz e, dessa vez, ele disse:

— Pensei que tinha tomado a minha decisão. Mas, enquanto a minha mente diz não, o meu coração diz sim.

A sra. Mumo olhou seriamente para ele.

– Não faça nada apressadamente – ela disse. – Deixe que a sua mente e o seu coração concordem, e talvez você dê ao Emmanuel uma chance. Se não der, acharemos uma outra escola para ele.

A sra. Mumo estava feliz quando me disse que o sr. Mantz estava pensando bem na sua decisão.

– Você vai para aquela escola – ela me falou. – Você precisa ter fé de que Deus vai ajudar.

Eu não queria ouvir, e tentava tirar a Brookhouse da minha mente. O JAEEEM tinha acabado de fazer um grande show, que levantara um monte de dinheiro para a CASSY, e nós íamos tocar em um enorme evento cristão, na véspera do Ano-Novo. Mas não conseguia parar de pensar naquela escola, e ficava imaginando se a sra. Mumo estava certa. Será que devia confiar que Deus iria me ajudar? Ela parecia ter certeza. Foi aí que o sr. Mantz pediu para conversar comigo novamente. Voltei para a Brookhouse, e depois deixei o diretor e a sra. Mumo conversando. Eu já estava em casa quando ouvi passos pelo caminho.

– Bem, o sr. Mantz e eu conversamos – a sra. Mumo disse, entrando em casa.

Queria que ela parasse de falar na escola e deixasse eu me concentrar na minha música. O sr. Mantz estava certo. Era hora de desistir do sonho dela.

– Você vai para a Brookhouse.

Olhei para a sra. Mumo e prendi a respiração, enquanto ela sorria para mim. Conseguia sentir o fundo do meu coração começando a dançar.

Eu iria mesmo para a escola? Iria para a melhor escola de Nairobi? O sr. Mantz decidira arriscar em um garoto como eu?

A sra. Mumo estava certa. Depois de todos aqueles meses de dúvidas e preces, Deus havia me salvado novamente: Ele abrira as portas do futuro para mim. Agora sabia que o meu coração acreditava nele novamente.

## CAPÍTULO 23

Tudo o que conseguia ver eram rostos – milhares de pessoas em uma multidão que se estendia como o mar à minha frente. Mãos balançavam no ar, e gritos de alegria voaram sobre mim quando o JAEEEM pisou no palco. Estávamos tocando em um grande evento cristão, na véspera do Ano-Novo de 2000 – éramos uma das várias apresentações que abriam o show de um conhecido grupo gospel chamado Milele –, e a multidão era a maior que eu já tinha visto. Aquilo era um mundo de distância dos públicos de igreja para os quais costumávamos tocar, e o meu coração pulsava forte quando a nossa batida de fundo começou a tocar. Minha garganta ficou apertada enquanto olhava para o Andrew e para os outros garotos ao meu lado. Eu só tinha que pensar nas letras e no ritmo da música, deixar que me abrissem por dentro, como eu sabia que podiam fazer. Uma onda de sons vindos da multidão passou por mim quando começamos o nosso rap, e o baixo repercutia dentro do meu peito como o barulho de bombas caindo no chão. Mas agora a guerra não me cercava mais. O ódio não enchia o ar enquanto eu respirava. Era o amor. O amor de uma multidão que gritava de alegria enquanto cantávamos e que acalmava a minha dor de uma maneira que eu nunca tinha conhecido antes.

A Brookhouse era tudo o que pensei que seria. Havia aulas de música, uma piscina, basquete e tênis de mesa. Era como uma escola britânica, e eu entrei no time de futebol, comecei a nadar e a correr os dez mil metros. Eu tinha vinte e um anos agora, e continuava tendo que me esforçar muito nas lições. Muitos professores ali eram bons para mim – o sr. Mehta, o dono da escola, não me concedeu apenas uma bolsa, mas também me deu dinheiro para as passagens de ônibus, porque sabia que eu não podia pagá-las – e o sr. Nyoro, que ensinava contabilidade, ficou amigo de vários garotos, inclusive de mim. Ambos sabiam sobre o meu passado e sempre me encorajavam. Quando eu ia mal na aula, o sr. Nyoro me incentivava, e quando eu ficava todo culpado pelo tanto de escola que tinha perdido, o sr. Mehta me dizia que logo eu chegaria ao nível dos outros. Cercado por filhos de famílias ricas, muitos dos quais planejavam ir ao exterior para fazer faculdade, eu me sentia frustrado por estar tão atrás, e o meu desejo por educação ficava cada vez mais forte. Queria ser como os outros alunos – ir para a universidade e aprender o suficiente para ajudar o meu povo.

Eu me esforçava o máximo que podia nas aulas, mas a música muitas vezes desviava os meus pensamentos. Garotos continuavam vindo ao CASSY pedir ajuda, então o JAEEEM precisava fazer shows para angariar dinheiro e ajudá-los. Garotos Perdidos estavam sendo levados do campo de refugiados de Kakuma para terem uma vida nova na América, e alguns vinham para Nairobi no caminho. Chegavam à Casa da Paz ou à casa da sra. Mumo com os olhos brilhando por causa do mundo novo para o qual iriam, e muitos pediam ajuda. Começamos a juntar roupas para os meninos nos shows, ou então eu dava qualquer dinheiro que tivesse. Um Garoto Perdido, indo para a América, levou até o meu casaco, que estava com o meu passaporte dentro.

Mas, conforme o tempo passava, ficava claro que eu queria algo diferente para o JAEEEM do que outros garotos. A gente discutia cada vez mais quando eles chegavam atrasados ou junto com garotas, e eu sentia que eles não levavam a banda tão a sério quanto eu. Também queria conseguir tempo para nós em um estúdio, mas os outros não pareceram tão desapontados quando nos mandaram embora.

– Não posso perder o meu tempo com vocês, garotos – o produtor nos disse. – Vocês simplesmente não são bons.

Eu podia ser um cristão agora, mas, mesmo assim, ainda senti vontade de atirar nele.

No final, o JAEEEM se dividiu. A música significava algo para mim que os outros garotos jamais entenderiam, porque a responsabilidade que eu sentia por ajudar os outros era muito profunda. Mas era difícil tocar sozinho, porque, sem ninguém ao meu lado, ninguém compartilhava a minha tristeza se a música parasse e a audiência ficasse em silêncio – o que acontecia várias vezes. Tudo o que eu sabia é que tinha que continuar cantando rap, como um peixe precisa da água e um pássaro precisa do ar, então comecei a me apresentar sozinho.

No fim de 2001, o sr. Mehta me deu permissão para fazer um show para os alunos da Brookhouse. Só um deles ficou de pé batendo palmas quando comecei a cantar, mas, no final, os alunos aplaudiram muito e consegui cerca de duzentas libras, que dei para a sra. Mumo para ajudar os órfãos.

– Emmanuel, você é tão feio, mas eu te amo – uma menina pequena disse para mim, dando-me uma flor quando acabei de cantar na Brookhouse. – A sua música é que nem a do Puff Daddy. Você conhece o Jay-Z?

– Sim – eu disse a ela.

– Bem, ele é feio também, só que a música faz com que pareça bonito.

O sr. Mehta também sorriu quando ficou na minha frente.

– Você tem talento. Existem aqueles que fazem grandes carreiras na música.

– Mas eu faço isso por prazer – disse. – Não quero ser músico. Quero algum dia ir para a universidade.

– Bem, você devia dar uma chance à sua música.

Mas eu não pensava na música como um trabalho. Só sabia que ela estava me ajudando. Pequenas coisas ainda conseguiam despertar minha amargura, e, às vezes, eu ficava pensando se havia algo de bom no mundo, quando refletia sobre todo o mal que vira no passado. Mas aí começava a cantar e me lembrava de Emma, o anjo que me salvara, da mamãe, da sra. Mumo e do sr. Mehta, e percebia que existia o bem. Eu tinha que continuar aprendendo a perdoar até que aquele sentimento chegasse ao meu coração e se instalasse lá para sempre.

Riek Machar também me inspirava. Eu continuava o vendo às vezes, quando ele vinha do Sudão para visitar o Quênia, e, em janeiro de 2002, ele e John Garang se uniram para começar as conversações de paz com Cartum. Parecia que a guerra no Sudão poderia finalmente chegar ao fim, e olhei para Riek – após a amizade que ele fizera com um antigo inimigo e com os árabes que o visitavam na Casa da Paz – e percebi que ele não tinha amargura no seu coração, o que me ajudou a continuar tentando controlar os meus próprios pensamentos, por meio da música e da oração.

Logo depois disso, o marido de uma professora da Brookhouse, que tinha um estúdio, se ofereceu para me ajudar, e eu usei o dinheiro que a sra. Mumo e o sr. Mehta me davam para gravar meu primeiro CD. Estava animado quando fiquei em frente a um microfone de verdade pela primeira vez para gravar "All We Need" – a música que eu havia escrito no ônibus – e fiz cerca de cinquenta CDs para vender nos shows e levantar dinheiro para a CASSY. A faixa até conseguiu alguma divulgação em uma estação de rádio cristã e na BBC World Service, graças a um amigo de Emma, que me ajudara ao longo dos anos, Peter Moszynski. Ele era um jornalista para quem eu tinha contado a minha história, e vinha sendo um bom amigo nos anos que se seguiram à morte de Emma – mandando dinheiro e me visitando quando estava em Nairobi. Mas o entusiasmo com aquela faixa empalideceu rapidamente, e o que ganhei com os CDs logo desapareceu, porque me desfiz da maior parte. Eu havia crescido em um lugar onde não havia dinheiro, e ainda tinha que aprender que, embora ele parecesse um caminho para a liberdade, você logo fica preso de novo se o gasta rápido demais. Também havia resistência contra mim em algumas igrejas, porque o rap era visto como a música do diabo.

Os meses passaram, e, quando 2002 se tornou 2003, comecei a perceber o quanto era difícil fazer música. Eu ia para um show e ninguém aparecia, ou então reunia dinheiro para a CASSY e não tinha o suficiente para pagar a minha passagem de ônibus de volta para casa. Uma banda chamada Reborn Warriors tinha começado a tocar comigo, mas nem eles conseguiam diminuir a humilhação que eu sentia se ninguém batesse palmas. Uma coisa era fazer as pessoas na sua própria igreja ficarem de pé e aplaudirem você, outra era pedir que estranhos fizessem isso. As audiências não reagiam às minhas letras sobre Deus do mesmo modo que os meus amigos da igreja. As pessoas simplesmente ficavam olhando para mim, meio confusas com relação ao que eu estava dizendo. Queria contar a elas sobre a esperança que Jesus havia me dado, mas elas não queriam ouvir. Eu sabia no que eles pensavam. O meu som era ruim, eu parecia um garoto imitando o Puff Daddy, porque não conseguia encontrar minha própria voz, não importa o quanto tentasse.

A música também começava a interferir nos meus estudos. Cercado por crianças ricas, a Brookhouse continuava a alimentar a ambição dentro de mim, assim como o meu amigo Peter Moszynski, que continuou me ajudando e me falou sobre a Universidade de Oxford. Em dezembro de 2002, Peter pagou para que eu fosse visitá-lo na Grã-Bretanha, e nos encontramos com produtores de gravadoras para conversar sobre a minha música. Embora ninguém tenha se interessado por mim, Peter prometeu ajudar a encontrar financiadores se eu quisesse estudar no Reino Unido. Ele sabia que a sua amiga Emma queria que eu tivesse a melhor educação possível, e uma graduação universitária britânica significava muito na África. Eu era uma criatura esquisita, um garoto que tinha vivido em favelas e dependido de estranhos para me sustentar, mas que também era cercado por gente rica e privilegiada, o que me fazia querer ter sucesso. Então, não questionei a minha ida para a Inglaterra, porque, como havia aprendido quando era criança, só olhava para frente e aproveitava cada oportunidade que surgia.

– Nada é impossível – a sra. Mumo me dizia, mas eu sabia que me dedicar tanto à música quanto aos meus estudos era.

Quando foi chegando a hora dos meus exames, no verão de 2003, decidi desistir da música. Estava estudando muito para os exames finais de admissão à universidade em química, física e matemática que faria em breve, e, enquanto lia atentamente os meus livros, me lembrava das palavras que mamãe e Emma me disseram tantas vezes. A educação era tudo o que importava.

– Alô? – eu disse, pegando o telefone.
A linha ficou estalando enquanto um homem começava a falar:
– Jal Jok?
Já fazia muito tempo que alguém me chamava assim. Eu era Emmanuel Jal agora, como me tornara depois de conhecer Emma.
Era o inverno de 2003, e eu estava em Londres. Havia passado nos meus exames, como prometera a mim mesmo que faria, e estava estudando na Universidade de Westminster. Tinha me matriculado em um curso de um ano em engenharia eletrônica, que dava acesso ao nível universitário, e Peter, sua namorada, Jill, e seus amigos Andrew e Jennifer Shand financiavam meus estudos. Eu esperava retribuir-lhes me dedicando muito, apesar de achar a Inglaterra um lugar estranho. A comida tinha gosto ruim, os trens que corriam embaixo da terra não soltavam fumaça, e as pessoas nunca se olhavam nos olhos. Às vezes, brincava de tentar pegar o olhar de alguém, mas era impossível. Talvez todo mundo fosse triste porque era tão frio o tempo todo. Eu parecia tão grande quanto um urso na maior parte dos dias, vestido com casacos, camisetas e jaquetas – mais roupas do que eu já possuíra a maior parte da minha vida empilhadas em cima de mim para me manter quente, porque sabia que o sol na Inglaterra era falso. Um dia ele ficava brilhando do lado de fora, e eu saía de casa de camiseta e sandálias, para descobrir que continuava frio. Sentia falta do sol africano, que, quando brilhava, me aquecia.

– Quem é? – perguntei à voz no telefone.
– Estou aqui com a sua irmã – o homem disse.
– Como assim?
– A sua irmã. Nyaruach.
As lembranças voaram na minha cabeça enquanto eu fiquei ali de pé segurando o telefone. Minha irmã Nyaruach? A garota

que eu não via há dezesseis anos? A irmã cujo rosto sequer conseguia lembrar? Meu coração disparou quando ouvi uma voz de mulher. Ela soava baixa e tensa.

– Alô? Jal?
– Sim. Sou eu.
– Sou eu, Nyaruach.

Como a minha irmã havia me encontrado? Ela não estava morta? Eu prendia a respiração. Não conseguia entender. Tinha perdido a minha família anos antes.

– Estou muito feliz em ouvir a sua voz – continuou Nyaruach, enquanto eu continuava em silêncio.
– Mas como você me encontrou?
– Eu ouvi você falando na rádio BBC quando a sua música "All We Need" tocou. Não conseguia acreditar que era mesmo você.

Acalmei a minha mente enquanto pensava.
– Eu sou um estudante agora, não um músico. Onde você está?
– No campo de refugiados de Dimma, na Etiópia. Desde que ouvi a música, tenho procurado você. Demorou muito tempo. Mas agora te achei, graças a Deus. Eu te procurei na comunidade sudanesa no Quênia e tive que economizar para pagar pelos telefonemas. Preciso da sua ajuda, Jal.

Engoli em seco enquanto ouvia, sem ter certeza de quem aquela mulher era. Eu não entendia nada. Como um fantasma podia voltar à vida assim? Como uma criança podia ser uma mulher agora e me reconhecer?

A voz da mulher começou a desaparecer enquanto ela falava, devagar e pausadamente, me dizendo que estava em Dimma havia vários anos. Perguntas correram pela minha mente. Como ela tinha chegado lá? Será que ela sabia onde os outros estavam? Nyakouth, Nyagai, Miri e Marna? Mas, de repente, a voz de Nyaruach começou a se acelerar enquanto ela falava.

– Preciso ir agora, Jal – disse, velozmente. – Mas lembre-se de que quero ir até onde você está. Preciso sair desse lugar.

Fiquei em silêncio por um instante enquanto o meu peito se expandia dentro de mim. Será que as palavras conseguiriam sair? Será que eu conseguiria assumir uma irmã que estava morta para mim?

– Por favor, Jal – ela disse, insistentemente. – Preciso que você me ajude.

Pensei na mamãe, em quando ela ficava perto de mim e o meu sangue corria no mesmo ritmo do dela. Não sabia o que fazer. Como poderia ajudar uma irmã, sem ter nada para dar?

Fechei os olhos e lembrei de uma garota que eu tinha conhecido na aldeia da minha avó, durante a guerra. Era a época da fome, e ela não tinha nada para dar aos seus irmãos e irmãs, que choravam por comida. Então, a menina colocou um machado em uma panela sobre o fogo e disse para as crianças pequenas esperarem por várias horas até aquilo cozinhar. Enquanto as crianças olhavam para o machado de metal, que nunca iria amolecer, as dores nos seus estômagos desapareceram, porque se encheram de esperança, e a sua irmã conseguiu encontrar comida enquanto elas esperavam. Agora eu precisava fazer o mesmo.

– Eu vou trazê-la até mim – disse, lentamente. – Nyaruach, prometo que trarei você até mim.

A voz não disse nada enquanto a linha silenciava. Um mundo de distância dali, a minha irmã estava presa em um campo de refugiados, e eu prometia a ela a liberdade.

– Não podemos fornecer-lhe um visto – disse a mulher branca.

Senti minha têmpora pulsando. Estava na embaixada britânica em Nairobi, depois de ter voltado ao Quênia para passar as férias. O meu visto para o Reino Unido tinha perdido a validade, e eu precisava de outro para continuar os meus estudos na Universidade de Westminster. Mas me recusaram várias vezes, e ninguém me dizia por quê.

– Por favor – insisti. – Tenho amigos na Inglaterra, pessoas que me financiam e tomam conta de mim, um lugar para estudar. Estou tirando boas notas lá. Tive cem por cento de aproveitamento nos exames de matemática, sou um dos melhores estudantes.

– Desculpe-me, sr. Jal, mas não posso conceder-lhe um visto. A raiva tomou conta de mim. Foda-se ela. Fodam-se os brancos. Foda-se a Grã-Bretanha. Ela era como o diretor que me jogou na lata do lixo tantos anos antes. Tinha que voltar para a universidade, estudar muito, e sustentar a minha família. Não ouvi nada sobre Nyaruach nas semanas que se seguiram ao telefonema a partir de Dimma, mas agora eu sabia mais do que nunca que precisava fazer a coisa certa. Eu tinha uma irmã para cuidar.

O rosto da mulher estava vazio enquanto ela continuava sentada à sua mesa.

– Isso é tudo? – ela disse, fazendo um gesto para eu sair.

Eu me levantei, com o sangue correndo nas minhas têmporas e nos ouvidos. Cambaleando porta afora, andei até a rua movimentada, rezando silenciosamente para que um carro ou um ônibus batesse em mim. Eu não podia tirar a minha própria vida, mas outra pessoa poderia. Como isso podia estar acontecendo novamente? Bem no momento em que o futuro se abria diante de mim, ele era arrancado mais uma vez. Olhando em volta, para os pedintes na rua e para o lixo que formava altas pilhas, ouvindo o ruído dos caminhões e as vozes que gritavam, fiquei pensando em como conseguiria um dia escapar.

## CAPÍTULO 24

Aquele foi um dos piores dias da minha vida, porque a esperança que eu trabalhara tanto para criar dentro de mim foi destruída e eu fiquei pensando em como conseguiria encontrar novamente a fé para prosseguir. Quando o meu amigo, sr. Mehta, descobriu o que tinha acontecido, ele se ofereceu para me deixar voltar à Brookhouse para estudar para os exames de admissão às universidades. Eu não sabia o que faria agora, mas se não podia obter um título, então devia tentar conseguir o máximo de qualificações possível. Mas o sr. Mehta podia ver que eu era como um barco à deriva no mar, agora que o meu sonho de ir para a universidade tinha acabado. Nunca conseguiria sustentar meus estudos, nunca teria outra oportunidade como a que tive na Inglaterra graças aos amigos de Emma.

– Você deveria fazer música novamente – o sr. Mehta me disse.
– Talvez isso te ajude como antes, e lembre-se do que eu disse a você uma vez: algumas pessoas se tornam grandes com a música, em lugares como a América.

O meu melhor amigo na Brookhouse, Philip Gitoni, e os Garotos Perdidos me disseram que o sr. Mehta estava certo.

– Vamos lá, Emmanuel – diziam. – Você é bom, tem talento, vai conseguir ser grande. Não devia ter desistido tão facilmente antes.

Fiquei pensando se eles andaram conversando demais com a sra. Mumo durante os meses que passei na Inglaterra, mas sabia que estavam certos. A amargura ameaçava tomar conta de mim desde o dia em que senti o ódio abocanhar a minha alma mais uma vez, enquanto olhava para aquela *khawaja* na embaixada. A música havia me dado paz de uma forma que nunca conhecera antes, e, embora tivesse desistido dela, talvez pudesse usá-la novamente para combater o meu desespero. Lembrando das palavras de Martin Luther King e da felicidade que o perdão me dera, escrevi uma música para dar esperança a mim mesmo.

*Quando estou sozinho*
*Tenho apenas que louvar a Deus*
*Quando estou quebrado*
*Tenho apenas que louvar a Deus*
*Quando ninguém me ama*
*Tenho apenas que louvar a Deus*
*Quando as coisas vão mal*
*Tenho apenas que louvar a Deus*
*Enquanto ando pelo vale das sombras da morte*
*Enquanto as coisas vão mal, eu não vou virar as costas*
*Porque eu sei que Jesus Cristo está lá por mim*
*Ele morreu por mim, ele pagou o meu preço*

Assim que comecei a escrever novamente, me senti em paz, e decidi me dedicar cem por cento à minha música, para ver até onde ela poderia me levar. Fazer dela um sucesso estava somente em minhas mãos, porque a indústria musical é diferente na África em relação à América e à Grã-Bretenha. Alguns poucos artistas assinam com gravadoras, mas a maior parte deles produz, administra, distribui e promove a si mesmo, e eu teria que fazer o mesmo. Mais uma vez comecei a poupar o dinheiro que ganhava, e a Brookhouse também me patrocinou quando pedi recursos para gravar "Praise the Lord", minha última música. Quando ela estava pronta, Philip e eu visitamos estações de rádio por toda Nairobi com o CD. Se eu quisesse levar a música a sério, precisaria de fãs, e, para isso, as pessoas tinham que ouvir as minhas canções. Novos amigos que fiz também me ajudaram – um outro Garoto Perdido, chamado Lam, e o filho de um pastor sudanês, Manaseh, foram até as estações de rádio com o CD, mas tudo o que conseguimos custava alguma coisa.

— Quem é você? Que tipo de artista? Que tipo de música você toca? – as pessoas diziam, jogando o meu CD em uma caixa cheia deles. Eu não era ninguém e não tinha fãs, então as pessoas nem me notavam.

"Vá em frente", uma voz dentro de mim dizia. "Não desista." Eu sabia que não desistiria. A música e Deus tinham me salvado antes, e eu esperava que salvassem novamente. Queria compartilhar as minhas músicas, contar aos outros o que tinha aprendido.

Em pouco tempo, só me restava uma chance – um DJ cuja ajuda poderia virar qualquer maré. Havia várias paradas de sucessos diferentes no Quênia, mas a maior, para música gospel, era o *kubamba*, um programa apresentado pelo DJ Moz. Ele era o mais conhecido DJ de gospel em Nairobi, e você certamente conseguiria fãs se ficasse em primeiro lugar no programa dele. Por vários meses, no começo de 2004, estudei durante o dia e fui ver o DJ Moz tocar à noite. Poupando o meu dinheiro e indo e voltando a pé dos shows, para economizar no ônibus, tentava encontrar com ele.

— Você pode tocar a minha gravação? – perguntava no final da noite, entregando a ele um CD. — Você pode ouvi-las?

— Vou tentar, vou tentar – ele dizia, mas toda semana "Praise the Lord" não aparecia no seu programa.

Mas os Garotos Perdidos são bons em encontrar atalhos para contornar pedras no caminho – aprendemos a fazer isso bem enquanto lutávamos por comida e pela vida nos campos –, e nós bolamos um novo plano. Tínhamos que convencer o DJ Moz de que os fãs de Emmanuel Jal queriam ouvir a sua música, então, embora nenhum de nós tivesse telefones celulares, pegávamos emprestado de outras pessoas, ou usávamos telefones públicos para ligar ou enviar textos.

— Você poderia tocar "Praise the Lord", de Emmanuel Jal, por favor? – perguntávamos com uma voz, e depois telefonávamos de novo, usando outra voz.

Não sei quantas ligações fizemos, mas acabou funcionando, porque o DJ Moz tocou "Praise the Lord". Esperei até que a minha música começou a subir na sua parada de sucessos e outras estações de rádio passaram a tocá-la. Jovens fãs de gospel gostaram, e, quando a canção começou a ganhar atenção, percebi que era a hora de usar o resto do dinheiro que a Brookhouse havia me dado para filmar um vídeo para a música na escola, com a participação das crianças de lá. Quando ficou pronto, enviei o vídeo para o *Stomp*, um programa de música gospel no canal queniano National TV. Como o DJ Moz, esse programa era o maior do seu gênero, e, quando as pessoas da escola me viram na TV, começaram a votar. Durante uma semana, esperei enquanto o vídeo subia nas paradas do *Stomp*, e, na semana seguinte, fiquei pensando no que aconteceria se ele chegasse ao *top ten*.

Foi aí que Philip me ligou:

– Cara, você conseguiu. Você está em primeiro.

Eu estava em frente à porta do hotel, e levantei a minha mão para bater. Havia recebido uma ligação naquele dia, me dizendo que Nyaruach estava em Nairobi. Não sabia como tinha conseguido escapar do campo de refugiados e, desde aquele telefonema tantos meses antes, fiquei pensando se algum dia conseguiria encontrá-la de novo para cumprir a minha promessa. Também me perguntava se a mulher com quem tinha falado seria mesmo a minha irmã. Como havia sobrevivido à guerra? Será que aquela estranha do telefonema era mesmo ela, ou será que era alguém que pensava que eu tinha dinheiro depois do sucesso de "Praise the Lord", e dizia ser meu parente, como outras pessoas haviam feito falsamente? Se fosse uma falsária, ficaria desapontada. As pessoas podiam ter votado em mim nas paradas de sucessos do DJ Moz e do *Stomp*, mas eu não tinha dinheiro algum.

Minha vida havia mudado em outros sentidos, no entanto. Agora que as pessoas conheciam o meu nome, eu estava fazendo cada vez mais shows e tinha até fãs – gente jovem que chamava o meu nome nas ruas e pedia autógrafos. Eu não gostava daquela atenção, estava acostumado a não ser ninguém, mas começava a me tornar uma pequena estrela em Nairobi. Meu amigo Peter Moszynski continuava tentando encontrar uma gravadora para mim na Grã-Bretanha, mas eu não estava muito esperançoso depois do que nos disseram quando visitei a Inglaterra. Só queria continuar fazendo música porque agora, durante as apresentações, os fãs gritavam a letra de "Praise the Lord" junto comigo enquanto eu cantava, e eu conseguia sentir a felicidade deles do mesmo modo como sentia a minha.

Olhei fixamente para a porta mais uma vez antes de abri-la e entrar em um quarto com um sofá, uma TV e duas mulheres sentadas em frente a ela. Uma das mulheres se levantou quando entrei.

– Jal – ela disse. – É você mesmo?

Olhei para ela, sem saber o que dizer enquanto ela andava na minha direção. Tentei sorrir.

– Eu vim de tão longe – ela disse.

A mulher era pequena e frágil, suas roupas estavam sujas e esfarrapadas.

– Como você chegou aqui? – perguntei.

– Uma pessoa que conhece você pela sua música me ajudou a sair escondida do campo. Desde que falei com você ao telefone, tenho escutado a BBC World Service, esperando ouvir notícias suas.

Eu não conseguia me lembrar do rosto da mamãe. Será que essa mulher parecia com ela? Será que era mesmo Nyaruach?

– Foi uma jornada terrível – ela sussurrou. – Fomos atacados quando andávamos pelo mato, e encontrei um leão enquanto corria. Tive certeza de que ele me comeria, mas falei com ele quando se aproximou. Disse que tinha que encontrar o meu irmão, e o leão olhou para mim antes de virar para o outro lado e correr atrás das pessoas que me perseguiam.

Olhei fixamente para a mulher enquanto ela começava a chorar, com os olhos tão parecidos com os meus próprios. Ela também fora salva, do mesmo modo que eu fui, quando estava sentado embaixo da árvore no deserto e rezei por chuva. Algo dentro de mim se agitou. Ela devia ser a minha irmã. A mulher parada na minha frente era parte da família pela qual eu havia chorado em Pinyudu até que não viessem mais lágrimas.

— Estou feliz que você esteja aqui — eu disse lentamente, e sorri mais uma vez.

Mas Nyaruach olhou-me com olhos tristes, agarrando-se a mim e chorando.

— Eu sei que você é um Garoto Perdido — ela sussurrou. — E eu ouvi sobre o que aconteceu com homens como você. Garotos Perdidos não sentem nada por suas famílias, aprenderam a tirar a vida dos seus corações, mas espero que você me ajude.

As palavras dela tocaram fundo em mim, e as suas lágrimas me queimaram enquanto memórias de toda a tristeza que presenciei quando menino se revolveram lá dentro. Ela estava certa. Senti um impulso de responsabilidade pela minha irmã, mas o meu coração não se comoveu do modo como deveria ter acontecido. Nyaruach era parte da família pela qual eu havia me entristecido tanto tempo atrás, mas, como aconteceu no dia em que vi o Baba em Cartum, esses sentimentos estavam perdidos para mim agora.

Hoje entendo por quê. Abrir o meu coração plenamente para a minha irmã teria me levado de volta para a minha infância — para onde eu nunca poderia voltar. Nunca havia contado a ninguém, nem mesmo à sra. Mumo, toda a história do que tinha acontecido comigo ou do que tinha feito, e, enquanto olhava para a minha irmã, sentia como se aquela história fosse sobre outro garoto, em outra vida. Eu havia trancado muito da minha história longe de mim, e ver Nyaruach me colocou perigosamente perto de ser invadido pelo ódio do qual eu trabalhara tanto para me livrar.

Mas, de alguma forma, minha irmã entendia a distância entre nós. A história dela, como a minha e a de tantas outras pessoas no Sudão, era cheia de dor, e nem ela nem os outros Garotos Perdidos que conheci em Nairobi jamais perguntavam pela história dos outros. Tive o cuidado de não perguntar a Nyaruach exatamente o que havia acontecido com ela, assim como ela nunca me perguntou o que acontecera comigo. Ambos sabíamos que seria duro demais de ouvir. Tudo o que fiquei sabendo então foi que Nyaruach fora separada dos nossos irmãos e irmãs, enquanto fugiam da guerra. Pelo pouco que ela sabia, acreditava que Nyakouth, Miri e Marna estavam vivos e moravam em Bantiu, onde a vó Nyapan Deng também estava. Ela vira quatro filhos morrerem na guerra, e apenas um sobreviver.

Nas semanas que se seguiram, encontrei um lugar para Nyaruach ficar e prometi conseguir dinheiro para mandá-la de volta para a escola. Às vezes, parava para pensar no milagre que nos reunira novamente e imaginava que outros poderiam estar diante de nós. Mas, aí, ficava triste quando ouvia Nyaruach chorando por causa da minha frieza.

– Você nem me quer aqui depois de tudo o que fiz para chegar ao Quênia – ela me dizia.

À medida que o tempo passou, Nyaruach e eu aprendemos a aceitar um ao outro, e eu sabia que agora, mais do que nunca, eu tinha que encontrar o sucesso, porque a vida dela estava em minhas mãos. Continuava trabalhando duro nas minhas músicas e escrevendo uma canção atrás da outra enquanto sonhava em gravar um disco, mas Nyaruach não gostava nem um pouco disso.

– Por que você está fazendo isso? – ela às vezes gritava. – Fazer música é coisa de bêbados para ganhar dinheiro para comprar álcool, para cantar nas aldeias, não para você conquistar respeito. Você devia estar se educando, Jal, procurando trabalho em um escritório, ou estudando para ser um doutor. É assim que vai conseguir um nome, não cantando.

– Mas é isso o que eu estou fazendo agora, Nyaruach – dizia a ela. – A música faz com que eu e outras pessoas fiquemos felizes.

Ela não conseguia entender, e eu não tinha palavras para descrever por que a música era tão importante na minha vida. Mas ter encontrado Nyaruach mudaria a nós dois para sempre.

O ritmo me acalmava enquanto enchia o estúdio. Era o som de uma nova canção que eu tinha escrito, chamada "Gua". A palavra significava "poder", em árabe, e "paz", na minha língua materna, nuer, e a letra era em uma mistura de árabe, nuer, dinka e inglês – todos os idiomas que usei quando estava crescendo. "Gua" era diferente de qualquer outra canção que eu já tinha escrito.

Por muito tempo, eu só havia pensado em escrever canções sobre Deus, querendo agradecê-Lo por Sua ajuda, temeroso demais do passado para arriscar falar sobre ele e fazer as pessoas sentirem pena de mim. Mas, sempre que sentava para escrever depois que Nyaruach tinha chegado a Nairobi, pensava no que tinha visto nos seus olhos. A guerra a havia marcado, assim como tinha feito comigo, e nós éramos apenas duas pessoas de um povo que conhecia a morte pelo primeiro nome. O desespero era como aquele deserto sem fim pelo qual eu havia marchado um dia. Será que eu devia falar de coisas assim nas minhas canções?

No começo, fiquei com medo. A minha música cristã deixava a sra. Mumo feliz, e eu não queria causar qualquer problema a ela. O seu marido, Jasper, havia morrido recentemente, e isso foi difícil para todo mundo, mas principalmente para ela. Não havia comida suficiente na casa, nem dinheiro suficiente para o aluguel, porque a sra. Mumo o usava todo no seu trabalho com a comunidade, e a vida era uma luta. Eu também sabia que os cristãos que me sustentavam gostavam das minhas músicas. A música religiosa é popular no Quênia, e eu tinha as minhas dúvidas se os meus fãs iriam querer ouvir algo diferente de um cantor que tinha feito seu nome com ela. Tinha uma responsabilidade com a CASSY, e precisava continuar angariando dinheiro.

Mas os pensamentos na minha família e no meu país não iam embora. As conversações de paz entre a parte norte e a parte sul do Sudão, que tinham começado em 2002, estavam chegando a um fim, embora a fome, a destruição e o derramamento de sangue continuassem a perseguir os africanos negros. Em 2003, Cartum havia começado a atacar uma área no oeste do Sudão chamada Darfur depois que rebeldes, furiosos com a negligência do governo com uma região que o havia apoiado, levantaram-se. Para esmagá-los, aviões do governo começaram a bombardear a região, enquanto uma milícia árabe, chamada *janjaweed*, assassinava homens, mulheres e crianças em uma violência que ecoava tudo o que eu tinha visto quando criança. Mas se muçulmanos e cristãos tinham antes lutado uns contra os outros, agora o governo matava seus próprios seguidores – muçulmanos negros, que haviam lutado e morrido na guerra contra o sul. Milhares tinham morrido, mais pessoas ainda foram forçadas a fugir, e, quando eu olhava nos olhos da minha irmã, sentia cada vez mais que esse era um assunto sobre o qual eu queria escrever. Entendia agora que a guerra no Sudão não se devia simplesmente ao conflito entre o islã e o cristianismo, entre uma tribo e outra. Muçulmanos, com raiva do que Cartum havia feito, se juntaram ao ELPS, e Cartum estava atacando os africanos que haviam apoiado o governo. Eu tinha aprendido a parar de odiar os *jallabas* desde os anos em que comecei a aprender a perdoar, mas será que aquele desespero podia um dia ser derrotado? Martin Luther King acreditava no poder do espírito, e talvez eu devesse usá-lo agora para falar sobre a paz.

Andrew Mumo e Philip me encorajaram a escrever "Gua", mas foi a sra. Mumo que finalmente me convenceu.

– Felizes são os que fazem a paz, pois eles serão chamados as crianças de Deus – ela me disse. – Lembre-se de Martin Luther King, que escolheu o amor e a fraternidade para travar sua guerra, e, dessa forma, muitas pessoas brancas se juntaram à sua luta.

Agora a minha irmã, Nyaruach, e meus amigos, Lam e Manaseh, estavam todos se preparando para cantar comigo. Pedi a ela para fazer essa gravação comigo, porque queria que ela fosse parte daquilo, assim como queria que Lam e Manaseh, que viram a guerra como eu, cantassem também. Éramos todos testemunhas, e, como tantas crianças do Sudão, queríamos que o nosso povo voltasse às suas terras e que a matança acabasse.

O coro começava cantando:

*Eu ficarei tão feliz quando houver paz no Sudão*
*Quando o povo voltar para o Sudão, meu coração se encherá*
   *de alegria.*

Manaseh começava o rap:

*Espere um minuto aí, marca um minuto*
*Como vai ser se houver paz no Sudão?*
*Nossas mãos se levantarão, nosso Deus será louvado*
*Quando o meu povo plantar uma semente na sua terra*
*Quando o meu povo for livre na sua terra.*

Eu pegava a letra daí:

*Eu não consigo, não consigo esperar por esse dia*
*Quando não verei mais lágrimas, mais medo e mais gritos*
*Sem tribalismo, nepotismo e racismo na minha terra natal*
*Não consigo esperar pelo dia em que o povo maravilhoso*
 *voltará para casa*
*E plantará sua nação, nessa geração.*

Eu tremia quando a canção acabou, e olhei para Lam, Manaseh e Nyaruach. Essa música era poderosa, mas será que as pessoas iriam querer nos escutar?

Fiz meus exames de admissão à universidade na Brookhouse, em junho de 2004, e passei com notas baixas. Mas a música era a coisa mais importante na minha vida agora, e eu tinha descoberto que o sr. Mehta estava certo – algumas pessoas faziam bastante dinheiro com ela. Pagaram-me trezentos dólares para tocar apenas uma noite, depois que os organizadores de um evento sobre direitos das mulheres pediram para que o cara que cantava "Praise the Lord" tocasse para eles. Meus olhos quase caíram do rosto quando eles me deram o dinheiro. Nunca tinha ganhado tanto antes, e embora ele logo desaparecesse depois de pagar pela banda, sair com Lam para comer e ver um filme, comprar roupas para Nyaruach e dar um pouco para a sra. Mumo, para o seu trabalho com as crianças de rua e a CASSY, isso provou para mim que a música era algo que eu podia fazer como uma carreira.

Escrever "Gua" também havia me inspirado, e eu tinha gravado músicas suficientes para fazer um disco com o dinheiro que a Brookhouse e os amigos de Peter Moszynski, Andrew e Jennifer Shand tinham me dado. Ele incluía uma outra música de paz, chamada "Why?", além de "Praise the Lord" e "All We Need". Mas é claro que havia obstáculos a superar. O estúdio onde fiz a gravação foi roubado, e o álbum inteiro desapareceu. Felizmente eu ainda tinha trechos irregulares que poderia usar, mas o dinheiro era um problema maior ainda. Assim como eu precisara dele para divulgar e promover "Praise the Lord", eu tinha que encontrar mais se fosse fazer a mesma coisa com "Gua".

Fiquei pensando se as associações de caridade que me ajudaram em Pinyudu quando eu era criança poderiam me ajudar novamente agora. A paz entre o norte e o sul do Sudão logo seria assinada, e as organizações humanitárias estavam ansiosas para ajudar pessoas normais a serem parte desse processo. Mas elas não patrocinavam indivíduos, então Lam, um outro ex-*jenajesh* chamado JKP e eu estabelecemos a Associação dos Artistas do Sul do Sudão, e fomos até uma organização americana para o desenvolvimento, chamada Pact, que distribuía do dinheiro da USAID. Pedimos dinheiro tanto para ajudar a lançar "Gua" quanto para pagar para que Lam e outro Garoto Perdido gravassem os seus próprios discos da paz. As pessoas do USAID viram que éramos sérios e que a CASSY tinha feito um bom trabalho, mas entrevista após entrevista nos perguntavam sobre a nossa música, o que queríamos fazer, e como gastaríamos o dinheiro. Eu entendia que algumas pessoas deviam tentar fazer fraudes para obter auxílios assim, mas era frustrante de todo modo. Finalmente, no fim de 2004, ouvimos a notícia que estávamos esperando – tínhamos ganhado dez mil dólares. Agora eu só precisava saber se as pessoas iriam gostar das minhas novas canções.

Nove de janeiro de 2005 foi um dia histórico para o meu povo, pois um Amplo Acordo de Paz entre o norte e o sul foi assinado, em Nairobi. Embora o conflito continuasse em Darfur, dizia-se que ele nunca acabaria sem uma paz entre o norte e o sul. Anos de negociação entre o ELPS, outros grupos rebeldes e Cartum finalmente chegaram a um fim, e o acordo garantia autonomia para o sul por seis anos, depois dos quais um referendo seria feito para decidir sobre a completa independência. Ambos os lados mantiveram seus exércitos, mas concordaram em um cessar-fogo e em como a renda do petróleo seria dividida no futuro. Eu não sentia nenhuma esperança, no entanto, porque acreditava que Cartum estava apenas fazendo a paz para se preparar para uma nova guerra contra o meu povo. Para nós, a paz não seria real até que estradas, escolas, casas e hospitais tivessem sido contruídos, famílias reunidas, e crianças educadas para se tornarem líderes. A paz podia ser negociada pelos políticos, mas ela é algo que deve ser escrito nos corações e mentes, não em pedaços de papel.

Para celebrar a assinatura do acordo, fui convidado para fazer uma das apresentações que aconteceriam em um grande concerto em Nairobi. A fama que "Praise the Lord" me trouxera não tinha desaparecido, e eu era bastante conhecido agora. Mas estava nervoso por tocar na frente dos maiores líderes de Cartum e do ELPS. Eu tinha tocado em outra cerimônia de assinatura, em Naivasha, algumas semanas antes, e tinha sido avisado para tomar cuidado com a minha boca antes de entrar no palco – assim como acontecera anos antes, depois de falar a Peter Moszynski e a outros jornalistas sobre o uso dos *jenajesh* no Sudão. Me senti intimidado enquanto cantava, e estava preocupado novamente quando cheguei com os Reborn Warriors no estádio. Tinha motivos para estar preocupado, porque havia sido preso, e só me soltaram quando Nyaruach, meus amigos e meus fãs ficaram do lado de fora das celas e pediram para ser presos também. Ninguém me disse por que fui detido, mas eu ficava pensando se as minhas novas músicas me causariam ainda mais problemas.

Mais tarde naquele dia, parti para o campo de refugiados de Kakuma, onde iria gravar um vídeo para "Gua". O DJ Moz e um grande grupo, chamado Gospel Fathers, também estavam na viagem, porque nós todos iríamos tocar para as crianças do campo.

Estar lá – com a poeira, o calor e aqueles cheiros – lembrou-me do garoto que fui um dia. Eu olhava para as crianças nascidas no campo, o único mundo que elas já tinham conhecido, e me sentia oprimido por não ter nada para dar a elas, exceto a minha música. Emma McCune e a sra. Mumo haviam me levado para longe de um lugar como aquele, mas haveria outras como elas para ajudar aquelas crianças? Quando é que o meu povo poderia finalmente voltar para as suas próprias terras?

Quando retornei a Nairobi, comecei a organizar um grande show para lançar o disco "Gua", usando o resto do dinheiro da USAID. Ele seria realizado no Cinema Nairobi, e Michael, filho da sra. Mumo, estava encarregado do evento. O vídeo que gravei em Kakuma estava passando no *Stomp*, e o DJ Moz também estava tocando "Gua" no seu programa há várias semanas. Meus fãs pareciam gostar da música, gostar de verdade, e a canção subia nas paradas de sucessos enquanto centenas de pessoas compravam bilhetes para o show, que seria realizado no final de fevereiro. Também demos bilhetes de graça a jovens de favelas, porque eu queria que o máximo de pessoas possível ouvisse "Gua" e sentisse a mensagem.

Eu me sentia animado, mas temeroso. "Gua" era mais um sucesso, mas eu só queria saber se as pessoas sentiriam a minha música da forma como esperava que sentissem, para ver o público diante de mim e perceber que as minhas novas músicas estavam falando aos seus corações de uma forma tão poderosa quanto as antigas.

# CAPÍTULO 25

Olhei para o mar de rostos e comecei a cantar.
– Quando estou quebrado... – cantei no ritmo do rap.
– Tenho apenas que louvar a Deus – o público gritou de volta.
A música soou das caixas de som, enquanto as pessoas gritavam mais alto e dançavam mais a cada música. Eu estava no palco, e a multidão vibrava com a minha música cristã. Mas sabia que eles queriam mesmo era "Gua" – a música em que muita gente falava. Senti um pico de nervosismo quando pensei em cantar esse rap. Eu conseguia me apresentar melhor agora, mas continuava não sendo muito bom. A minha voz doía às vezes, nos dias em que o meu passado aflorava. Nunca sabia quando aquilo aconteceria, mas às vezes acordava de sonhos terríveis e sabia que não escaparia das trevas naquele dia. Porém, o que faltava na minha voz, eu compensava com a paixão da minha performance. Era a única hora em que as emoções trancadas dentro de mim ficavam livres, e agora eu me sentia leve quando subia ao palco. Meus fãs estavam aplaudindo, com suas mãos no ar e seus corpos se movendo ao som das batidas, a felicidade deles passando por dentro de mim como uma droga e apagando todo o resto. Quenianos e sudaneses estavam na audiência, pessoas jovens e velhas, além de amigos meus, como a sra. Mumo, Andrew, Michael e as crianças da Brookhouse.

A canção acabou e a multidão ficou em silêncio por um momento. Era hora de tocar "Gua", e eu me virei para olhar para os Reborn Warriors. Sabíamos que as pessoas adoravam aquela música, mas será que eles conseguiam realmente senti-la? Agora descobriríamos.

– Ficarei tão feliz quando houver paz no Sudão – o *backing vocal* começou a cantar.
Olhei fundo para os rostos à minha frente.

*Espere, espere aí, vamos pensar*
*Pensar como vai ser*
*Se houver paz no Sudão*
*Vamos cantar, cantar, "Oh meu Deus*
*Ouça a nossa prece, ouça a nossa prece"*
*Vai ser tão bom quando houver paz*
*Na minha terra natal, o Sudão.*

Lembranças do passado estavam na minha frente enquanto eu olhava para o presente. Meu peito ficou apertado e eu respirei fundo.

*Nenhuma irmã será forçada a se casar*
*E o gado de ninguém será tirado à força*
*E ninguém vai morrer de fome novamente*
*Eu não consigo comparar com mais nada*
*A hora em que as pessoas se entenderem umas com as outras*
*E houver paz na minha terra natal, o Sudão.*

A multidão estava dançando e pulando, bebendo cada frase, enquanto eu lançava as palavras. Gente gritava, e eu pude ver o flash das câmeras. Eu me sentia estranho por dentro, como se algo estivesse se quebrando dentro de mim enquanto eu cantava. Imagens me inundavam – aldeias queimando, meus irmãos e irmãs correndo da guerra, os ossos escurecidos de crianças jogados entre os destroços dos vilarejos, as sombras dos aviões do governo acima de mim. Queria um fim verdadeiro para aquela guerra. Queria que o mundo ouvisse.

*... Nós devemos reconstruir a nossa terra*
*O mundo inteiro nos respeitará*

*E nós devemos reconstruir a nossa terra*
*Com uma mão, um coração,*
*Com um sangue, um corpo*
*Porque somos um só*

Meus olhos queimavam quando a canção acabou e eu fiquei ali quieto. Podia ver pessoas chorando e braços levantados. O som passou por cima de mim e a energia me lavou por dentro. Aquelas pessoas ouviram e escutaram. Elas entenderam o que eu tentava dizer.

Levantei a mão para limpar as lágrimas no meu rosto. Elas tinham estado enterradas dentro de mim por tanto tempo, mas não ficariam mais presas agora. Pelo menos eu estava falando – não sobre o que tinha visto, mas sim sobre o que esperava ver. Tinha um sonho, e embora fosse apenas mais uma voz no coro pedindo o fim do sofrimento, naquele momento o público estava olhando para mim e esperando pelas minhas próximas palavras.

– A sua história é um golpe na cara do demônio, porque Deus escuta quando você reza – a sra. Mumo sempre tinha me dito.

Olhei para a multidão. Será que devia contar a ela quem eu realmente era e por que estava ali? Será que devia me proteger mais um pouco, ou devia contar a minha história?

– A guerra no Sudão começou há muito tempo. E eu fui uma das muitas crianças pegas por ela.

As pessoas ficaram em silêncio enquanto eu falava, e, quando olhei para os seus rostos, soube que elas estavam me escutando. Comecei a contar a elas sobre a minha vida.

Aquela noite marcou o lançamento do disco *Gua*, que se tornou um sucesso. Meus amigos e eu ficamos ocupados levando CDs para as lojas onde eles eram vendidos e recolhendo o dinheiro mais tarde. Ficávamos contentes, porque isso queria dizer que nós teríamos o que comer naquele dia, mas a maior parte do que eu ganhava continuava indo para a CASSY. Poucas semanas depois do show, não eram apenas as pessoas do Quênia que escutavam o que eu dizia. Jornalistas da Inglaterra e dos Estados Unidos escreveram sobre mim no *USA Today* e no *The Observer*, de Londres, e contei a eles um pouco da minha vida como *jenajesh*. Estava contente porque as pessoas estavam ouvindo a minha história, porque assim conheceriam a história do meu povo. Nyaruach, Andrew Mumo, Philip e todos os meus amigos estavam felizes por mim.

– As pessoas olham para você agora – minha irmã me falava.

– Esse é só o começo da sua jornada rumo a grandes realizações – a sra. Mumo dizia.

Ela estava certa. Em abril, voei para a Inglaterra para gravar faixas para um segundo disco que concordei em fazer, chamado *Ceasefire*. Ele seria gravado em colaboração com um famoso músico sudanês, Abdel Gadir Salim, e expressaria a nossa esperança pela paz – sendo eu um cristão e ele um muçulmano. Peter Moszynski estivera certo ao acreditar que alguém no Reino Unido ia querer gravar a minha música, e eu estava animado ao viajar para Londres. Quando estava lá, participei de uma manifestação contra a guerra em Darfur, e fiquei me perguntando como o mundo podia acreditar que havia paz no Sudão, se as pessoas continuavam morrendo. Durante a minha viagem, também ouvi falar de um grande evento chamado Live 8, que aconteceria em julho. Bob Geldof – o homem que organizara o Live Aid, que dera comida para mim e para outros refugiados quando eu era criança – era o responsável pelo evento. Os shows do Live 8 estavam acontecendo pelo mundo inteiro para apoiar a campanha britânica *Make Poverty History*, um chamado à ação dirigido às pessoas comuns, pedindo para se unirem para dizer aos líderes mundiais que a pobreza na África precisava ser eliminada. Era uma coisa impressionante, e Peter me disse que a organização de caridade Save the Children tinha pedido para eu voltar para Londres para ser o embaixador africano do evento. Aquilo significava que eu iria me apresentar? Será que eu subiria ao palco ao lado da Madonna e do U2? Fiquei temeroso quando pensei nisso, porque não havia dinheiro suficiente para trazer os Reborn Warriors junto comigo, e eu me sentiria perdido sem eles.

Depois de voltar ao Quênia por algumas semanas, cheguei novamente a Londres em junho, e me disseram que eu não tocaria no Live 8, porque poucos músicos africanos participariam. Não entendi aquilo. Eu tinha um *single* que era um sucesso no Quênia, e também não deram chance para vários outros grandes músicos africanos. Como podiam fazer uma festa para o nosso povo se nenhum de nós tinha sido convidado? Os fãs de música não queriam ouvir a nossa mensagem? Se essas pessoas se importavam em pedir mudanças na África, então certamente iriam querer ouvir os seus artistas, assim como as estrelas americanas e europeias, ou não?

Mas a resposta às minhas perguntas foi negativa, e eu tentei esquecer a minha raiva e o meu desapontamento tocando em outros eventos. Aquela era a maior oportunidade que eu já tivera para compartilhar a minha música e a minha mensagem, mas ela me era negada. Muitas outras pessoas sentiam o mesmo, e um novo show do Live 8 foi anunciado. Africa Calling, organizado por Peter Gabriel, seria realizado no Eden Project, na Cornualha. Artistas africanos tocariam lá, e, embora eu quisesse tocar também, parecia uma ideia que tinha chegado tarde demais para o evento principal. Então, quando encontrei Bob Geldof em um evento da BBC, aproveitei a minha chance para conversar com ele.

Ele era alto como um sudanês, com cabelos grisalhos e despenteados. Olhei para ele e perguntei por que eu não tocaria no seu show. O sr. Geldof me disse que eu não tinha vendido quatro milhões de CDs, então simplesmente não era grande o suficiente.

— Mas nós estamos aqui para promover o comércio justo! — exclamei. Sabia que tinha que brincar com o sr. Geldof para o fazer rir e relaxar. — O objetivo do show é fazer a pobreza ficar para a história e dar aos artistas africanos como eu uma chance de tocar. Se a minha música não for suficiente, então posso contar a minha história, falar às pessoas sobre os problemas que encaramos na África, convencê-las de que precisam ajudar.

Mas o sr. Geldof me disse que precisava fazer as pessoas assistirem ao evento, e que os chineses desligariam a televisão se eu aparecesse.

Olhei para ele, sabendo que precisava ser respeitoso com o homem que já tinha me alimentado.

– Você está certo – acabei dizendo. – Mas vou trabalhar duro e, quando vender milhões de CDs, estarei em grandes palcos como o seu.

Mais tarde naquele mesmo dia, eu me encontrei com o futuro primeiro ministro britânico, Gordon Brown, e com um artista chamado Rolf Harris, e pude ver que ambos eram bons homens que se preocupavam com a África. Queria que todo mundo pudesse ser assim. Eu desejava uma chance de me apresentar, para ver se os *khawajas* poderiam sentir a minha mensagem do mesmo modo que o público tinha sentido aquela noite no Quênia. Eu queria que as pessoas soubessem sobre o meu país, que havia sido esquecido por tanto tempo.

Então, quando me disseram que eu iria me apresentar no Africa Calling, porque Peter Gabriel queria que eu tocasse, soube que seria a maior noite da minha vida.

O palco era pequeno, escondido entre montes de flores e plantas. A distância, eu podia ouvir batidas abafadas vindas do evento principal do Africa Calling, o enorme palco onde milhares de pessoas assistiam aos artistas. Mas eu tocaria naquele lugar, escondido de todos eles. Umas poucas pessoas estavam ali para me ver, havia apenas um punhado de gente para ouvir a minha música. Pensei nos meus amigos e fãs em casa, no Quênia, vendo o show em Londres pela TV e pensando que eu logo apareceria na tela.

Entrei no palco e fiquei na frente do microfone. Eu era um ninguém novamente aqui na Inglaterra.

– Não fiquem surpresos por ver meu rosto assim, vou tentar dar a vocês o que posso – disse para as pessoas que estavam ali de pé, no espaço majoritariamente vazio à minha frente.

Fiquei em silêncio. Tinha que ser humilde e cantar desde o começo, como aprendera no Quênia. Por um momento, lembrei de quando toquei para um punhado de crianças, quando ninguém ligava para os shows, ouvindo o silêncio no momento em que acabei de cantar e ninguém aplaudiu. Agora precisava fazer o melhor que podia, e conversei um pouco com o público, dizendo a eles quem eu era e sobre o que as minhas músicas falavam, antes da batida de fundo começar e eu iniciar o rap. Dançando pelo palco, eu ouvia a música da minha terra e comecei a me soltar.

– Por que as pessoas estão sendo mortas todos os dias? – cantei em inglês, enquanto apresentava uma canção que tinha escrito para o disco *Ceasefire*, chamada "Elengwen". – Por que as pessoas são impedidas de ficar juntas?

Que nem em *Gua*, as minhas canções para o disco *Ceasefire* eram uma mistura de todas as línguas que eu conhecia, então o público não conseguia entender todas as palavras. Mas a música é uma linguagem que todo mundo fala, o ritmo não é algo tribal ou nacional, e as pessoas sabiam onde eu tinha estado e onde estava agora enquanto cantava para eles. Eu esperava que me ouvissem.

– Por favor, escutem as minhas palavras / É para a paz que devemos trabalhar – eu disse no ritmo do rap.

Eu sabia que só tinha três músicas para tocar – quinze minutos para falar aos corações daquelas pessoas – e inspirei profundamente quando a próxima música começou. O público estava sorrindo, balançando ao som da música, e eu disse a mim mesmo para nunca julgar uma audiência só porque ela é pequena. A chama dentro de mim aumentou enquanto eu cantava, e logo o público estava fazendo um grande barulho. Ouvindo os aplausos deles, outros vieram para ver o que estava acontecendo, e, quando acabei, cerca de cinquenta pessoas estavam de pé à minha frente. Meu sorriso cresceu enquanto o número de pessoas diante de mim crescia. Eles tinham me ouvido, eu podia sentir, e foi para isso que eu tinha vindo à Inglaterra.

Eu saí do palco e dei mais entrevistas para os jornalistas. Sabia que eles estavam interessados em mim – um *jenajesh* era algo raro em um país onde as crianças são crianças até os dezoito anos, muito mais tempo do que na minha aldeia natal – e depois disso, fiquei vagando no meio da multidão para assistir ao palco grande. Eu me sentia feliz enquanto dançava. Os brancos aqui eram boas pessoas, e a energia era boa. Talvez eles dessem ouvidos ao que todos nós estávamos falando hoje e fizessem algo diferente amanhã.

Mas, quando saí do meio da multidão, uma mulher me agarrou e disse:

– Onde você se meteu, Emmanuel? Nós estávamos procurando você. O Peter Gabriel quer encontrá-lo. Você causou bastante sensação, e ele quer que você toque no palco principal. Você vai ter dez minutos, duas músicas.

Eu não conseguia acreditar. O Peter Gabriel queria se encontrar comigo? Queria que eu cantasse para essa multidão enorme?

– Eu nunca vi você se apresentar – ele disse, quando o encontrei nos bastidores. – Mas acredito que você tem algo importante para dizer, então o palco será seu.

O barulho da multidão enche meus ouvidos e o sangue dispara nas minhas veias enquanto espero nos bastidores e olho para o público. Lá longe, rostos estão virados para o palco, e, atrás deles, vejo as colinas da Cornualha.

– E agora, estamos orgulhosos de receber o *rap star* sudanês Emmanuel Jal, no palco principal do Live 8, Africa Calling – uma voz exclama.

Eu piso no palco e as minhas pernas começam a tremer à medida que o nervosismo toma conta de mim. Vejo rostos sorrindo e mãos acenando, na expectativa. A multidão está à minha espera.

Eu estou aqui. Estou falando para todas essas pessoas. Cheguei tão longe.

De repente, o tempo para. As luzes, o barulho, as cores se esvaziam até que não sobra nada e as faces se desfazem. Sou uma criança outra vez.

"Deus vai olhar por nós", minha mãe sussurra, enquanto deitamos no chão.
Estamos nos escondendo de uma guerra travada do lado de fora do nosso *tukul*, e eu me agarro à minha mãe enquanto o barulho das balas e dos gritos enche os meus ouvidos.
"Calma, meu pequeno *makuath*", ela diz suavemente, e eu sinto o cheiro de leite impregnado em sua pele. "Calma, meu querido."
Chego mais perto dela e fico atento ao que ela vai dizer. Ao meu lado, Miri e Marna, Nyakouth e Nyaruach chegam mais perto também.
"Um dia estaremos em um lugar melhor", minha mãe diz, e nós acreditamos nela.
Olhando para cima, as luzes do palco brilham brancas nos meus olhos enquanto caminho até o microfone. É hora de contar a minha história usando músicas e letras, minhas armas, agora que deixei fuzis e facas para sempre.
A multidão se acalma enquanto eu fico ali, parado. Penso na minha mãe e nas músicas que um dia cantamos em uma aldeia distante. Por um momento, eu falo com ela.
"Agora estamos em um lugar melhor", digo silenciosamente.
Começo a cantar.

– Tudo certo, Cornualha? – gritei, e as vozes voltaram para mim com a força de um trovão. – Sou Emmanuel Jal, e agora vou ensinar a vocês algumas canções, porque, apesar de a minha banda não estar aqui, trago eles no meu CD, então será que posso ouvir vocês gritarem?
A música irrompeu e eu olhei para a multidão se estendendo a distância, ouvindo as minhas canções – pessoas de um outro mundo, que queriam ouvir sobre a África, ouvir a nossa mensagem e adorar a nossa música. Eles fazem estrondos e batem palmas, cantam e gritam enquanto eu me apresento, e, a cada momento, o meu coração fica mais cheio. Podia sentir que estava falando com aquelas pessoas, e sabia que, mesmo que não conseguissem entender todas as palavras, podiam ouvir a mensagem. Eu me

senti como se estivesse voando. Não havia mais dor dentro de mim. Meu coração se encheu de alegria.

Imagens. Imagens na minha mente. Sorrisos tremeluzindo à luz do fogo enquanto os aldeões cantavam, soldados entoavam cânticos enquanto marchavam, rostos voltados para cima na igreja para louvar ao Senhor. Eu tinha chegado tão longe – uma criança perdida em uma guerra que as pessoas haviam esquecido, de pé no palco do maior evento musical do mundo.

Por um momento, olhei para baixo e vi uma sombra do menino que eu já fui parada ao meu lado. O menino era pequeno, seus olhos cheios de dor, e a sua arma era pesada. Olhei para cima, para as luzes e o céu lá no alto, deixando que o barulho da multidão se derramasse para dentro do meu coração e do meu espírito. Antes de aprender a transformar o ódio que queimava dentro daquele menino em amor, eu queria deixá-lo para trás. Mas agora sabia que nunca iria querer esquecer a mensagem que o filho da guerra havia me ensinado. Nós viajamos tanto tempo juntos para chegar àquele lugar, e eu o levaria comigo quando começasse uma nova jornada.

# EPÍLOGO

É estranho como a vida pode mudar em um instante – eu encontrei Emma e fui resgatado da guerra, conversei com a sra. Mumo e comecei a controlar o meu ódio, toquei no Africa Calling e as pessoas que ficavam a um mundo de distância do meu começaram a ouvir. Minha vida mudou para sempre depois daquele dia, e, como sempre fiz, continuei seguindo qualquer estrada que se abrisse na minha frente. A minha apresentação atraiu muito interesse, e um monte de coisas foram escritas sobre mim. Houve uma grande sensação em torno da minha música, e o disco *Ceasefire* foi lançado em setembro de 2005 – no mesmo mês em que gravei uma canção para o disco de caridade *War Child*, que também tinha a participação do Coldplay, Radiohead e Gorillaz. O interesse pela minha história se espalhou até bem longe, e a revista *Time* e o *The New York Times* publicaram matérias sobre ela. Em outubro, eu fui ao primeiro African Global Hip-Hop Summit, em Joanesburgo, e, no mês seguinte, fui indicado para o BBC World Music Award. Também ganhei o American Gospel Music Award, como artista internacional do ano. E o mais importante, continuei espalhando a mensagem da minha música, colaborando em campanhas da Anistia Internacional e da Oxfam.

Eu nunca poderia ter sonhado com um sucesso assim quando cantava rap na Igreja Kileleshwa, e se tivesse sonhado, certamente teria pensado que todos os meus problemas seriam resolvidos. Mas é claro que havia novos problemas a enfrentar, tão longe de casa, em um lugar que mal conhecia. Às vezes, me sentia mais sozinho do que jamais sentira. Havia deixado amigos e familiares para trás, no Quênia, e a minha relação com Peter Moszynski foi rompida logo depois que cheguei à Inglaterra. Fui forçado a aprender duras lições sobre a vida, em um país cujas regras eu não conhecia. A maior parte do dinheiro que eu ganhava com shows era enviado para Nyaruach, para a CASSY e para ajudar o trabalho da sra. Mumo nas favelas, o que significava que, em algumas noites, eu acabava dormindo em um banco de parque, porque não me sobrava nada. Não podia usar o meu dinheiro quando sabia que os outros precisavam tanto dele. Não disse a ninguém o que estava acontecendo comigo, porque não queria que as pessoas soubessem, e fingia para aqueles que eu encontrava na Inglaterra que tinha algum lugar para ficar, até um amigo sudanês me oferecer um quarto. Foi uma época difícil, mas eu dizia a mim mesmo que havia plantado uma semente, e felizes são aqueles que semeiam lágrimas, pois colherão a felicidade.

Estar na Inglaterra, longe da África e das pessoas que eu conhecia, também me deixou livre para ouvir música de uma nova forma, e, enquanto escutava Run-D.M.C., Public Enemy, Gospel Gangstaz, Nas e Tupac, percebi que eles falavam sobre as suas vidas e as situações que enfrentavam nas letras que faziam. Isso me fez pensar profundamente sobre o que mais poderia fazer com as minhas canções. Eu tinha feito raps sobre Deus e sobre a paz, mas será que não era hora de contar toda a minha história? Não seria essa a mensagem mais poderosa que eu poderia passar para as pessoas?

A primeira canção autobiográfica que escrevi se chamava "War Child", e dizia mais sobre mim do que qualquer coisa que eu já tivesse apresentado antes.

*Eu acredito que sobrevivi por uma razão*
*Para contar a minha história, para tocar vidas*

*Perdi minha mãe e meu pai nesta batalha*
*Meus irmãos também pereceram na luta*
*Por toda a minha vida, eu tenho me escondido na selva*

*A dor que eu carrego*
*É demais para suportar*
*Tem alguém aí para acender uma vela, por favor?*
*Tem alguém para ouvir o meu grito?*
*Aqui estou, pálido e seco*
*Nasci um líder, e me pergunto por quê.*

*Eu sou um filho da guerra.*

Logo um sudanês cantor de R&B que conheci, chamado Ayak, apresentou-me a dois homens que me ajudariam a me transformar como artista. O primeiro deles era um DJ e produtor chamado Silvastone, que fez uma turnê comigo e com Ayak; o segundo era um compositor e produtor chamado Roachie. Os dois homens se interessaram em mim como músico, e, embora me encorajassem a contar a minha história, também me ajudaram a crescer como artista. Começamos a escrever juntos, e uma música atrás da outra fluiu de mim – sobre a guerra no Sudão, os horrores que eu tinha visto, e o desapontamento que sentia quando ouvia os rappers do Ocidente glorificarem as armas. A minha experiência de vida escorria para dentro da minha música, e uma canção que significava muito para mim foi chamada de "Emma":

*Eu tenho um motivo para estar nessa terra, porque eu*
*Sei mais do que muita gente o que a vida vale*
*Agora que ganhei uma chance de ficar firme*
*Eu vou correr sobre as fendas e penhascos das montanhas*
*Não sou um anjo, espero logo ser*
*E se for, quero ser como Emma McCune*

Havia apenas uma coisa sobre a qual nunca conseguia escrever ou falar – o dia do ataque a Juba. Isso me atormentava, e nunca poderia me imaginar contando o meu segredo. Eu poderia falar sobre a minha guerra, mas não sobre aquilo, e enquanto os rappers americanos pareciam usar a violência como uma marca de honra, eu não queria que as pessoas me conhecessem por isso.

À medida que os meses foram passando, eu escrevia cada vez mais com Roachie. Havia escrito a letra de "War Child", tinha uma ideia para o coro, e ele me encorajou a falar ainda mais da minha verdade enquanto desenvolvíamos a canção. Ele me ajudou a transformar as notas na minha cabeça em um tom e as palavras na minha mente em uma letra; a minha música se distanciava do gospel e se aproximava do rap, misturado com os ritmos africanos e os corais da minha infância.

– Não se preocupe com a forma como a sua música soa, nem tente ser que nem qualquer outra pessoa – ele me dizia. – Seja apenas você mesmo.

Eu sabia que queria fazer um novo acordo com uma gravadora. Eu tinha um contrato para o *Ceasefire*, mas ele havia acabado, e enquanto algumas gravadoras pareciam interessadas, eu só podia esperar para ver se alguma teria confiança suficiente para assinar comigo. Quando 2005 virou 2006, disse a mim mesmo que precisava continuar contando a minha história, e esperava que alguns dos que a ouvissem realmente a escutassem. Mil quilômetros começam com apenas um passo.

Roachie e Silvastone conversavam enquanto estávamos sentados no camarim, mas eu permanecia em silêncio. Íamos nos apresentar no Joe's Pub, em Nova York, em outubro de 2006, e eu me sentia nervoso, porque tinha que cantar bem aquela noite. Um monte de gente da indústria musical estaria vendo, e o meu velho amigo e patrocinador Andrew Shand também viria.

Tínhamos chegado aos Estados Unidos poucas semanas antes, no fim de um grande ano. Eu fizera a turnê African Soul Rebels pelo Reino Unido, me apresentara no festival WOMAD de world music, e a música "Gua" tinha sido usada na série televisiva de sucesso *Plantão Médico*. Outra canção minha, chamada "Baai", também seria usada no filme *Diamante de sangue*, e agora eu estava sendo filmado por um documentarista enquanto fazia uma turnê com o National Geographic All Roads Film Festival.

Eu estava muito animado para ir aos Estados Unidos. Iria apresentar a minha música para pessoas que sabiam de música mais do que ninguém, no lugar onde o hip-hop e o rap haviam nascido, e me senti como uma estrela quando vieram nos pegar com um carro enorme no aeroporto de Los Angeles. É claro que logo percebi que tudo nos Estados Unidos era grande – quartos de hotel, camas e pratos de comida – e gostei de todas essas coisas. A única coisa que me confundia era que todo mundo sorria tanto que eu não conseguia saber quem estava fazendo aquilo de verdade e quem não estava. As piores eram as pessoas das gravadoras, que queriam conversar sobre a assinatura de contratos comigo. Eu podia saber me virar nas selvas da África, mas aqui as hienas, as cobras e os ratos tinham a mesma aparência. As pessoas diziam que gostavam da minha música, e aí me falavam que eu precisava mudá-la.

– Ela é muito gospel, muito pessoal, muito política, muito voltada para um nicho – eles diziam.

O lugar seguinte onde me apresentei foi Nova Orleans. Eu sabia que era uma cidade musical, com uma história de escravidão, mas fiquei chocado ao ver partes da cidade ainda destruídas, depois dos estragos causados pelas inundações, no ano anterior. Passar pela área mais atingida me fez lembrar das zonas de guerra. Casas tinham sido destruídas, comunidades destroçadas, e milhares deixaram seus lares. Não conseguia acreditar que algo tão terrível tivesse acontecido nos Estados Unidos, e que as pessoas continuassem sofrendo. Um monte de dinheiro era gasto em guerras, mas parece que nenhum foi deixado para os pobres. Eu me encontrei com várias vítimas das inundações, e as histórias delas me comoveram enquanto eu as olhava, sabendo que elas sentiam um desespero parecido com o que eu conhecera um dia.

Depois voamos para Washington D.C., onde me apresentei novamente e encontrei um monte de gente importante para a filmagem do documentário sobre a minha vida, inclusive Andrew Natsios, o enviado especial do presidente do Sudão. Tive sorte em encontrá-lo, porque eu sabia que ele conversaria com o próprio sr. Bush sobre o meu país, e apesar de alguns políticos serem como homens que se fazem de mulher, eu pude ver que o sr. Natsios era sério sobre o Sudão e sobre os problemas que ainda afetavam Darfur. Eu também me apresentei para funcionários que trabalhavam para senadores e congressistas, em Capitol Hill, e para as crianças de uma escola em um distrito de Washington onde armas e drogas eram comuns. Eu era um filho da guerra na África, e eles eram filhos da guerra nos Estados Unidos. Esperava que a minha mensagem de paz tivesse algum significado para eles.

Mas o trabalho mais importante que eu tinha a fazer enquanto estava lá ainda viria. Eu tinha que ser porta-voz da campanha para o controle de armas, que estava pedindo um tratado internacional sobre comércio de armas. Três anos de trabalho da Oxfam, da Anistia Internacional e da International Action Network on Small Arms logo acabariam em uma votação na ONU sobre uma resolução que autorizava o começo das conversações sobre a introdução do tratado. O meu trabalho era me apresentar em uma recepção para os diplomatas e fazer campanha para que o apoiassem. Eu sabia que um controle mais rígido sobre armas podia significar a diferença entre a vida e a morte para muitas pessoas. Governos e grupos rebeldes matavam cidadãos usando armas compradas de vários lugares do mundo, e eu tinha visto o que aquilo significava – crianças carregando armas antes de atirar, *jenajesh* gritando ao serem atingidos por bombas, mulheres e crianças mortas no chão após serem atingidas por mísseis. Mas quem tinha fornecido ao Sudão as armas que usávamos para nos matar uns aos outros? Quanto dinheiro sujo fora feito?

Agora, enquanto eu ficava sentado no Joe's Pub, esses pensamentos pesavam na minha mente. Aquela noite eu me apresentaria na frente de amigos, mas em poucos dias teria que comover os corações dos diplomatas da ONU. Eu era apenas uma parte mínima da campanha de controle de armas, mas queria fazer tudo ao meu alcance. Será que os políticos me dariam ouvidos? Será que a minha música era poderosa o suficiente para dizer alguma coisa para eles, ou para essa audiência?

– Emmanuel? – Roachie chamou, levantando-se. – É melhor irmos para lá. Este lugar está lotado.

Olhei para ele. Gente da música, amigos da Oxfam, Andrew Shand e fãs estavam todos aguardando, e cada um esperava tanto de mim, de diferentes maneiras.

– Se você não fizer essa audiência esquecer as suas bebidas e começar a dançar, então você não presta como artista – Roachie me disse com um sorriso, enquanto caminhávamos para o palco.

– Você tem que se apresentar como se fosse a última vez, como se você fosse morrer.

Novamente esqueci de tudo quando entrei no palco para a apresentação, e o ritmo me animou. Ele passava por dentro de mim enquanto a multidão começava a dançar. Olhei para os rostos das pessoas, sentindo a música pulsar em mim enquanto cantava.

Eu sou a minha música. A minha música sou eu.

*Meus sonhos são como tormentos*
*Cada momento meu*
*Vozes no meu cérebro*
*De amigos que foram mortos*
*Amigos como Lual*
*Que morreu de fome ao meu lado*
*Na selva desolada*
*E nas planícies desérticas*
*O próximo era eu...*
*Mas Jesus ouviu o meu pranto*
*Quando eu estava tentado a comer a carne podre do meu*
  *camarada*
*Ele me deu conforto*

*Nós costumávamos atacar aldeias*
*Roubando galinhas, cabras e ovelhas*
*Tudo o que pudéssemos comer*
*Eu sabia que isso era mau*
*Mas precisávamos de comida*
*E por isso eu fui*

*Forçado a pecar*
*Forçado a pecar para viver*

Quando o show acabou, saí do palco para assinar os CDs do disco *Ceasefire*, e enquanto conversava e ria com as pessoas, duas mulheres brancas que reconheci do público vieram até a mim. Uma era mais velha e tinha o cabelo loiro, a garota era morena. Parecia ter dezessete anos, e ficou em silêncio quando a mulher começou a falar.

– Nós amamos tanto o jeito com que você se apresenta que seguimos a sua turnê. Vi seu show em Los Angeles, voei para Washington e agora estamos aqui. Pensei que seria importante para a minha filha ouvir a sua história.

Fiquei chocado. Aquela mulher tinha mesmo viajado milhares de quilômetros para me ver? Um Garoto Perdido que ninguém quisera encontrar por tanto tempo?

– Admiramos a sua paixão, e a sua música é maravilhosa – continuou. – Você tem muito a dizer para o mundo, e faz isso de uma forma que todos podem ouvir.

Eu não tinha palavras para responder, e a garota estava em silêncio também. Mas finalmente ela ergueu os olhos para os meus.

– A sua história me inspirou – ela disse suavemente, e o meu coração pareceu se encher quando escutei aquelas palavras.

– Obrigado – respondi.

Nós sorrimos um para o outro.

## POSFÁCIO

Dois milhões de pessoas morreram durante a guerra no Sudão – mais do que nos conflitos em Angola, na Bósnia, na Chechênia, em Kosovo, na Libéria, no Golfo Pérsico, na Serra Leoa, na Somália e em Ruanda juntos. Não estou tentando reduzir o sofrimento nesses países usando esse número, estou apenas explicando como foi alto o preço que o meu povo pagou em uma guerra disputada em grande parte por causa de petróleo. Eu me envergonho por o mundo ter prometido que, depois da Segunda Guerra, nunca mais aconteceriam genocídios, mas aí veio Ruanda, e agora Darfur. Parece que coisas boas são assinadas no papel, mas o mundo vira as costas quando o assunto é a África.

Todos no meu país têm uma história para contar, mas estou contando a minha para falar por todos aqueles que não o podem fazer. Continuo um soldado, lutando com caneta e papel pela paz, até o dia em que morrer. Por enquanto, o sofrimento no Sudão não acabou: as mortes continuam em Darfur, muitos dos quatro milhões de refugiados do Sudão esperam para voltar para casa, e, em maio de 2008, uma batalha irrompeu entre as forças do Sul e do Norte em uma disputa pela cidade de Abyei, que é rica em petróleo. O acordo de paz entre o Norte e o Sul continua valendo, mas é frágil.

Foi difícil para mim contar a minha história – e até fisicamente doloroso, em alguns momentos, quando libero memórias enterradas fundo dentro de mim. Às vezes, meu nariz sangrava incontrolavelmente, ou então os sonhos me aprisionavam, até que acordava e via imagens da guerra ainda aparecendo diante dos meus olhos, enquanto deitava sozinho na cama. Depois de noites assim, ficava sentado em silêncio durante horas no dia seguinte, tentando diminuir a dor no peito e acalmar os setimentos dentro de mim.

O dia do ataque a Juba era um dos mais difíceis de lembrar, porque eu nunca tinha falado dele antes. Eu não sentia culpa por esse dia, porque era uma criança que participou de assassinatos quando o ódio e a tristeza construídos ao longo dos anos foram liberados em violência de massa. Eu não matei a sangue-frio, matei na guerra. Mas esse dia me atormentava, assim como as histórias das outras pessoas.

Demorou muitos anos para Nyaruach me contar a sua e a dos meus familiares, mas, aos poucos, entendi que a guerra levou todos eles para diferentes direções. Com treze anos, Nyakouth foi forçada a se casar com um comandante do governo, para garantir a segurança da minha família. Hoje ela vive em Bantiu com os filhos, e eu a vi quando voltei ao Sudão, em janeiro de 2007, para filmar o documentário. A alegre irmã mais velha de quem eu me lembrava estava morta; agora eu só conseguia ver uma mulher sem esperança de se defender e morrendo por dentro.

Um chefe de guerra levou Nyaruach para se casar com ele quando ela era uma menina pequena, mas ela conseguiu escapar e foi para Cartum, onde trabalhou como escrava para uma família árabe, antes de fugir para a Etiópia. Nyaruach foi estuprada várias vezes durante a guerra, e tinha cerca de dez anos quando isso aconteceu pela primeira vez. Ela está em uma escola em Nairobi agora, mas eu continuo achando difícil confortá-la quando ela se agarra em mim, lembrando-se do que passou.

Nyagai morreu durante a guerra, e Marna se tornou um soldado. Ele também vive em Bantiu agora, e quando o vi, na viagem que fiz para casa, não reconheci aquele homem que era apenas uma criancinha quando o deixei. O meu irmão menor, Miri, me encontrou com a ajuda de um fã, e viajou escondido do Sudão para o Quênia, onde o coloquei na escola. Baba saiu do exército e está em Bantiu, onde a vó Nyapan Deng ainda vive.

Foi triste voltar ao Sudão e perceber que não me sentia mais próximo à minha família. Mas alguns laços não podem ser rompidos dentro de você, e as histórias deles são as que ameaçam me levar novamente para a amargura, porque estamos ligados pelo sangue. Eu não odeio mais os árabes, porque a minha compreensão se ampliou. Eu era jovem e estava cego de fúria, e agora que estou mais velho sei que, se um dia eu lutar de novo, será pela liberdade, e não por causa do ódio. Nem todos os muçulmanos são maus, assim como nem todos os cristãos são bons, e a cor da pele de uma pessoa não a afasta do mal. Mas continuo tendo que aprender a perdoar a cada dia, e sei que continuarei fazendo isso pelo resto da minha vida. Espero que, um dia, a minha família e eu voltemos a nos unir.

Continuo o meu ativismo na Oxfam. Em dezembro de 2006, 153 governos votaram nas Nações Unidas a favor de começar o trabalho de desenvolvimento de um tratado internacional sobre o comércio de armas, mas agora devemos fazer campanha para que ele seja efetivo. O trabalho comunitário que comecei em Nairobi com a CASSY também continua com a associação de caridade registrada no Reino Unido GUA Africa, que apoia sete sobreviventes das guerras no Sudão e em Ruanda, todos em escolas secundárias, e mais um, que está estudando medicina na universidade. Essas são as pessoas que reconstruirão os seus países no futuro. GUA Africa também apoia oito crianças de uma escola primária, em uma favela de Nairobi, e espera conseguir apoio para cinquenta alunos no total. O meu sonho é fazer uma escola em Leer, o lugar onde Emma está enterrada, que será chamada de Emma McCune Academy. Então poderei dar às crianças da minha terra o que Emma tinha sonhado em dar-lhes e acabou oferecendo a mim – educação e liberdade.

Quando olho para trás, para a minha infância, sei que as comunidades às vezes são forçadas a abrir mão de suas crianças para se protegerem. Eu ainda gostaria de ver um mundo no qual nenhuma criança passe pelas experiências pelas quais passei. Em maio de 2008, um relatório global da Coalition to Stop the Use of

Child Soldiers [ Liga para Evitar a Utilização de Soldados Crianças] afirmou que dezenas de milhares de crianças continuam envolvidas em conflitos por todo o mundo. As crianças deveriam estar indo para a escola, não travando batalhas, porque assim elas continuarão perdendo as suas vidas, mesmo que sobrevivam.

Encontrei uma forma de me salvar por meio da religião e da música. A minha fé é algo privado, mas compartilho a minha música com o mundo, porque sei que ela é a única coisa que consegue se comunicar com a mente, o espírito, o coração e a alma – algo que entra sem permissão e influencia você. A música pode nos deixar alegres ou tristes, calmos ou malucos, e compartilhá-la me dá paz e prazer. Mantive a minha fé nela, e continuei acreditando, até que, em outubro de 2007, encontrei alguém que também acreditava, quando assinei com a gravadora britânica Sonic360. O meu disco *War Child* foi lançado em maio de 2008 – três meses após o documentário sobre a minha vida estrear no festival de cinema de Berlim. Depois, ele foi exibido no Tribeca Film Festival, em Nova York, onde ganhou o Cadillac Award, o prêmio da audiência do festival. Em junho de 2008, tive o privilégio de tocar em um show para celebrar os noventa anos de Nelson Mandela, em Londres.

A pobreza de hoje é o que me assusta – a pobreza da minha família, do meu povo e do meu país. Rezo para que, um dia, não vivamos mais de ajuda humanitária, porque a pobreza é como um vírus que atormenta você, mental e emocionalmente. É uma lenta e dolorosa morte da esperança, humilhando e degradando as pessoas, como um parasita que suga a vida de todos em quem toca. É por isso que o melhor investimento é na vida humana – tanto espiritual quanto fisicamente. Dê às pessoas algo para comer hoje, e ensine a elas como conseguir isso sozinhas amanhã; dê a elas esperança, e a fé espiritual delas as sustentará. Eu sou a prova de que uma pessoa pode superar qualquer desafio, e se eu posso, então os outros também poderão, se lhes for dada a chance. A esperança nunca deve morrer.

## MAIS INFORMAÇÕES

- Para conhecer mais sobre a música de Emmanuel Jal, veja o site www.emmanueljal.org, ou www.myspace.com/emmanueljal. Para ouvir mais sobre o documentário a respeito da sua vida, visite www.warchildmovie.com

- Para descobrir mais sobre a GUA Africa, apoiar uma criança ou fazer uma doação, vá para o site www.gua-africa.org

- Para mais informações sobre a vida de Emma McCune, veja o livro *Till the sun Grows Cold*, de Maggie McCune (editora Headline). Para aprender mais sobre os Garotos Perdidos do Sudão, veja o livro *The Journey of the Lost Boys*, de Joan Hecht (editora Allswell Press).

# AGRADECIMENTOS

Quero agradecer a todas as pessoas sem as quais eu não teria chegado tão longe. Há tantas que, se eu tiver esquecido de você, por favor me perdoe.

Dr. Kong Tut, que me deu biscoitos em Pinyudu; Aliera Ayom, que cuidava dos refugiados em Pinyudu; Michael Elija Hon Top, que cuidou de mim na prisão, e seu irmão Khan Elija Hon Top; Lul, obrigado por voltar ao deserto para nos resgatar; Emma McCune, meu anjo da guarda, Deus te abençoe, e obrigado por me salvar; Sally Dudmesh, obrigado por me manter em sua casa; Peter Moszynski e Jill, sou grato pelos seus esforços; Sra. Jasper Mumo, obrigado por me abrir a sua porta; Mama Siongo, que rezou comigo na igreja; Mamas Dona e Mukiama, obrigado por permitir que eu entrasse na sua casa; Petrolina, por me impulsionar adiante em meus primeiros dias na escola e por abrir a sua porta; Andy MacDonald, da Independent, que me salvou quando eu não tinha nada; Peter Gabriel, obrigado pelas portas que abriu e por ter acreditado em mim; Clinton Outten (Roachie), pelo seu estúdio, a sua música e a sua inspiração; Silvastone (Davidson Lynch-Shyllon), você é um irmão, cara; todos os meus colegas de banda na JAEEEM, nos Reborn Warriors, e os de hoje; Alexis Grower, Angelina Machar, Tio Taban e Tia Fathna; Dr. Riek Machar, eu lhe causei muitos problemas, mas obrigado pela paciência; Maggie McCune, por me dar o presente mais precioso de todos – educação; Sr. Mehta, da Brookhouse, pela mesma razão; Andrew e Jennifer Shand, por sustentarem um estrangeiro de longe e acreditarem no que ele tinha a dizer; Sandra Laville, por tornar este livro possível; Andrew Ray Allam, por toda a sua gentil ajuda; Ivan Mulcahy, todo mundo na St Martin's Press e na Little, Brown Book Group, por acreditarem na minha história; Ruth Gumm e sua família por fazerem a GUA Africa funcionar; Andrew Mumo, o nosso destino era sermos irmãos; Simon Alpin, Christopher Rushton Manase, Lam Tangwuar, Lisa Richards e Ayak Thikk, Pauline Barker, Yohannes Ajawin, Gonyi Ajawin, Deborah Ajawin, Philip Gitoni, Tio John Bilia e John Paul; Ngor Deng, obrigado pelo seu apoio à GUA Africa e por manter o website pelos últimos dois anos; Nyagan Deng, você amou por todos os anos; Papai, obrigado por me trazer a este mundo; Mamãe – onde quer que você esteja, descanse em paz, você plantou a fé dentro de mim, e essa semente poderosa me ajudou a sobreviver; meus irmãos e irmãs, agradeço a Deus por vocês. Amo vocês e, embora a guerra tenha nos separado, tenho certeza de que um dia nós vamos nos reencontrar. Kemi Davies, você é uma garota maravilhosa. Megan Lloyd Davies – não quero lhe agradecer, porque você é um pé no saco. Também gostaria de agradecer a Deus por me manter vivo e me ajudar a aprender que a minha dor é uma benção para mim.

Este livro foi impresso na Editora JPA Ltda.,
Av. Brasil, 10.600 – Rio de Janeiro – RJ,
para a Editora Rocco Ltda.